고구려의 南進 발전과
史的 의의

고구려의 南進 발전과 史的 의의

박성봉 지음

景仁文化社

서문

　청호晴湖 박성봉朴性鳳 교수님(1927~2014)께서 작고하신지도 1주기가 되었다. 구순을 앞두고 연로한 탓에 끝내 회복되지 못하셨다. 마지막 말씀이란 '고구려의 남진南進 발전과 사적史的 의의' 저서와 '80고개 인생 회상집'을 출판하여 매듭지어 달라는 당부이셨다. 모두가 선생님의 학문 열정을 알고 있었으나 막상 원고 파일을 열어보니 팔순이 넘어서도 공부하고 계셨고, 이들 논문을 깔끔하게 정리한 사실에 놀라지 않을 수 없었다. 그런 말씀이 없었어도 당연히 추모집을 발간했을 것이지만 유고집에 선생님의 의지와 뜻을 담게 되었다.

　선생님은 전남 보성에서 태어나 광주서중을 거쳐 1947년에 고려대학교 사학과에 들어가 한국사를 전공하셨다. 1954년부터 서울사범학교 교사로 재직하다가 1961년에 경희대학교 사학과 전임교수가 되어 1992년 정년퇴임할 때까지 수많은 제자들을 양성하셨다. 이후 학문 활동을 지속하면서 1998년에 경북대 석좌교수로 초빙되어 도서관에 '연중당문고'를 개설하고, 영남문화연구원을 창립하여 영남문화 연구에 기여하셨다.

　선생님은 역사학계를 발전시킨 원로이셨다. 1960년대에 이기백·변태섭 교수님 등과 고려시대사 연구붐을 일으키고, 한국사학회의 연구활동을 이끈 후 경희·고려대 사학회장을 역임하셨다. 1984년에는 천관우·고익진 선생 등과 한국사상사학회를 창립하여 사상사 연구의 새로운 지평을 열었다. 특히 고려대 아세아문제·민족문제 연구소 연구원과 경희대 전통문화연구소장을 맡아 ≪구한국외교문서 일안≫ 등을 저술하셨다.

　이러한 학회·저술 활동은 40대 불혹不惑의 나이에 깨친 것 같다는

'중中'의 논리가 스며있으며, 1974년에 붙여진 '연중당研中堂'이란 당호도 이를 뜻한다. 그 수많은 저술 중에서도 고구려 광개토호태왕과 남진정책을 비롯하여 주로 고려 최충 등의 연구에 매달리셨다. '중'과 유불선儒佛仙 회통會通의 논리로 민족사의 문화적 성격을 밝히고, 이를 '오늘의 참교육과 문화'로 승화시키려고 애쓰셨다. 더구나 팔순 이후 7난難의 갖가지 병치레를 겪었으나 이를 극복하고 구락옹九樂翁을 자처하며 '책사랑'과 '저술락樂' 등 9가지 즐거움 속에서 자적自適하셨다. 여기에 호남의병장 죽천 박광전과 완역당 박형덕의 연구논총을 발간하였으니 학문과 문중 어느 하나 부족함이 없이 스스로의 과업을 완수하셨다. 또한 신석호박사탄생 100주년기념으로 논총을 발간하고, 제자들과 보성 열선루연구 등에 참여하여 사·제師弟의 의리와 사랑의 본보기가 되었다.

이제 동학·제자들의 뜻과 정성으로 유고집을 발간하여 1주기를 추모하게 되었다. 이를 일일이 밝힐 수 없을 정도로 그 인원이 많아 원고 파일 분류와 교정 등을 맡은 몇몇 간행위원으로 진행했으며, 보완 교정 등에 임기환·이정빈 교수가 수고하였다. 특히 12월 5일에 1주기를 추모하기 위하여 동학同學 교수들이 선생께서 창립한 경북대 영남문화연구원 주최로 "고구려의 천하관과 대외정책"의 학술대회를 개최하여 매우 뜻 깊은 자리가 되었다. 새삼 인생 회고 중에서 '연중당문고의 정착 및 구락 여생'(2009)을 실어 선생님의 뜻을 기리며 추모 드린다.

2015년 12월 22일

위원 대표 이연복(전서울교대)
위원 : 조인성(경희대) 주보돈(경북대) 이진한(고려대) 김병인(전남대)
　　　 황병성(광주보건대) 임기환(서울교대) 조세열(민족문제연구소)
　　　 이정빈(경희대) 박홍준(유족)

'연중당문고硏中堂文庫'의 정착 및 '구락九樂' 여생

1992년 8월, 드디어 정년을 맞았다....(1991년에 이사한 분당 아파트
에 책이 넘쳐) 마을 경로회관 빈방을 빌려 간수하였다. 이름하여 '연중당
문고'인데 어림잡아 3만권은 될 듯 싶었다. 이것들을 정리하는 일이란
거역스럽기 이를데 없고 사랑하는 제자의 도움을 청하려 해도 분당은 멀
고 교통이 불편하여 부를 수 없었다. 그러니 매일 만지작거리다 날을 보
내는 판국이 되어 하루 속히 공적 힘의 정리가 필요하였다.....

필자는 고서연구회장 등을 지내면서 대형 장서가로 소문났던 덕분에
광주·대구·제주에서도 제의가 있었고 멀리라도 가야 되겠다고 생각하였
다.....그러던 중 1998년 2월, 경북대 총장에게서 연락이 왔다. 생소하지
만 명문 국립대학이라 곧 면담에 응했는데 당시 경북대는 도서관을 증축
하고 장서배가운동을 벌이는 참이라 바로 의견이 합치되었다. 다음날 경
북대 실사 팀이 함께 올라와 둘러보고 1주 후에는 총장 결재가 나서 보
름만에 문고는 통째로 대구에 옮겨졌다. 합의 조건은 간단하였다. 석좌
초빙교수로서 건강하는 한 편안하게 문고와 더불어 살게 되면 좋다는 것
이다. 이리하여 1998. 2. 24일을 기하여 문고는 경북대에 귀속되고 필자
는 3월부터 사학과에 초빙되어 98학번의 경북대 생활이 시작되었다. 이
로써 1956년 이래의 경희대와의 인연은 1992년에 37년 근속으로 일단
락되고, 1995~97년 3년을 더 출강하여 도합 40년 세월을 보내다가 실
질적으로 마무리된 것이다. 이제 끝으로 경북대에서의 '구락' 여생을 언
급하여 글을 맺을까 한다.

연중당(硏中堂)은 70년대에 개인문고를 꾸미면서 부친 당호(堂號)다.
'연중'이란 중(中)의 경지를 연구하고 터득한다는 뜻이 있는 것이다. 철

학계의 석학 동지도 찬성한 당호이니 현재와 미래에 문고가 있는 경북대를 중심으로 많이 불리고 찾을 이름이다. 구락옹(九樂翁)은 문고의 원주인인 노생이 삶과 책의 여러 즐거움 속에 저절로 당도한 별호다.

맹자가 말하는 교육자의 3락은 잘 알려진 일이지만 필자는 그것과 별도로 경북대에서 누리는 3락이 또 있다. 앞으로 오래 오래 초빙교수로 문고 속에서 삶을 안락하게 계속할 수 있는 시간과 공간 그리고 조무원까지 얻은 즐거움이 무상(無上)의 낙이요, 외빈숙사에 인연해서 위약(胃弱) 노인이 입에 맞는 따뜻한 3식을 제공받는 낙이 무변(無邊)의 은혜며, 2000년 이래 부설 영남문화연구원장으로 동지 교수들과 마음먹는 사업을 전개하는 낙이 무쌍(無雙)의 도합 3락이다. 거기에 웬 '연중당 6락'이 또 있단 말인가? 손때 묻은 저작들을 DB화로 굽이굽이 이용하는 즐거움이요, 이웃 백만 장서도 함께 뒤져 고금 현우를 알아보는 낙이며, 원하는 책을 차근차근 사모아 문고가 불어나는 재미이다. 여기에 세월이 흐르면서 결본과 부족 분을 하나 하나 채우는 낙이며, 원근 학우에게 요긴한 책을 반기게 해 고마움을 나누는 즐거움에다 장서를 활용하여 글을 쓰고 책을 꾸미는 저작락이다.

이 저작락처럼 두고두고 이루어야 할 무한한 것도 있지만, 가령 '고구려남진정책의 의의'(2002)나 '고구려의 정체성과 사관 재정립문제'(2004), 또 '광개토(好太)왕비 연구의 역사적 의미'(2005) 같이 학계의 기조가 될 논문을 비롯하여 '광개토호태왕 연구문헌목록'(2002)이나 '대동여지도 국한문색인'(2005), 그리고 '한국사상사입문'(2006) 등 사계에 봉사하는 작업을 하노라니 효과는 문제외다. 가다가는 '대한민국(大韓民國)의 생일과 나이 챙기기'처럼 현실 미진한 광복운동 내지 역사의식의 정립을 갈망하는 논단도 벌여 나름대로 자적(自適)하고 있으니 졸자의 지졸(知拙) 행각을 더 형언해서 무엇하랴.

여기에 더하여 애서가 동학들이 내게 호응 동참하여 정기로 담소를 나누며 문고나 장서를 기증하기도 한다. 경북대의 낙구문고(申榮睦, 2001)와 남윤수문고(南潤秀, 2008)의 1만여권은 이런 결과물이기도 하거니와 전후하여 연중당 문고에 다량의 자료를 기증해온 예는 이루 다 들기 어려울 정도다. 또 학계와 문중의 전폭 지원 하에 문강공(文康公) 죽천(竹川-朴光前, 1526~1597) 학술대회를 개최하며 그 연구 논총을 편간(2004)하게 되니 그런 고마울 데가 없다. 더구나 치암 신석호박사 기념사업회장이 되어 열성 동호들과 선생의 탄생100주년기념 '한국사학논총'을 펴내고(2004) 동 기념사업지(誌)를 출판하며(2007), 충무공 이순신 장군이 머문 보성 열선루(列仙樓) 사업(2005)도 돕는 등 뜻 있는 일을 연속 치러 나가니 보람과 생기는 점점 더해 가는 느낌이다. 이에 자연 일상 나날에는 시내 출입을 삼가고 아침부터 넓은 캠퍼스를 거닐며 젊은 학인 들과 종일 어울려 지나노라면 어디 옷차림이나, 돈 쓸 일, 교통 혼잡이 문제되겠는가. 저절로 마음이 그렇게 신선하고 편안할 수가 없다.

한편 우리의 영남문화연구원은 2006년부터 경상(經常) 억대 사업 외에 한국학술진흥재단의 9년간 중점(重點) 연구기관으로 지정되어, 필자는 8순에 일선 봉사 5년을 채우고 명예원장으로 물러 앉았다. 한데 2007년 말에는 연구원이 다시 10년간 100억의 한국인문연구(HK) 대사업에 대구 경북 유일 대표로 선정되어 요즈음은 그 과도적 뒷바라지에 잠시 분주하게 되었다.(2012)

목 차

총 설

제1부 한국사상韓國史上 남진·북진의 성격문제
-고구려의 남진발전사 서설-

1. 고구려사 연구의 관점문제

고구려사는 역대로 한국사에서 차지한 비중이 컸던 만큼 꽤 많은 연구성과가 있을 것 같지만, 오랫동안 독립적인 연구서조차 거의 나오지 못한 형편에 있었다.[1] 자료의 영세성이 크게 작용한 듯 하지만 근자에는 이런 문헌사학의 미비를 보완할 수 있는 고고학, 인류학, 금석한 등 보조과학에서 상당한 수준의 성과가 있었다. 특히 북한에서는 정권의 정통성을 강조하기 위한, 정치적으로 의도된 것이기는 하지만, 고구려의 옛 서울·옛 땅을 중심으로 한 발굴이나 학적 작업이 매우 활발하다고 한다.[2]

사실 고구려사는 일제침략기 전후부터 중시되었다. 당시 문약에 빠진 망국을 탓하고 상무尙武 자강自彊을 부르짖는 독립자주 운동의 일환으로 고구려를 주목했고, 자못 발랄한 문제제기와 호응이 있었던 것이다.[3]

---

1) 李弘稙,「高句麗史硏究의 近況」『亞細亞硏究』4, 1959 ;「高句麗 遺蹟 調査의 歷程」『白山學報』, 1966와 같은 綜合專門 소개도 별로 볼 수 없다. 內外의 저명한 고대사 전공학자의 성과도 거의 신라사이고 몇몇 조사보고서 외에는 백제사보다 더 심한 희소성을 나타내고 있다. 여기에는 고구려사가 大陸史와의 關聯에서만 연구된, 이를 테면 滿鮮史 등과 같이 包括的으로 다루어진 때문도 있을 것이다.
2) 國土統一院 資料管理局,『共產圈關係圖書綜合目錄』1·2輯, 1977 ; 朴性鳳,「北韓의 高句麗史 敍述」『北韓學報』3, 北韓研究所, 1979.
3) 申采浩,「廣開太王의 北進政策과 鮮卑 征服」『朝鮮上古史』, (鐘路書院, 1948),『丹齋全集』上卷, 乙酉文化社, 1972를 비롯해 張道斌 등의 論考가 있었다.

작금에도 이러한 경향은 내외학계에서 지속되고 있다.[4) 현재 일부에서는 전문사가를 앞지른 열의도 분출되고 있다.[5)

이러한 여러 성과는 나름의 큰 의의를 지닌 것이며 그 진전이 잘 활용되면 한국사학 연구에 좋은 보탬이 될 것은 말할 것도 없다. 게다가 향후 새로운 자료가 보충될 것을 생각한다면,[6) 고구려사의 연구 과업은 이제부터가 시작일 것이다.

지금까지 연구업적은 대체로 ① 근대 일본의 사료개작史料改作 문제, ② 초기 고구려와 대륙북진관계, ③ 생활상生活相처럼 특정한 분야에 기울어져 있었다. 고구려사의 본래 모습을 파악하는 데는 한계가 있는 것이다.

필자는 고고학을 비롯한 보조과학에 밝지 못한 문헌사가로서 다양한 자료를 활용하기는 어렵다. 현지 접근조차 쉽지 않은 실정이다. 이러한 상황 속에서 먼저 고구려사의 기본적인 문제를 재검토하고자 한다.

이를 위해 세부적인 천착보다 기존 연구의 방향이 고구려의 실정을 얼마나 옳게 파악한 것인가, 또 민족사적으로 얼마만큼 의미가 있는 것인가를 살펴보고자 한다. 특히 필자는 고구려사만을 전공하기보다 전全 민족사를 문제의식에 두고 연구를 시작했다. 그렇기 때문에 더욱 거시적

---

4) 南北國論이 대표적이다. 다만 고구려와 발해 등 북국사의 중시는 필요하지만, 한 쪽 특히 신라에 대한 폄하는 만부당한 것이다. 濱田耕策, 「渤海史をめぐる朝鮮史學界の動向-共和國と韓國の南北國時代論について-」『朝鮮學報』86, 1978 ; 石井正敏, 「朝鮮における渤海觀の變遷 - 新羅〜李朝 - 」『朝鮮史硏究會論文集』15 ; 朴性鳳, 「北韓의 高句麗史 叙述」『北韓學報』3, 北韓硏究所, 1979.

5) 『自由』誌를 중심으로 "國史찾기"라는 운동이 격한 논조를 거듭하고 있으며, 『歷史敎訓』이라는 月刊中央 附錄(1979, 3월호)에 두 편이나 新羅 三國統一을 貶한 論說이 들어있는 것을 볼 수 있다.

6) 「中原高句麗碑」와 같은 뜻밖의 金石文이 발견된 사실을 비롯하여 향후 매장문화재의 출토 등이 기대된다. 이와 관련하여 북한의 몇 가지 발굴작업과 그 보고 및 학적 정리도 동원할 필요가 있다. 우리 학계에 철저한 실험과학적 투자와 그 전개를 기대한다.

인 접근이 유용하다고 믿는다.

고구려사의 큰 의의를 찾는 작업은 실상 민족사 연구의 가장 중요한 방향을 정리하는 데 효과가 있으며, 그것은 또한 당면한 인류적· 민족적 일대 전환기에 적절한 안목과 대책을 전망케 할 것으로 기대한다.[7]

물론 여기서 인류사의 발전단계나 문명과 문화의 발전사를 고구려사와 관련하여 일일이 재음미할 겨를은 없다. 다만 인류·문화사의 대세를 염두에 두고, 민족사의 특성을 생각해 보는 데서 논의가 전개되어야 할 것이다.

본 연구가 다소라도 고구려사 연구의 전환을 가져오는 계기가 되었으면 한다.

2. 민족사의 무대, 반도의 재평가[8]

우리 민족의 역사무대는 말할 것도 없이 동북아시아 대륙에서부터 한반도에 널리 걸쳐 있었다. 그런데 시공간의 조건은 고려하지 않고 외형적·양적으로만 생각한 결과, 현대는 고대보다 좁고 찌그러든 것으로 자탄하는 경향이 있다. 이는 우리 역사의 이해에 매우 중요한 문제점이다.[9]

민족사의 무대는 때에 따라 변화하기 마련이다. 공간도 일률적이지

---

7) 朴性鳳, 「5세기 高句麗의 南進政策에 대하여」, 第21會 全國歷史學大會 發表要旨錄, 1978.

8) 이 논의는 1976년 4월 29일 경희대학교 대학원 세미나에서 처음 發論되었다. 박성봉, 「한국사의 반도중심적 성격」570호. 그리고 마침 멕시코에서 열린 국제학술회의에 참석할 기회를 얻어 동아시아 분과에서 그 대요를 발표하였다(박성봉, 「한국사상의 남진과 북진」제30차 국제아시아·아프리카 인문과학회의 발표요지 1976, 8).

9) 朴性鳳, 「序文」, 朴性鳳·方東仁·丁原玉 編, 『大東輿地圖 索引』, 慶熙大學校 傳統文化研究所, 1976.

않다. 개인의 활동무대도 그러하지만, 민족의 경우 원시상태에서 여러 지역을 이동한 끝에, 특히 농경사회가 시작되고 토착화한 데서 형성되었다.[10] 그러므로 민족사의 무대는 처음과 다를 수밖에 없다.

오늘의 세계 문명국가와 민족은 모두 북방에서 차츰 내려왔고, 마침내 15° 내외의 온대지대에 터전을 잡고 번영했다.[11] 그들은 광활한 북방 한토寒土를 고려하지 않았던 것이다. 당시 조건으로는 어쩔 수 없는 결과였다고 이해된다.

우리의 역사무대는 그 점에서 중심 내지 본위 지역을 반도에 두고 내려온 것이다. 이는 필연적인 역사의 소산이니 민족사의 무대는 양이 아닌 질로써 파악해야 한다.[12] 따라서 10~15세기 이후 그동안 문제되지 않았던 국경선이 생겼고, 18세기 고지도에서도 그 선이 애매하였다.[13]

북방이 주목된 것은 조선후기였다. 조선후기 농법의 개발과 인구의 증가로 사회모순이 증대되며 북녘으로 인구가 이동한 한편,[14] 북학파가 등장하였고 유득공의 『발해고』처럼 그 방면에 대한 학적 고찰이 시작되었다. 이로부터 고대의 역사무대로 복귀하고자 하는 욕망이 생겨났고, 그 후 일제침략기 전후 민족사의 위축과 반비례하여 북방에 대한 관심이 고조된 듯 하다.

근대 한반도의 역사적 성격이 그리스나 로마와 달리 지정학적으로 불리한 면이 있었음은 부정하기 어렵다. 하지만 한반도는 유라시아대륙과 태평양 사이, 온대지대의 중앙에 돌출한 가장 큰 반도로, 훌륭한 자연풍

---

10) 金元龍, 『韓國考古學槪說』, 일지사, 59~61쪽, 82~84쪽.
11) 表文化, 『政治地理學槪要』, 高麗文化社, 1955, 87쪽.
12) 박성봉, 「한국문화사상과 밝은 사회운동-전통사상의 문화적 토착화와 밝은 사회 문제-」 『밝은사회논문집』 5, 경희대학교, 112~125쪽.
13) 당시 가장 정확한 것으로 알려진 D'Anville의 朝鮮國圖에도 명확한 국경선을 찾아볼 수 없다(京城帝國大學 編, 『朝鮮古地圖展觀目錄』, 京城帝國大學, 1932; 국회도서관 912.51016 ㄱ279ㅈ).
14) 方東仁, 「人口의 增加」 『한국사』 13, 國史編纂委員會, 1976, 308~318쪽.

토를 지녔고 우리 민족은 이를 선용해 왔다. 긍정적인 면이 더 큰 것이다.

특히 집약적인 수전水田농업을 크게 발달시키면서 안정된 농경문화를 발달시킨 솜씨는 전근대 어떤 민족 못지않은 성과를 낸 것으로 평가해야 마땅할 줄로 안다.

이렇듯 한국사는 '부대불소不大不小'한 반도적 조건을 슬기롭게 선용하여 독립적인 동방문화권의 주인 구실을 했다. 이러한 사실에 기초를 두고 연구를 시작해야 할 것이다. 독립적인 문화민족를 발전시킨 사실을 주목해야 한다.[15] 고구려사의 새로운 이해도 이러한 관점에서 가능하다.

3. 고구려의 남진과 신라의 삼국통일

철기문화의 성취와 함께 삼한은 남부에 먼저 안착하였고 예맥의 여러 국가는 북부에서 부여와 고구려로 통합되어 갔다. 이어 고구려가 위력을 떨치면서 더욱 남쪽으로 세력을 뻗침에 따라 백제·신라·가야는 각기 결속되었고, 또한 그 중의 일부는 왜로 건너가 중추세력을 형성하였다.[16]

고구려·백제·신라 삼국의 정립鼎立은 한반도를 둘러싼 3강의 결판전이었다. 삼국은 한강유역을 두고 경쟁하였다. 백제의 선점先占을 어렵게 물리치고 고구려가 차지했고, 마침내 신라로 넘어가 번영의 계기를 제공했다.[17] 그 결과가 신라의 삼국통일이었다. 이 과정에서 민족적 활력이 집중되었고, 마침내 저 빛나는 대신라의 문화유산으로 응결된 것이다.

---

15) 이러한 생각은 三上次男,「朝鮮の古代文明と外來文化 −とくに中國文明との關係について−」『古代史講座』3, 學生社, 1962에서도 제기되었다.

16) 金貞培,『韓國民族文化의 起源』, 高麗大學校 出版部, 1973 ; 金哲埈,「三國文化의 發展-三國文化가 日本에 끼친 影響」『韓國史』2, 國史編纂委員會.

17) 近著로 盧泰敦,「高句麗의 漢水流域 喪失의 原因에 대하여」『韓國史研究』13, 55~56쪽 참조.

다만 민족사의 남진과정을 보면 고구려가 중요하다. 4~5세기 고구려가 반도 북부를 차지한 이후 오래도록 민족의 대이동은 없었거니와, 이로부터 백제·신라·가야 등이 반도를 둘러싼 쟁탈전에 본격적으로 뛰어들었기 때문이다.

이처럼 한국사상韓國史上의 남진은 그동안 우리 민족이 주력한 발전적인 성격의 것임을 보여준다. 이러한 대세에서 볼 때 한족漢族은 그리 큰 비중을 둘 것이 아니다. 그보다 동북아시아의 최강자 고구려가 4~5세기 사이에 남진에 주력하고 안정을 누린 데 대한 재평가가 소망스럽다.

고구려의 반도 안착은 매우 인상적이다. 고구려는 당초 산곡山谷 화전경작과 목축·수렵을 병행하는 악조건 속에서[18] 제철기술과 무역활동을 익히면서 남쪽 농경지역에 진출하였다. 먼저 옥저와 동예를 복속시켰고, 이어 청천강·대동강 유역을 장악해 나감으로써 '민상식民相食'의 곤경을 벗어났다.[19]

광개토호태왕의 북정北征은 기왕의 활동무대에 대한 거점단위의 '소제적掃除的 확보'였다. 왕이 더욱 힘쓴 것은 남진이었다. 광개토호태왕은 전대前代 백제에 빼앗긴 농토를 회복하고 선대왕이 피살된 데 대한 복수를 겸하여 남진했다.

먼저 대동강 유역과 황해도를 회수하였고, 나아가 백제가 끌어들인 왜를 소탕키 위해 멀리 한강·낙동강 유역에 손을 뻗쳤다. 이를 통해 새롭게 무수한 '한예가韓濊家'를 거느리게 되었다.[20]

---

18) 『三國志』, 東夷傳 高句麗.

19) 『三國史記』 高句麗本紀에서 "民相食" 기사는 烽上王 9年 春正月, 小獸林王 8年, 故國壤王 6年 春條에 나온다. 百濟本紀에도 나오지만 그 성격이 다르다(朴性鳳, 「廣開土好太王期 高句麗 南進의 性格」 『韓國史研究』 27, 1979 참조).

20) 朴性鳳, 「廣開土好太王期 高句麗 南進의 性格」 『韓國史研究』 27, 1979 ; 井上秀雄, 『古代朝鮮』, 日本放送出版協會, 1972, 76~88쪽.

5세기 장수왕대에는 마침내 평양으로 천도하였다(427). 이때 고구려는 한강 유역으로부터 충청도까지, 중서부 한반의 대옥토를 확보하기에 이르렀고, 동북아시아 최강의 제국을 형성하였다.

이렇듯 5~6세기 고구려의 전성은 북방 농목시農牧時의 상무적인 기동성이 남방 농업생산성과 적절히 어울린 균형 속에 발전한 것이라 하겠다.

고구려의 남진 정착으로 민족이동의 동남진이 일단락되었고, 삼국은 반도를 중심으로 발전하였다. 상호 간의 각축이 치열해졌고, 해외진출이 더욱 촉진되었으며, 문화도 발전하였다. 하지만 한편으로 고구려와 백제는 국력을 소진하여 균형을 잃어 갔다. 그래서 결국 정치·경제·문화적으로 고양된 신라가 통일을 성취한 것이다.[21]

그동안 신라의 삼국통일은 당과의 연합을 중시해 외세에 의한 것으로 보는 이가 적지 않았다. 하지만 여기에는 불교의 문화적 토착화 성취를 비롯해 신라가 성공을 거둔 내면적·화합적 문화력에 주목해야 한다. 한국사의 문화 치중적 발전상과 그 필연성도 바로 여기서 연유한 것이다.

신라 이후 한국사의 영역은 대륙에서 벗어났지만, 일반 북방민족과 전혀 다른 역사발전을 이루었다. 수많은 북방민족 중 유일하게 성공한 케이스이다. 독자적인 고도의 농업문화를 일구어 중국과 병칭될 만큼 중요한 존재로 성장하였고, 오늘날 남북분단의 불리한 상황 속에서도 "한·중·일"로 거론될 만큼 제반활동에 대표성을 갖고 있다.

비록 지난날 우리 민족이 중국을 모방하거나 사대를 일삼았다고 지탄하는 목소리가 자못 높지만,[22] 수단으로서의 조공외교가 지금 우리가

---

21) 『三國史記』 金庾信傳의 다음 몇 구절로 그동안의 사정을 짐작할 수 있다. "新羅其君仁而愛民, 其臣忠以事其上如父兄 雖小不可謀也" ; "我國新羅以忠信而存 百濟以傲慢而亡 高句麗而驕慢而殆"

22) 東國이나 小中華 같은 자기인식을 너무 폄하적인 관점에서 보려는 것은 당대의 사실을 그대로 보는 것이 아닌 듯하다.

인식하고 것과 같은 불명예가 아님은 고구려 전성기를 통해서도 쉽게 알 수 있다. 평화를 추구하고 문화를 중시하는 것도 못마땅해 할 일은 아닐 것이다.

아직도 우리 민족이 무수한 침략을 받아 매우 불행했다고 자탄하는 경향이 있지만, 그러한 가운데 민족 내지 문화에 대한 자의식이 더욱 강해졌다. 수많은 위기의 극복은 그러한 저력이 있었기에 가능했다.

이 점에서 근대 제국주의 열강의 침략 속에서 민족이 녹다운(knock down)된 역사는 새삼 깊은 성찰을 요한다. 이제 정치와 경제가 회복되면서 민족적 상처가 아물었다고 속단 자위해서는 안 된다. 사회 일각에서 실없는 자고自高, 자만의 조짐이 보이기도 해 심히 걱정스럽다. 우리는 아직 민족문화의 복귀가 미흡하고 더딤을 반성해야 한다. 여전히 문화 창조의 역량을 계발하지 못한 채 갖가지 아이디어를 외국으로부터 들여오는 일이나, 학술 면에서 각종 대사전大辭典을 의존하는 현실은 한심스럽다.

민족의 전통을 슬기롭게 재창조·재생산해야 한다. 이는 당면한 통일 과업의 성취에도 결정적인 역할을 할 것으로 믿는다.

4. 고려 이후의 북진주의와 그 성격

이상을 통해 우리 민족의 남진과 그 의의를 생각해 보았다. 그러면 중세 이후의 북진주의는 어떤 것인가. 조선 초기 등 몇몇 예외적인 사례가 있지만, 그 대부분은 이상적 차원에서 당면한 현실을 뚫고 나가고자 한 시도에 불과했다. 간절함이 부족했던 것이 사실이다.

먼저 유명한 태조(고려)기의 북진주의부터 보자. 태조가 국책으로 내

세운 북진주의란 당시 건국 기반이 된 지금의 황해도 일대를 중심으로
한 것으로,[23] 북방의 황무한 지역을 개척함으로써 남쪽의 호족에 대처
하기 위한 조치였다.[24] 918년 6월 건국에 이어 바로 평양에 진출한 것은
고구려 구강舊疆회수 등 명분적인 영토 확장보다 남토의 확보를 위한
기지 마련의 성격이 강했다. 후백제의 견훤이 서경 즉 평양성 점령에
최후 목표를 둔 편지를 태조에게 보내고 있는 사실[25]은 그 단적인 표징
이다.

다음으로 서희의 강동 6주 확보이다. 이 역시 북진보다는 대거란 타
협 과정에서 조공상의 외교적 소득으로 차지한 것이다. 윤관의 여진정벌
과 묘청의 벌금伐金주장 역시 대국적인 북진으로 이어지기보다는 정치
적인 성격이 컸다. 윤관의 노력은 농토 개척에 큰 의의가 있었지만,[26]
주화파主和波 귀족세력과의 갈등으로 실패했다.[27] 묘청의 주장은 신단
재申丹齋가 높이 평가했지만,[28] 천도 운동의 수단으로만 이용한 탓으로
조신朝臣간에 상당한 호응까지 있었던 것을 놓치고 김부식을 비롯한 개
경파의 독천적獨擅的 전권專權과 문약文弱으로 치닫게 했다.

고려 말 요동 공격까지 꾸준히 북진을 시도한 것도 사실이다. 하지만
때마침 강성한 북방족이 남하해 모처럼 내세운 고구려 계승의 노력은 오
가사담吾家私談 격이 되고 말았다.

이와 비교해 15세기 조선 초기의 북정北征은 제대로 북진을 도모한

23) 李基東,「新羅 下代의 浿江鎭-高麗王朝의 成立과 聯關하여-」『韓國學報』4, 一志
   社, 1976, 13~21쪽.
24) 『高麗史』世家 太祖 元年 9月 乙未.
25) 『高麗史』世家 太祖 10年 12月.
26) 金光洙「高麗前期 對女眞交涉과 北方開拓問題」『東洋學』7, 檀國大學校 東洋學研
   究所, 1977.
27) 李基白,「高麗別武班考」『金載元博士回甲紀念論叢』, 乙酉文化社, 1969, 42~44쪽.
28) 申采浩,「朝鮮歷史上一千年來第一大事件」, 『朝鮮史研究草』, 朝鮮圖書株式會社,
   1929, 56~69쪽, 丹齋全集 下卷, 乙酉文化社, 1972, 100~121쪽.

실력행사였다. 그래서 압록강·두만강 선이 확보되었고, 이로써 오늘날 우리의 국경이 획정되었다. 하지만 이때도 어떤 조약이 있어 고정된 경계선이 불변상태로 그어진 것은 아니었다. 18세기까지 그런 상황은 유지된 것으로 보인다.

이렇게 보면 고려 말의 최영 등의 요동 공격은 준비도 되어 있지 않았고 그럴 계제가 못되었다. 조선후기 효종시대의 북벌계획도 양차의 나선羅禪정벌로 국위선양에는 도움이 되었지만 실제적인 것이 될 수 없었다.

조선후기 실학파의 대두 속에 북학파가 등장하여 북방의 실리성을 내세운 선각적 의견이 있었지만, 내적 조건이 갖추어지지 못해서 정책에는 반영되지 못하였다.29) 일제시대 전후 민족주의 사학자를 중심으로 북진의 목소리가 높았으나, 이는 독립운동의 일환으로, 기막힌 절규였다.

역대의 북진주의는 이승만 정부 시대의 북진구호까지 포함하여 목적적·능동적 나아가 영토적인 것이라기보다는 다분히 수단적이었고, 따라서 민중과 무관한 것으로 시대적인 한계성이 짙었다. 그만큼 한반도에 안주했다고 할 수 있다.

5. 고구려 남진발전사 연구의 의의

고대와 중세의 남진이나 북진은 반도를 벗어나려는 것이 아니었다. 오히려 모두 반도를 확보하고자 한 것이었다. 그렇다고 한다면 반도성의 새로운 인식과 그 활용은 일차적으로 식민사관의 극복과 주체적 발전의 계기를 마련하는 첩경이 될 것이다. 나아가 민족의 새로운 에너지를 불러일으키는 출발점이 될 것이다. 그러므로 민족문화의 회복과 참다운 발

---

29) 姜萬吉, 「實學思想과 政策反映」『文學과 知性』14, 1973.

전을 위해서는 민족사의 기본적인 발전방향에 대한 각성이 요청된다. 그런 연후에야 민족문화의 힘이 더욱 커질 것이고, 역사에 길이 남을 참다운 성과가 쌓일 것이다. 고구려의 남진발전사 연구는 이러한 민족사의 발전방향을 옳게 잡고 사실대로 파악하여 한국사의 성격을 구명하는 데 불가결한 작업으로서 큰 의의가 있다.

제2부 고구려의 남진과 천하관

1. 고구려사 기본의 재인식

우리는 그동안 고구려가 북방 민족 중 독특하게 일찍 남녘 진출을 도모하고, 특히 4~5세기 이후 한반도를 중심으로 한 온대 농경문화農耕文化 민족으로 성공한 알찬 면을 소홀히 생각해 온 병폐가 있었다. 이제 고구려를 바라보는 관점을 바꿀 시점이다. 고구려가 남북·문무文武·내외內外를 겸해서 발전시킨 모습을 그대로 살피며 질적·생산적 문화대국으로 성장하였음을 온전히 따져보아야 할 것이다.

이에 본고에서는 4~5세기 고구려의 한반도 남진南進정책과 그 발전상에 주목하여 관련 문헌과 기타 유적·유물, 특히 「광개토호태왕비문」을 중심으로 그 실상을 찾으려 한다. 문물제도의 정비와 영향을 검토하고, 그 역사적 의의를 더듬어 볼 것이다.

2. 광개토호태왕·장수태왕대의 남진과 발전

광개토호태왕은 18세에 등극(391 신묘, 비기년紀年)하여 39세에 승하(412)하기까지 22년 동안 재위하였다. 이때 고구려의 발전은 집권적 지배체제와 내정內政을 정비하고, 외정外征을 성공시킨 결과였다.

고구려는 동북아의 패자覇者가 되어 위세를 떨쳤다. 특히 백제에 원수를 갚았고, 황해도 등 서부평원을 확보하였다. 그 결과 "좋은 논밭이 없어서 배를 채울 수가 없었다.(無良田 不足以實口腹)"는 형편을 극복하였다. 왕의 핵심적인 업적이었다. 그 내용은 「광개토호태왕비」를 통해 찾아볼 수 있다.

비는 높이 6.39m의 4면 거대비로 그 내용은 크게 왕실의 가계와 관련한 단락, 왕의 훈적을 적은 단락, 수묘인과 관련한 단락으로 구분해 볼 수 있다. 이 중 훈적 단락은 남진에 치중했다는 점이 특징적이다. 총 8회의 출병 가운데 6회가 남진 성과로 장식되어 있고, 그 내용도 상세하다 (영락 6년, 8~10년, 14년, 17년). 그 결과 64성 1400촌을 공취한 사실을 적시하였고, 이들을 통해 수묘인의 일부, 즉 신래한예(新來韓濊) 220가를 구성하였다.

그런데 여기서 특이한 것은 장수왕이 광개토호태왕의 '존시교언存時敎言'을 원용하여 부왕父王의 의지를 내세우면서 수묘제를 통한 새 질서를 제시하고 있다는 점이다. 이 대목은 초대형의 비를 건립한 경위와 의도를 짐작케 하여 크게 주목된다. 즉 고구려의 일대 비약을 꾀하고 나라의 중심重心을 새로 설정하고자 한 것으로, 남쪽으로 중심지역을 지향하는 목표를 제시한 것이라 하겠다. 그러기에 선왕대先王代의 20가 수묘보다 10배나 많은 수묘가를 둔 것이다. 이로부터 얼마 안 가서 장수왕은 구舊귀족의 다수를 숙청하였고, 13년 만에 평양 천도를 단행하였다. 이로 보아 「광태토호태왕비」는 장수왕의 남행 결단을 선포한, 즉 유신維新을 내세운 장엄한 비였다고 생각된다.

이 점에서 왕호도 호태왕호가 광개토와 꼭 짝한 연유를 존중하여 장수태왕, 진흥태왕과 함께 호태왕호를 따라 쓰는 것이 바람직하다고 본다. 광개토만의 왕호는 후대 『삼국사기』에서 초견되는 것일 뿐 아니라 영명한 태왕 업적을 부분적으로 그릇 인식할 가능성이 크기 때문이다.[30]

---

30) 朴性鳳, 「'廣開土好太王' 王號에 대하여」, 重山鄭德基博士華甲紀念論叢刊行委員

평양 천도 이후 고구려는 농업중심으로 경제가 발전하였고, 대동강·
한강을 중심으로 서해를 낀 수산과 교역이 성행하였으며, 남북 간 유통
량이 증가하였다고 보인다. 그렇기 때문에 민호가 크게 증가했다. 수취
체제와 짝하여 3경京과 주현州縣과 같은 지방제도도 정비되었다.

이와 같은 고구려의 발전은 벽화고분의 분포로 보나, 「중원고구려비」,
복천동고분을 비롯한 한반도 남부의 유적·유물로 보나, 한반도를 중심
으로 한 것이었다고 파악된다.[31] 이 점에서 최근 중국의 고구려사 왜곡
논리는 전혀 발설의 근거조차 없다.

3. 독자적 천하관과 문화의 발전

고구려는 동방지역에서 독자적 문화를 지키면서 나름의 천하를 만들
고자 하였다. 고구려 중심의 새 세계를 형성하고자 한 것이다. 그리하여
6세기에는 백제와 신라를 공략하기보다는 오히려 두 나라의 약진을 지
켜보며 소극적으로 대응했다. 또한 북위와 상당기간 평화를 지속하며 최
고의 예우를 받았고, 남조와도 친교를 도모하였다. 이는 당시의 동아시
아 국제정세와 연관되는 것이지만 평양천도가 가져온 변화상이었다.

고구려는 압록강가의 국내성과 더불어 수도·부수도를 한반도 안에

曾 編, 『韓國史의 理解』, 景仁文化社, 1996 ; 『廣開土好太王碑 硏究 100年』, 학연
문화사, 1996 참조.
31) 북한의 김덕성은 「고구려의 평양천도와 그 역사적 의의」라는 글에서 '이시기까지
에 평양과 그 이남지방의 경제발전이 더욱 촉진되어 봉건국가의 재정원칙이 적지
않은 부분을 이 지방에서 담당하게 되었다고 하였다. 또한 평양과 그 이남 지방에
서 징수한 조세와 공물 등 수많은 물동량을 멀리 떨어진 국내성으로 나른다는 것은
매우 비경제적이며 불합리한 일이었다.'고 하였다(『북한의 최근 고구려사 연구』, 고
구려연구재단 편, 2004, 183쪽).

두어 중심을 잡고, 대륙과 해양을 아울러 장악한 대국을 이루었다. 나아가 가야에까지 출격하여 백제와 왜를 제압함은 물론, 신라도 동이東夷질서 속에 편제하여 고구려 천하를 도모하였다.

고구려는 중국, 유목민족의 천하를 인정하면서도 나름의 독자적인 천하를 구상했다. 고구려의 천하는 백제와 신라, 또는 부여와 말갈 등이 어우러진 세계였다. 고구려는 중국의 '천자'나 '황제'를 모방하지 않고 고구려의 천하를 지배하는 대왕을 '태왕' 또는 '호태왕'이라는 독자적인 존재로 추앙하였다. 천하관은 단지 무력에 의한 영토의 확장만으로 이루어질 수 없는 것이었다. 그것은 문화적으로도 천하의 중심이 될 수 있다는 자부심이 없으면 공허하다는 생각이었다.

이와 관련하여 고분벽화가 주목되는데, 이를 보면 전투와 관련한 모습도 보이지만, 수많은 문화생활의 양상이 잘 나타나 있다. 무용총·각저총 등에서 각종 풍속을 살펴볼 수 있다. 각가지 생활모습과 음악·미술은 물론이고, 불교·도교 등의 관념세계도 엿볼 수 있다. 천문도·성곽·주택 건물·차량 등에서 과학도 살펴볼 수 있다.

고구려의 문화는 다양한 학문을 바탕으로 했다. 고구려의 학문이 크게 발전한 것은 4세기대의 남진, 즉 평양 일대를 확보한 이후였다. 평양 일대, 지금의 평안도·황해도 지역은 한사군漢四郡의 고지故地로 중국문화에 익숙한 한인漢人이 적지 않았다. 고구려는 그들을 통해 중국문화를 섭취했다. 특히 유학을 중시하였다. 영토가 확대된 만큼 유교적인 교양을 갖춘 관료집단이 시급했기 때문이다.

고구려는 소수림왕 2년(372) 국내성에 태학을 설립했다. 평양천도 이후 태학은 평양으로 옮겨왔을 것이다. 현재로서 고구려의 태학이 어떻게 운영되었는지 분명히 알기는 어렵다. 다만 중국의 사례를 통해 보건대 유교 교육기관이었음은 대략 알 수 있다. 또한 영양왕 11년(600)에 태학박사太學博士 이문진李文眞이 『신집新集』 5권을 지었다고 한 사실로 미루어 보아 박사 제도가 운용되었음을 알 수 있다.

태학이 설립된 이후 고구려인의 유교적 소양은 「광개토호태왕비」의 비문을 통해 잘 알 수 있다. 비문에는 차자借字표기법도 보이는데, 이는 신라로 전해져서 이두 성립의 기반이 되었고, 일본에도 전해져서 그들의 음절문자인 가나의 성립에 영향을 주었음은 이미 잘 알려진 사실이다.

태학의 하부下部에는 일반인의 자제子弟를 가르치는 경당扃堂이 있었다. 『구당서』고려전에는 "풍속이 서적을 사랑하여 가난한 집에 이르기까지 모두 거리마다 큰 집을 짓고 경당이라 불렀는데, 미혼 자제는 밤낮으로 여기에 모여 글 읽기와 활쏘기를 연습하였다."라고 한다. 이어 고구려의 서적으로는 "오경 및 『사기』·『한서』·『후한서』·『삼국지』·『진춘추』·『옥편』·『자통』·『자림』이 있고, 또한 『문선』이 있어 더욱 애중하였다"고 전하는데, 이상은 태학과 경당의 교재였을 것이다.

경당은 서울만 아니라 지방에도 광범하게 분포하였다고 보인다. 이로 미루어 보면 태학에 준한 교육기관이 부수도에도 건립되었을 가능성이 있다. 만일 그렇다고 한다면, 고구려의 유학붐은 상당하였다고 할 수 있을 것이다. 태학의 설립과 그 출신 관료의 등용에 고무되어 유학 장려의 분위기가 조성되었던 것이 아닌가 한다.

학문과 교육의 발전은 다시 문화의 발전으로 이어졌을 것이다. 그리고 기초부터 잘 다져진 고구려의 학문과 문화는 복잡다단한 주변 정세 대처에 주춧돌이 되었을 것이다. 고구려의 천하관은 이렇듯 학문과 문화에 바탕을 둔 것으로, 남진의 중요한 성과였다.

4. 고구려사의 교훈

고구려는 남진정책을 통해 동북아시아 최강의 제국으로 성장하였으며 독자적인 천하관을 가졌다. 이와 같은 고구려 성장의 저력은 학문과 문화에 기초했다. 이 점에서 광개토호태왕의 문무정책은 1,500년의 시공을 뛰어넘어 지금의 우리에게도 시사하는 바가 크다.

작금에 우리나라의 주요 기업은 세계 각지로 뻗어 나가고 있으며, 우리의 경제력은 세계의 주목을 받고 있다. 하지만 이는 외형적인 것으로, 과거로 치면 마치 군사력만 확대되고 있는 것과 같다. 학문과 문화의 뒷받침이 없으면 곧 벽에 부닥치고 허물어지기 쉽다. 이미 그 쓰라린 맛을 외화위기를 통해 경험하였다. 지금 우리의 경제력도 문화의 터전 위에 둘 때 비로소 온전한 국력이 될 수 있다. 이를 통감할 시점이다.

각 론

제1부 고구려 발전의 방향성 문제
-남진발전론의 민족사적 재음미-

1. 머리말

고구려사 연구는 고대사의 재검토 내지 식민사관의 극복문제와 어울려 민족사 연구의 중심 과제가 될 전망이다. 바야흐로 단군 국조國祖나 삼국 시원始原 등 나라 역사의 긴 전통이 많은 관심사로 등장하고 있고, 여기에 또 역사무대의 넓은 영역이 크게 내세워질 순서인 것이다. 그리하여 고구려의 팽창발전사는 가장 화려하면서 적합한 역사적 사실로 부각될 것이 거의 틀림없다.

그런데 민족사의 오래고 넓음은 청동기·신석기시대로 올라갈수록 더욱 확대될 것이다. 고대사 역시 그 위·아래 범위가 너무나 길고 넓어 자칫 양적 헤아림에 골몰하기 쉽다. 이 때문에 역사·지리 쪽이나 오랜 연대 사실이 일반의 관심을 모으고 있는 것도 일면 어쩔 수 없다. 그러나 그동안 민족의 역사는 농경시대를 중심으로 하였고, 그렇게 볼 때 재고의 여지가 많다. 고구려의 내적 발전을 살펴볼수록 그러하거니와, 동아시아에서 우리 민족사의 위치는 그 질적 발전에 특징이 있다고 생각한다.

오늘날 우리에게는 그 오래고 넓은 영역범위 중에서 주로 어디에 중심을 두고 문화생활을 영위해 왔는가 하는 것이 더 긴요하다. 여기에는 당연히 역사인구학적 접근이나 농업생산면의 관점이 수반되어야 할 것으로 믿어진다.

식민사관도 이제는 그 생성과 전개과정을 파악하고 시비를 따지는 단계를 넘어섰다. 민족의 유형·무형적 유산을 기초부터 새로 검토하여 전반적으로 민족문화의 재창조를 성취해야만 온전히 극복할 것이다. 그러자면 획기적인 대투자가 선행되어야 한다.

고대사 특히 고구려사에서 문제시되는 것도 대륙과 한반도의 차이를 고려치 않고, 또는 고구려와 신라를 동일선상에서 비교하는 태도이다. 이와 관련하여 '북진론'이 주목된다. 북진론은 우리 민족의 발전방향을 북진에 있다고 보고, 고대 우리 민족이 요동·요서 내지 만주·중국대륙을 영유함으로써 번영하였다고 보는 주장이다.

물론 이러한 관점은 어제오늘 나온 것은 아니다. 특히 조선후기 실학자로부터 북진이 주목되었고 학적 고찰이 시작되었다. 이로부터 고대 민족무대로의 복귀라는 욕망이 커진 것 같으며, 일제 침략기 전후에는 상무尙武 자강自强을 부르짖는 독립자주운동의 일환으로 내세워졌다.

필자는 이러한 주장에 반성을 촉구해 한반도 중심적인 민족사의 연구를 내세워 왔거니와, 이제 고대사 붐의 내재적 승화를 위해서도 다시 한번 고구려의 남진발전에 대한 성격을 검토해 보고자 한다. 본고에서는 특히 고구려 대외발전의 방향성 문제를 분기별로 나누어 생각해 보고자 한다.

물론 현재의 조건에서 고구려사 연구에 어떤 확연한 결론을 기대하기는 매우 어려운 것이 실정이다. 다만 필자의 남진발전론은 이른바 북진론과 시공 양면에서 상대적인 반론이 아님을 분명히 밝혀둔다. 시기별로 보면 당연히 서북진에 주력한 때도 있었다. 그러므로 그 분간을 시도해 보면서 우리의 고구려사 연구가 북진론과 같은 외적인 팽창발전에만 주안점을 둘 것이 아니라는 것을 재강조하고자 한다.

즉 내적인 발전을 추적하려는 남진론적 시각이야말로 당시의 사정을 옳게 파악하는 첩경임을 내세우고자 한다. 이는 고구려사는 물론, 우리

민족사에서 두드러지게 보이는 반도 중심적 특성이 실상 서북대륙 쪽만
이 아니라 동남해양 쪽의 진출까지를 포괄하며, 이것이 대민족사의 '중
中'과 '핵核'임을 말해줄 것이다.

이러한 면의 고찰이 미비하나마 상기한 민족사의 질적 파악과 전개방
향에 많은 시사를 줄 것으로 믿는다.

2. 서북진론 및 남진론의 검토

고구려의 성장·발전과정을 외적인 측면으로 보면 영역의 확대과정이
라고 할 수 있다. 이러한 성격은 고대 정복국가에서는 공통된 현상이지
만, 고구려의 경우 특히 두드러지게 나타난다. 중국군현 세력에 둘러싸
인 데다 농업생산력이 극히 낮은 환경조건 때문에 주변 소국의 정복
등 대외활동에 의존할 수밖에 없었던 것이다. 그러므로 고구려사의 전
개방식은 백제·신라의 그것보다 상대적으로 특수하였다. 이에 대외발
전의 방향이 서(북)진이냐 남(동)진이냐 하는 문제 역시 하나의 논쟁거
리였다.[1]

서북진론, 주로 서진론은 그의 광대한 양적 팽창으로 인하여 일찍부
터 주목되었고, 여전히 별다른 이견 없이 널리 받아들여져 왔음은 주지
의 사실이다. 서진론은 고구려의 발전방향이 기본적으로 서북대륙방면
즉 요동으로의 진출이었다는 주장이다.[2] 이 입장에서는 중국이나 북방

---

1) 고구려 대외발전방향에 관한 제설의 검토는 盧重國, 1985 「高句麗對外關係史研
究의 現況과 課題」『東方學志』49 참조.

2) 서진론은 末松保和, 「高句麗攻守의 形勢」(『青丘學叢』5, 1931), 『青丘史草』1, 東
京, 1965, pp. 95~101에서 본격적으로 제기되었다. 末松保和는 고구려의 남진을
서방으로의 발전의 前程 또는 血路의 개척으로 보았다.

민족과의 대외관계가 주류가 되어 한반도 내 삼국의 관계는 부차적인 의미 밖에 갖지 못한다. 이러한 시각 때문에 삼국의 항쟁의 결과로 나타난 신라의 반도통일을 낮추어 보았고, 고구려의 멸망원인도 내면적 요인보다 수·당 등 중국 통일제국의 형성 등 주변조건에서 찾게 되는 편향성이 있었다.[3]

물론 고국원왕대 백제와의 충돌이 있기 전까지는 고구려의 대외관계의 주된 방향은 중국 방면이었다. 특히 고구려 초기에는 중국군현의 정치적·군사적 압력이 존립기반마저 위협하는 경우가 있었으므로, 그에 대한 투쟁이 중시되는 것은 지극히 당연했다. 그러나 현도군을 축출하고, 압록강 하류방면으로의 돌파구를 열기 위한 서안평의 공략을 서진으로 파악한다면,[4] 거기에는 문제가 있다. 오히려 대對군현투쟁의 실질적 기반이 된 동옥저 내지 두만강 유역, 낙랑군을 축출하고 차지한 평안도 일대를 보면, 남진의 면모가 보인다.

서(북)진론이 타당성을 갖기 위해서는 고대에 있어 만주대륙이, 그 중에서도 요동지역이 고구려사에서 갖는 실질적인 의미가 밝혀져야 한다. 이 지역의 전략적·군사적 중요성은 물론, 특히 농업생산력, 인구, 문화적 잠재력 등 제반 분야에서 대동강 내지 한강 유역에 비하여 갖는 비교우위의 내용이 구체적으로 검증되어야 할 것이다.[5] 이러한 전제 없이 광개토호태왕대의 요동영유에 대해 고조선의 멸망 이후 6·7백 년 동안 상

---

3) 末松保和, 1931,「高句麗攻守の形勢」『靑丘史草』1, 東京, 1965, 99~100쪽 ; 堀敏一, 1979「隋代東アジアの國際關係」, 唐代史研究會 編『隋唐帝國と東アジア世界』, 汲古書院, 1979, 113~120쪽 ; 鬼頭淸明,「7世紀後半の國際政治史試論-中國·朝鮮三國·日本の動向」『朝鮮史研究會論文集』7, 1970.
4) 李丙燾,「廣開土王의 雄略」『韓國古代史研究』, 博英社, 1976, 375쪽. 그는 여기서 낙랑군 공취의 의의를 농경지 확보, 해로를 통한 중국과의 교통로 확보와 더불어 군사·정치적으로 현도·요동군을 고립시키기 위한 것으로 보았다.
5) 현재로서는 요동지역의 철 생산력이 주목되고 있을 뿐이다. 李龍範,「高句麗의 成長과 鐵」『白山學報』1, 1966, 63~88쪽.

실한 영토를 회복하였다는 구토회복의 의미를 강조한 것은 당시의 실제
와 거리가 있는 주장일 수 있다.[6]

　고구려 남진의 성격 파악도 주의를 요하는 문제이다. 서(북)진론은 고
국원왕 이후 고구려의 남진은 전연前燕·후연後燕 등 강대한 세력에 부
닥쳐 서진의 길이 막히자 그 대안으로 남진을 꾀한 것이라 주장한다.[7]
그러나 이러한 주장을 쉽게 받아들일 수는 없다. 왜냐하면 장수왕 이후
즉 북위의 북조 통일로 국제역학관계의 균형에 의해 동북아시아의 세력
안정이 이루어지기 전까지는,[8] 북중국 지역은 전진前秦, 전연, 북위北
魏, 북연, 후연 등이 엇바뀌는 변동을 겪고 있었고, 이에 고구려의 서진
이 결코 불가능한 상황은 아니었기 때문이다.

　가령 고국원왕 12년(342)의 대對 전연전의 패배도 전략적인 실패에
의한 것이지 결코 군사적 열세에 의한 것은 아니었다.[9] 그 후 전연과의
조공외교관계 또한 왕모를 송환키 위한 한 변통수단에 불과하였다. 고국
양왕 2년(385)에 일시적이나마 요동·현도 2군을 영유한 사실이라든
가,[10] 광개토호태왕대에 후연이 북위와 대결하는 상황을 이용하여 요동
지역을 확보하였던 사실[11]을 보아도 고구려의 서진이 가능했음은 충분
히 짐작할 수 있다.

---

6) 李丙燾, 「廣開土王의 雄略」, 『韓國古代史研究』, 博英社, 1976, 385.

7) 末松保和, 1931, 「高句麗攻守の形勢」 『青丘史草』 1, 東京, 1965

8) 盧泰敦, 「5~6世紀 東아시아의 國際情勢와 高句麗의 對外關係」 『東方學志』 44,
　　19~35쪽.

9) 『三國史記』 卷18, 高句麗本紀 故國原王 12年. 이때의 패배는 전연군의 진격로를
　　잘못 예측한 데에 기인했다. 남도로 진격한 전연의 주력부대는 고구려군을 격파
　　하고 환도성까지 함락시켰으나 북도에서 전연군을 격파한 5만의 고구려 주력부대
　　가 건재하고 있었다. 그렇기 때문에 왕모 등을 포로로 하여 서둘러 철수하였다.

10) 『三國史記』 卷18, 高句麗本紀 故國壤王 2年. "夏八月 王出兵四萬 襲遼東……遂陷
　　遼東·玄菟, 虜男女一萬口而還, 冬十一月 燕慕容農 將兵來侵 復遼東·玄菟二郡."

11) 『梁書』 高句麗 및 『宋書』 高句麗國.

이에 비하면 고구려의 대對 백제전은 더 큰 시련을 겪어야 했다. 고국
원왕 41년(371) 평양성 전투에서 고국원왕이 전사하였고, 소수림왕 7년
(377)에도 백제로부터 평양성을 공격받았다.[12] 고구려로서 백제는 항상
벅찬 상대가 아닐 수 없었던 것이다. 따라서 이와 같은 대세를 보더라도
고구려의 남진발전은 결코 서진을 위한 전정이거나 그 대안이 아니라 실
리적으로 주력한 결과였다고 판단된다.

남진은 방향의 문제만 아니라 고구려의 중심이 바뀌는 국본國本의 이
동이라는 점에서 큰 의미가 있다. 과거에도 광개토호태왕·장수왕대 남
진의 의의는 수차례 지적되었다.[13] 그러나 반향은 적은 편이었다. 또한
남진을 전全 고구려사의 주된 발전방향으로 본 것이 아니었으므로 필자
의 주장과는 약간의 차이가 있다.

필자는 그동안 민족사의 방향특성과 관련하여 고구려의 남진발전의
성격을 몇 차례 강조한 바 있거니와, 오늘날 우리 민족은 대체로 북방에
서 남하 이동하여 한반도에 정착하면서 농경문화민족으로 성장해 온 것
으로 이해하였다. 그렇다면 고구려는 이러한 유형의 마지막 대표자이자
가장 큰 세력이었다고 할 수 있다. 무엇보다 4~5세기 고구려가 한반도
북부를 차지한 후로는 그 방향으로 민족적 이동이 없었고, 이 무렵부터
반도의 분점쟁탈전이 본격화되었다.

반도의 분점쟁탈 과정에서, 특히 고구려와 백제는 상호 견제하면서
경쟁적으로 서북 대륙진출에 더욱 열을 올리게 되고, 신라·가야와 함께
남으로 왜국에도 손을 뻗쳐 각기 세력 확보에 부심하였다. 이에 우리 민
족은 한·만·중·일 땅을 넘나들면서 바야흐로 반도가 중심이 된 큰 발전
기를 맞이하였다. 그만큼 민족 역량의 활성화와 민족사의 특성화가 두드

---

12) 『三國史記』 卷18, 故國原王 41年 및 小獸林王 7年.
13) 崔南善, 『新訂 三國遺事』, 三中堂書店, 1943, 3쪽 ; 박시형, 『광개토왕릉비』, 사회
   과학원출판사, 1968.

러지게 되었던 것이다. 그 후 수·당의 중국통일과 신라의 삼국통일, 그리고 일본의 고대국가형성으로 이어지면서 동아시아의 국제질서는 새 단계에 들어섰거니와, 한편으로 제각기 민족문화의 고전적 원형을 구축하기에 이르렀다.

이러한 맥락에서 5세기 동아시아 최강자 고구려의 반도중심적인 정착과 문화발전은 당연한 설정이었으며, 이는 바로 민족사의 발전적 터전과 그 방향 내지 성격을 더욱 두드러지게 파악할 수 있는 사실史實이다. 이러한 반도중심적 발전은 고구려사 자체에도 상당한 변화를 초래하여 5세기를 전후하여 문화의 농경정착적 변화를 엿볼 수 있다.14)

3. 팽창사상史上의 분기 문제

이상과 같이 고구려 발전의 질적 의미를 다시 생각해 볼 때 우리는 고구려사의 발전단계를 분기별로 나누어 봄으로써 더욱 명확한 전망을 얻을 수 있다. 물론 고구려사는 아직 체계적인 연구 성과가 적은 만큼 이러한 시대구분 문제는 자연 별반 다루어지지 못하였다. 이에 대한 시도가 전혀 없었던 것은 아니나, 대개 개설적으로 고구려사의 특수성을 고려함이 없이 고대국가의 일반론적인 발전단계를 적용하는 차원에 그쳤다.

한 예로 고구려의 수도에 따라 졸본시대, 국내성시대, 평양시대로 구분하는 것을 들 수 있다.15) 일반적으로 천도가 국가의 성격에 커다란 변

---

14) 東夷傳의 기록의 변화나 미술을 통해 단적으로 드러난다. 朴性鳳,『東夷傳 高句麗 關係 記事의 整理』, 慶熙大學校 韓國傳統文化硏究所, 1981 및 金元龍,『韓國美術 史』, 汎文社, 1968.

15) 金映遂,「高句麗 國都考」『全北大學校 論文集』2, 1958.

화를 초래한다는 점에서 의미가 있지만, 그 사회의 성격을 추출하지 못
했다는 점에서 미흡한 점이 많다고 할 수 밖에 없다.

이보다 체계적인 시대구분으로 현재 가장 널리 통용되는 - 부족국가
(성읍국가城邑國家)-부족연맹(연맹왕국聯盟王國)-고대 귀족국가로 그 발
전단계를 나누는 것을 들 수 있는데,16) 이러한 시대구분이 더욱 의미를
갖기 위해서는 고구려사 각 시대의 사회성격에 대한 체계적인 이해가 선
행되어야 한다. 만약 그렇지 못하면 또한 일반론의 도식적 적용이 되고
말 것이다.

어쨌든 시대구분이라는 것이 역사에 있어서 보편적인 발전법칙을 추
출하는 작업임에 틀림없지만 그것은 어디까지나 특수사의 역사적 사실
위에 기초해야 할 것임은 더 말할 것도 없는 일이다.

본 절에서 시도하는 고구려사의 시기구분은 본격적으로 그 사회의 발
전단계 및 성격을 규명하려는 것은 아니지만, 단지 고구려의 대외발전이
라는 측면에서 고구려의 팽창과정 및 그 발전방향을 검토함으로써 고구
려사의 한 특성을 이해할 수 있을 것이다. 고대에 있어서 대외정복이 국
가의 성격 및 발전에 중요한 요소로 작용하였음은 이미 주지의 사실인
것이다.

이 경우 고구려 팽창사는 대개 다음의 5시기로 나누어 볼 수 있다.

> 제1기: 동명왕~태조왕 전기의 국초기
> 제2기: 태조왕 후기 봉상왕 사이의 2~3세기
> 제3기: 4세기부터의 미천왕에서 고국양왕 기간
> 제4기: 5세기 전후의 광개토호태왕과 문자명왕 사이
> 제5기: 안장왕과 보장왕 사이의 6~7세기

---

16) 金哲埈,「韓國古代國家發達史」『韓國文化史大系』1, 民族·國家史, 高麗大學校 民
族文化研究所, 466~507쪽 ; 李基白,『韓國史新論』, 一潮閣, 1967, 第 1~3章.

제1기는 부여에서 남하 입국立國한 다음 대개 동북쪽 즉 지금의 함경
남북도 지역으로 정복활동을 전개하는 시기이다. 제2기는 중국군현과
대결하는 시기이며, 제3기는 낙랑·대방군을 축출하고 지금의 평안도 지
역을 확보하는 시기이다. 제4기는 적극적으로 남진을 추구하여 한반도
중북부를 확보하고 일대제국을 건설하는 시기이며, 제5기는 남으로는
백제의 반격과 신라의 북진으로 한강 유역을 잃고, 서로는 통일제국을
형성한 수·당의 침공으로 대외발전이 막혀버린 시기이다.

그러면 각 시기별로 구체적인 고구려 대외발전의 실상을 살펴보도록
하자.

『삼국사기』 고구려본기를 통하여 제1기의 고구려 대외발전의 모습을
보면, 먼저 동명성왕이 홀본(졸본)에서 건국한 이후 동왕 2년(B.C. 36)에
비류국을 정복하고 6년에는 태백산 동남의 행인국, 10년에는 북옥저를
차례로 정복하였다. 다음 유리명왕에는 22년(A.D. 3) 국내성으로 천도하
고, 33년(A.D. 14)에는 서쪽으로 양맥을 정복하고 현도군의 고구려현을
습취하였다.[17]

이처럼 동명왕대 대외정복의 방향이 행인국, 북옥저 등 지금의 함경
북도 지역임에 반하여 유리왕대에는 오히려 한군현과 대결하고 있다. 이
는 동왕 33년의 엄우의 침입에서 보듯이 한군현의 군사적 위협이 고구
려의 동진을 장애하는 요소로 등장하면서 이를 방지하기 위한 군사 활동
으로 생각된다.

다음 대무신왕대에는 정복사업이 크게 일어나 척지침광拓地浸廣이
되었다. 동왕 5년(A.D. 22) 부여를 정벌한 이후 개마국, 구다국, 낙랑국
을 차례로 정복하였는데,[18] 이 지역도 대개 지금의 함경남북도와 그 이
웃으로 추측된다.[19] 이러한 고구려의 동해안 내지 두만강 일대에 대한

---

17) 『三國史記』 卷13, 高句麗本紀 東明聖王, 瑠璃明王.
18) 『三國史記』 卷14, 高句麗本紀 大武神王 9年, 20年.

정복 사업은 그 뒤에도 계속되어 민중왕대에는 동해인 고주리가 헌경獻
鯨하였고,[20] 태조대왕 4년(A.D. 56)에는 동옥저를 정복하여 함경남도 일
대를 완전 장악하였다. 그리고 동왕 46년(A.D. 98)과 50년에는 동북으로
책성(지금의 혼춘)을 순수巡守하여 두만강 하류지역에 대한 정복도 일단
락 지었다.[21]

이 동남북 지역은 농업 생산력[22]이나 철 생산이[23] 뛰어나 압록강·동
가강의 산간지대에 위치하여 "無良田 雖力佃作 足以實口腹"[24]의 처지
였던 고구려로서는 더할 나위 없이 중요한 경제적 기반이 되었다.

실제로『삼국지』동옥저전에 "使大加統責其租稅貊布·魚鹽·海中食物
千里擔致之 又送其美女 以爲婢妾 遇之如奴僕"이라고 하여 이 지역의 농
산물·해산물 내지 인적 자원이 고구려의 중요한 경제적 근거가 되었음
을 알 수 있다.

한편 이 지역은 그 후 외적의 침입시에 후방기지로서의 군사적 기능
도 수행하였다. 동천왕대에 무구검이 침입하였을 때 왕은 옥저 지역[25]
으로 피신하여 전열을 재정비·반격하였고, 봉상왕대 모용씨의 침입시에
는 두만강 지역으로 피신하던 중 신성[26]재新城宰 고노자의 도움으로 위

19) 여기서 낙랑국의 위치는 왕자 호동이 옥저 지역을 遊觀한 것과 관련하여 옥저 일
    대(함경남도)에 걸쳐 있었던 것이 아닌가 추측된다.
20) 『三國史記』卷14, 高句麗本紀 閔中王 4年.
21) 『三國史記』卷15, 高句麗本紀 太祖大王.
22) 『三國志』東沃沮에 "其土地肥美 背山向海 宜五穀 善田種"이라고 한 점을 보아서
    도 동옥저 지역의 농업생산력을 짐작할 수 있다. 두만강 하류 지역도 만주 지역에
    서는 일찍부터 농경문화가 발달한 곳으로 알려져 있다(金九鎭,「公嶮鎭과 先春嶺
    碑」『白山學報』21, 1976, 67쪽 참조.
23) 李龍範,「高句麗의 成長과 鐵」『白山學報』1, 1966, 63~80쪽.
24) 『三國志』高句麗.
25) 『三國史記』卷17, 高句麗本紀 東川王 20年에는 北沃沮로 피신하였다고 하였는데,
    『三國志』東沃沮에는 北沃沮라고 하였다. 어쨌든 오늘의 함남북 일대가 될 것
    이다.

기를 모면하기도 하였다.

뒤에 전개되는 한군현과의 효과적인 대결은 동해안 및 두만강 하류지역을 확보하여 경제적 군사적 기반을 확고히 하였기 때문에 가능하였던 것이다. 그리고 고구려가 태조왕대 고대국가로서의 면모를 확충하게 된 것도 대개 이 지역의 정복활동에 힘입은 것으로 생각된다.

다음 제2기는 한군현과의 대결을 통하여 요동 및 한반도 서해안 지역으로의 진출을 모색하는 시기이다. 태조왕 53년(105) 요동군 6현의 침공을 시작으로 한군현에 대한 고구려의 공세 및 충돌은 태조왕대에만 8회에 이른다. 그 후 왕위계승 등을 둘러싼 국내정치의 불안으로 잠시 주춤하였으나,[27] 동천왕대부터 다시 한군현에 대한 적극적인 공세가 시작되었다.[28] 이러한 고구려의 서진은 자연 중국 군현의 역공을 초래하여 동천왕대에는 수도인 국내성이 함락당하는 시련을 겪기도 하였으나 고구려의 서진 의지는 줄어들지 않았다.

이 시기의 고구려의 주된 진출방향을 보면 요동군·현도군과 서안평현 등인데 이는 낙랑군 등을 주변에서 고립시켜 이의 정벌을 용이케 하려는 포석으로 생각된다. 그 결과 현도군은 흥경 노성에서 점차 쫓겨나서 지금의 무순 방면으로 후퇴하였으며,[29] 고구려는 신성을 확보하여 요동 방면에 대한 전략적 교두보로 삼았다.

---

26) 金瑛河는 이 新城을 두만강 유역의 柵城에 비정하였다. 「高句麗의 巡狩制」 『歷史學報』 106, 43~44쪽.

27) 太祖王 말년부터 山上王代까지는 왕위계승을 둘러싸고 諸加세력 간의 분열이 계속되었다(『三國史記』, 次大王, 新大王, 故國川王). 이에 당시 對漢郡縣 투쟁이 효과적으로 수행될 수 없는 상황이었다.

28) 東川王 初年에는 위와 평화적인 외교관계를 맺고 있었는데(『三國史記』, 同王 8年, 10年, 11年), 이는 요동의 公孫氏 세력을 견제하기 위한 외교전략에서 비롯된 것으로 同王 12年, 위가 公孫氏를 정벌할 때는 군대를 파견하기도 하였다. 그 후 公孫氏가 멸망한 뒤에는 외교노선을 바꾸어 적극적으로 西安平 공격에 나섰다(同王 16年).

29) 李丙燾, 『韓國古代史研究』, 博英社, 1976, 158쪽.

고구려가 신성 지역을 장악한 시기는 명확하지 않으나 봉상왕대 고노자를 신성태수에 임명하고 있는 것으로[30] 보아 그 이전의 일일 것이다. 그러나 봉상왕대에는 요동지역에서 모용씨가 세력을 떨치고 있었기 때문에 이 신성은 요동진출의 전진기지의 성격보다는 오히려 방어적 성격이 더 컸던 것으로 보인다. 따라서 제2기의 서진은 결국 제3기의 평안도 지역으로의 남진을 위한 전략적인 대비 등 군사적 성격이 큰 것이라 할 수 있다.

제3기는 미천왕대 낙랑·대방등의 군현을 축출하고 반도 서북부지역을 차지한 후 이 지역에 대한 경영에 주력하는 한편 황해도 지역을 놓고 백제와 일대 혈전을 벌이는 시기이다.

미천왕은 재위 3년(302)에 현도군을 쳐서 무찌르고 포로 8000인을 평양으로 옮기었다.[31] 여기의 평양이 지금의 평양이기는 어려운 듯하지만 남쪽 새 터임에는 틀림없겠고 따라서 포로의 남방이송은 새로운 남진정책이 세워져 농경 기타 남부개척을 위한 노동력의 필요가 생겨 취해진 조처로 볼 수 있으므로 이 현도 공격도 실은 남진의 본격화와 표리를 이루면서 진행된 것을 알 수 있다.[32] 또 왕 12년(311)에는 서안평을 공격하여 취하게 되는데 이것은 고구려가 서남해안지역을 장악하려는 길목 확보의 작전 성과였다. 그 후 14년에는 낙랑군, 15년에는 대방군을 공략함으로써 400여 년이나 명맥을 유지해 온 중국 군현을 완전히 소멸시켰다.

이러한 고구려의 낙랑·대방군의 장악은 여러 점에서 의의 깊은 일이라 하지 않을 수 없다. 첫째, 이 반도 서북부 지역은 고조선 이래 농업생산력이 탁월한 지대로서, 동옥저 지역을 제외하고는 농경 지역이 절대

---

30) 『三國史記』卷17, 高句麗本紀 烽上王 5年.
31) 『三國史記』卷17, 高句麗本紀 美川王 3年.
32) 朴性鳳, 「高句麗의 漢江流域進出과 意義」『鄕土서울』 42, 1984, 39쪽.

부족한 고구려로서는 가장 중요한 경제적 기반을 확보한 셈이다. 둘째, 바다를 통하여 국제적 활동을 활발히 할 수 있는 근거를 마련하였으며, 그리고 낙랑·대방 지역에 중국인이 오랫동안 심어놓은 문화유산을 이어 받았다는 것, 정치·군사적으로 현도와 요동을 고립시켰다는 점 등을 꼽을 수 있는 것이다.[33]

한편 미천왕 후반기에는 요동으로의 진출도 모색하여 16년(315)에 재차 현도군을 공파하고 20년에는 진晉의 평주자사 최비와 협력하여 모용씨를 공격하였고, 21년(320)에도 요동을 침벌하였다.[34] 그러나 이러한 고구려의 서진에 위협을 느낀 모용씨의 전연은 고국원왕 9년(339)과 12년[35]에 대대적 침입을 단행하여 고구려는 수도가 함락당하고 왕모·왕비 등이 잡혀가며 선왕(미천왕)의 능이 파혜쳐지는 곤욕을 겪었다.

미천왕대에 활발하였던 고구려의 정복활동은 이로써 주춤거리게 되었는데, 서쪽의 전연이 고구려를 견제하는 한 서진은 물론 남진도 용이치 못하였던 것이다.

얼마 후 전연이 전진에게 망하는 사태의 변화가 보이자,[36] 고구려는 남쪽으로 백제를 공격하였으나(369), 당시 마한을 병탄하는 등의 전성기를 구가하던 근초고왕에게 패하고, 이어서 평양성 전투에서 고국원왕이 전사하는 시련을 겪어야 했다.[37]

다음의 소수림왕기는 광개토호태왕·장수왕기의 극성기로 이어지는 전환점을 마련한 데서 그 역사적 의미가 컸다. 전연과 백제와의 대결에서 곤욕을 치른 고구려는 체제정비의 필요성을 자각하고, 왕 2년(372)에 불교를 받아들이며 태학을 설립하는 한편, 이듬해 3년에는 율령을 반포

---

33) 李丙燾, 『韓國古代史研究』, 博英社, 1976, 374~375쪽.
34) 『三國史記』 卷17, 美川王 16, 20, 21年.
35) 『三國史記』 卷18, 故國原王.
36) 『資治通鑑』 卷102, 晉紀24 海西公下 太和5年.
37) 『三國史記』, 卷18, 故國原王 39年, 41年.

하였다. 이 소수림왕기의 개혁은 무엇보다 국가적으로 초유의 문화·정
책적 전환이 강력히 추진된 데 그 의미가 큰 것으로, 문화국가로의 발돋
움이 이로부터 전개되었다고 할 수 있다.

이러한 소수림왕기의 내정정비를 기반으로 다시금 외정이 전개되었
다. 소수림왕 5~7년에는 백제를 잇달아 공벌하였으며, 고국양왕 2년
(385)에는 요동·현도를 공격하여 일시적이나마 영유하였고, 다시 3년에
는 남쪽으로 백제를 정벌하여 다음의 호태왕에 의한 남진의 기틀을 마련
하였다.[38)]

이 시기 고구려와 백제의 접전지역은 치양(백천), 수곡성(신계)을 잇는
패수(예성강)선으로, 백제도 청목령(개성부근)을 중심으로 관방을 설하여
고구려의 남하에 대비하였고,[39)] 근초고왕 26년(371), 근구수왕 3년(377)
에는 평양성을 공격하는 등 고구려의 남진을 적극 저지하고 나섰다. 따
라서 고구려는 이 같은 백제의 군사적 위협에 대하여 평안도지역의 경영
을 강화하는 한편, 평양을 남진의 전초기지로 삼았던 듯하다.

그런데 평양지역은 4세기 이상이나 중국 군현이 설치되었던 곳으로
낙랑군이 소멸된 뒤에는 토착호족세력이 강인하게 잔존하여 고구려의
평양 경영은 상당히 어려웠을 것으로 추측된다.[40)] 그러나 미천왕 이후
이 일대에 대한 지배력이 계속적으로 증대되면서 광개토호태왕대에는
이 지역을 완전 장악한 것으로 보인다. 이는 왕 2년에 평양 9사寺를 에
창설한 것[41)]이라든가 「광개토호태왕릉비」에 보이는 9년의 평양 순행巡

---

38) 『三國史記』卷18, 高句麗本紀 小獸林王, 故國壤王.

39) 『三國史記』卷25, 百濟本紀 辰斯王 2年. "春 發國內人十五歲以上 設關防 自青本
   嶺 北八坤城 西至於海."

40) 樂浪郡의 토착호족세력에 대해서는 三上次男, 「樂浪郡社會の支配構造」 『朝鮮學
   報』30, 朝鮮學會, 1964 ; 『古代東北アジア史研究』, 吉川弘文館, 1966, 72~81쪽
   참조.

41) 『三國史記』卷18, 高句麗本紀 廣開土王 2年.

辜, 또는 평양 성민 중에서 수묘인 연호烟戶를 차출케 한 사실 등에서 넉넉히 짐작할 수 있다. 광개토호태왕대의 고구려의 한강 유역 진출도 결국은 평양 일대의 경제적·인적 자원을 적극 활용한 데서 가능하였다고 생각된다.

다음 제4기인 광개토호태왕에서 문자명왕에 이르는 한 세기는 고구려의 최전성기라고 할 수 있다. 이 기간이 우리에게 주목되는 것은 그동안의 남진사업이 가장 철저하게 추진되어 한반도 중북부지역을 완전 장악함으로써 '민개토착民皆土着'이 되어 마침내 안정과 번영을 누리게 된 사실이다. 이 시기의 남진의 성격과 그 실상은 다음 절에서 상술하도록 하겠다.

제5기를 보면 남으로 신라의 성장, 북으로 돌궐의 흥기, 서로 중국 통일제국인 수·당의 위협 속에서 고구려의 대외발전은 위축·좌절되고 끝내 나당연합군에 의해 멸망하였다.

고구려가 이처럼 쇠퇴일로를 걷게 된 데에는 여러 가지 요인이 있겠으나, 6세기 중엽에 한강 유역을 상실한 것이 고구려의 국력을 크게 약화시킨 것으로 보인다. 한반도에 있어서 한강 유역이 갖는 경제적·군사적 중요성은 새삼 거론할 필요가 없지만 평양천도 이후에는 요동 지역·대동강 유역과 더불어 이 지역이 고구려의 가장 중요한 경제적·군사적 거점을 이루고 있었으며 특히 대백제·대신라작전의 전진기지로서 그 기능은 막대하였다. 따라서 이 지역의 상실은 평양 일대를 전선에 노출시키는 전략상의 취약성을 드러내어 남진을 포함한 고구려의 대외활동에 커다란 장애가 되었을 것이다. 즉 남으로부터의 신라·백제의 직접적인 군사적 위협도 매우 커졌으며 또 수·당과의 대결에서도 평양 일대의 배후기지를 잃은 고구려로서는 요동에서 적의 침입을 반드시 저지시켜야 한다는 부담감을 안게 된 것이다.

고구려가 이처럼 중요한 한강 유역을 상실하게 된 원인으로는 먼저 안으로 안원왕 말년부터 일어난 귀족사회의 내분을 들 수 있다.[42] 아울러 서북부 국경으로부터의 돌궐 등 외족의 압박도 무시할 수 없는 요인이었다.[43]

그런데 고구려의 한강 유역 상실을 내분과 돌궐에 의한 압박만으로 보기에는 미흡한 점이 있는 듯하다. 거기에는 고구려가 남진 정착 후 자체 내의 조건과 기질이 예전과는 달라져 그로 말미암아 왕실·귀족의 내분도 생기고 방비태세도 상대적으로 안일해 진 것이 아닐까 생각되는 것이다.

고구려는 원래 지정학적 조건으로 인하여 생산양식 면에 있어서 농업생산이 안정되지 못하였다. 그러기에 호전족好戰族으로 주위 여러 국가에 인식되었다. 그러나 대동강·한강 유역을 완전히 차지한 후 민호가 3배나 증가하고 토착의 안정을 이루어 그 본래의 기질에 상당한 변화가 초래되었을 것은 넉넉히 짐작된다. 그것은 평양천도 후의 고구려의 문화유산을 통해서도 선주 남쪽 농경인과 관련성이 매우 커진 것을 볼 수 있는 것이다. 결국 고구려 자체의 물질적 안정으로 인한 정신적 안일은 특히 지배층의 기질을 변화시키고 왕권의 약화와 귀족사회의 분해를 촉진하여 한강 유역에 대한 방비도 내실을 잃음으로써 이 지역을 빼앗기고만 것이다.[44]

이상에서 개괄적으로 살펴 본 고구려 대외발전의 실모를 요약해 보면, 초기 고구려의 대외발전의 주된 방향은 동남진 즉 지금의 함경남북도와 두만강 지역을 장악하는 데 있었다. 이 지역의 생산력 및 인적 자원은 압록강 유역의 열악한 생산기반을 보완하였고 아울러 대군현 투쟁

---

42) 『日本書紀』 卷19, 欽明紀 7年에 의하면 당시 왕위계승을 둘러싸고 왕의 중부인 측의 麤群과 소부인 측의 細群이 각각 자파의 왕자를 내세워 참담한 상쟁을 벌였다고 한다.

43) 盧泰敦, 「高句麗의 漢水流域 喪失의 原因에 대하여」 『韓國史硏究』 13, 36~54쪽.

44) 朴性鳳, 「高句麗의 漢江流域進出과 意義」 『鄕土서울』 42, 1984, 56~57쪽.

의 후방기지로서의 중요성도 갖고 있었다.

이와 같이 동남 방면을 확보함으로써 고구려는 한군현과의 투쟁을 효과적으로 수행할 수 있었으며 미천왕대에는 마침내 한반도 서북부 일대를 장악하였던 것이다. 이 대동강 유역이 고구려 사회에서 차지하는 비중은 결코 함경도나 두만강 유역에 비할 바가 아니었다. 특히 장수왕대 평양으로 천도한 이후에는 전 고구려 영역을 총괄하는 중추지대로서 기능하였으며 다음 시기의 한반도 중부지역의 진출도 대동강 유역의 풍부한 농업생산력과 인적人的 자원에 기초한 것이었다. 광개토호태왕대부터 시작된 고구려의 한강 진출은 장수왕대에 이 지역을 완전히 점유함으로써 일단락되었는데, 이로써 고구려사의 반도적 전개가 본격화되었던 것이다.

결국 고구려의 대외발전은 그 주류가 압록강 유역에서 함경도 → 평안도 → 황해·경기·충청도 지역으로 계기적 전개를 이루었으며, 이것은 고구려사의 기본 특성이 남진발전을 통해 형성되었음을 보여주는 것이라 하겠다.

4. 5세기 고구려 남진의 질적 의미

고구려가 광개토호태왕과 장수왕대에 전제왕권을 확립하고 제국적 성장을 이룬 실모는 예컨대 영토의 개척, 왕권의 성격, 내정의 정비, 평양천도 등으로 많은 연구가 축적되어 왔으며 이를 통하여 한국사에 있어서 고대국가의 발전의 일면을 새롭게 추적할 수 있었다. 그러나 아직도 고구려 사회의 질적 전환의 모습은 제대로 밝혀져 있지 못하며, 특히 호태왕대의 광개토경廣開土境은 양적인 확대라는 측면에서 이해되는 것이

주류였다.[45]

광개토호태왕대의 정복활동을 전해 주는 사료로는 「광개토호태왕릉
비」(이하 「능비」로 약칭)와 『삼국사기』가 있다. 그러나 양자 사이에는
기년부터 1년의 차이가 있을뿐더러 그 내용상에도 완전한 동일기사는
없다. 물론 같은 사실을 전하는 것으로 추정되는 몇몇의 기사가 있으나
그 연도에는 상당한 차이가 보인다. 그러나 대백제전에 연승을 거두며
한강 유역으로 진출한 점에서는 양 사료가 상치됨이 없이 고구려 남진의
성격을 잘 보여주고 있다.

「능비」와 『삼국사기』 사이의 가장 큰 차이는 대對 후연전의 문제이
다. 그런데 『삼국사기』의 후연관계 기사도 실은 『자치통감』의 기사를 그
대로 옮겨 놓은 데 불과한 것으로,[46] 고구려 자체의 사료는 『삼국사기』
편찬 당시에는 전해지지 못한 듯하다. 그렇지만 이와 같은 기록 소홀은
단순히 사료의 누락이라고 보기보다는 당시 고구려인의 인식에 따른 결
과로 보는 것이 옳을 듯 싶다.

왜냐하면 당대의 현실을 직접 전하고 있는 「능비」에도 대 후연전의
기사는 찾아보기 어렵기 때문이다. 물론 「능비」의 영락 17년 조의 기사
를 대 후연 작전으로 보는 견해도 없지 않으나,[47] 이는 비문의 구성으로
볼 때 대 백제전의 연속된 작전으로 보는 것이 옳을 듯하다.[48]

그러면 중국 측 기록으로 볼 때 호태왕대 대 후연전의 성과는 분명한
사실임에도 왜 비문에는 이를 반영하지 않았을까? 그것은 당시 고구려

---

45) '廣開土境'의 양적인 파악은 대개 북진론과 짝하여 이해되고 있지만, 필자는 영토
　　개척의 本意가 비문의 "國富民殷 五穀豊熟" 등 내적·질적 면에 주안점이 있는 것
　　으로 생각한다.
46) 朴性鳳,「資治通鑑 高句麗 關係記事의 整理」『慶熙史學』12·13, 1986, 301~302쪽.
47) 千寬宇,「廣開土王陵碑文 再論」『全海宗博士 華甲紀念 史學論叢』, 一潮閣, 1979,
　　547~555쪽.
48) 徐榮洙,「廣開土大王陵碑文의 征服記事 再檢討(上)」『歷史學報』96, 12쪽, 18쪽,
　　30~31쪽, 53쪽.

인이 태왕의 업적 중 요동 지역으로의 진출을 오늘날 우리가 생각하는
만큼의 의미 부여나 비중을 두지 않은 결과라 할 것이다.

「능비」를 통해서 광개토호태왕의 일생 사업을 보면 백제를 상대로 한
남진이 절대 우세하며 『삼국사기』의 기록을 원용해도 남진과 북진은
2:1의 비율임을 알 수 있다.[49) 이 비율도 단지 정벌이나 내침 등의 횟수
에 의한 것이지 그 성과의 질적인 차원에서 본다면 남진과 북진은 애당
초 비교가 되지 않을 만큼 차이가 큰 것이다.

「능비」 영락 5년의 거란(비려碑麗) 정벌은 "破其丘部洛 七百營 馬群
羊 不可稱數"이라고 하였듯 이 지역을 영유코자 한 것이 아니었다. 전리
품의 획득 혹은 『삼국사기』에서 "本國陷沒民戶一萬口而歸"이라고 한
데서 느껴지듯 거란의 변경 침입이 잦아지자 이를 일시에 격파하여 그
세력을 약화시키는 데 목적이 있었던 듯하다. 더욱이 영영營은 촌촌村과 구
별되는 유목지역으로 농토를 차지하려는 남진과 동질의 생산성이나 의
의가 있다고 생각할 수는 없는 것이다.[50)

동만주 일대로 비정되는 영락 19년의 동부여 정벌도 여성餘城 등 불
과 수개의 성을 얻는 성과에 그쳤으니,[51) 이것 역시 대백제전의 성과와
는 비할 바가 아닌 것이다.

다음으로 『삼국사기』에 보이는 대후연전의 경과를 살피건대 왕 9년
영락 10년에 후연은 고구려의 신성·남소의 2성을 함락하여 7백여 리의
땅을 개척하고 5000여 호를 옮겨갔다. 이것은 당시 고구려가 남진에 여
념이 없었던 틈을 타서 고구려의 배후를 공격하여 얻은 결과로 결코 후

---

49) 朴性鳳「廣開土好太王期 高句麗 南進의 性格」『韓國史硏究』27, 1979, 4~7쪽.
50) 이 점에서 武田幸男,「廣開土王碑からみた高句麗の領域支配」『紀要』78, 東京大學
   東洋文化硏究所, 1979, 105~114쪽에서 700營을 700村으로 간주하려는 것은 맞
   지 않는 견해라 하겠다.
51) 「능비」의 鴨盧를 城으로 이해하는 견해(那珂通世,「高句麗古碑考」『史學雜誌』4,
   東京帝國大學文學部 史學會, 1893)에 따라 5鴨盧를 5城으로 잡아본 것이다.

연의 군사력이 고구려보다 우세함을 보여주는 것은 아니다. 오히려 후연은 왕 11년(402) 전열을 재정비한 고구려의 역공을 받아 숙군성을 빼앗기는 곤욕을 치렀던 것이다. 당시 후연은 북위의 압력으로 국세가 상당히 기울었던 만큼 고구려로서는 결코 어려운 상대는 아니었던 것이다.

그럼에도 불구하고 고구려가 후연의 공략에 적극적이지 않았던 이유로는 다음 몇 가지를 생각해 볼 수 있다.

첫째, 후연을 존속시킴으로써 당시 가장 강력한 세력인 북위와 직접 충돌하는 것을 피하고 일종의 완충지대로서 이용하려는 의도에서 비롯된 것으로 보인다. 호태왕이 다시 요서지역에서 북연의 건국을 적극 후원한 것도 이와 같은 외교 전략과 동일한 선상에서 이해되는 것이다.

둘째, 요동·요서 지역의 획득에서 얻는 실리가 남진에 비할 바가 아니었기 때문으로 추측된다. 본래 요동지역의 농업생산력 내지 인구 등도 결코 과소평가 할 것은 아니었으나 수세기 동안 이 지역이 고구려와 중국 군현과의 투쟁의 주전장이 됨으로써 이 시기에는 이미 상당히 황폐해졌던 것이 아니었나 생각된다. 상기 왕 9년 조에 후연이 요동 7백 리 땅을 개척하고도 5000여 호를 사민徙民하는 데 그친 사실은 그 동안의 사정을 반영하는 것으로 짐작된다.

광개토호태왕대의 북진의 성과를 이상과 같이 요약할 수 있을 때에, "凡所攻破城六十四村一千四百"으로 집계되어 비문에 명기된 호태왕의 전성과의 절대 다수가 한반도 안 대백제 등 전과에서 찾아지는 사실은 재삼 주목할 필요가 있는 것이다. 호태왕대를 찬양한 "國富民殷 五穀豊熟"란 문구는 분명 황해도를 비롯한 그 남북 농경 집약지대에의 남진성과를 반영했다고 생각한다. 즉 광개토경의 실효는 그 핵심적 터전이 새로 남하해서 확보한 황해도·평안도 등 경기북부에 연유한 것이다.

호태왕의 뒤를 이은 장수왕은 재위 80년 동안 전무한 극성기를 이루고 고구려의 남진적 의의와 성격을 가장 잘 발현시켰다. 장수왕대 남진

정책의 성격은 평양천도에서 그 일면을 찾아 볼 수 있다.

우선 이 천도는 북위의 강성 때문에 더 이상의 서방 진출이 어렵다고 판단, 그 진출의 방향을 남쪽으로 돌리게 되었다는 일부 주장도 원인의 하나로 볼 수 있는 것이겠지만, 대동강 유역으로의 진출은 처음부터 고구려가 바라던 바였다. 관점을 달리하면 오히려 고구려가 남진을 목적으로 하여 서북쪽에서 평화적인 외교노선을 추구한 것으로 보여 지는 것이다. 당시 동북아시아는 북위·남조·유연·고구려 등 4국의 세력균형 속에서 안정을 누릴 수 있었으니,[52] 고구려는 이러한 국제적 역학관계를 효과적으로 이용하여 전 국력을 남진에 기울여 소기의 목적을 달성하였던 것이다.

그런데 평양천도는 이 지역을 손에 넣은 지 1세기만에 실현된 것으로서 이처럼 지체된 까닭은 이 지역에 대한 고구려의 불철저한 지배 때문으로 볼 수 있는데, 또 이를 역으로 생각하면 그만큼 이 지역의 생산력이나 문화력이 독자성을 유지할 정도로 풍부했던 사실을 짐작할 수 있는 것이다. 따라서 이 지역을 완전 확보한 고구려가 중국의 오호십육국과 남북조의 혼란에 말려들지 않고 그들을 조종 활용한 가운데 당대 최상급의 국제적 지위를 누릴 수 있었던 것이니, 이것이 바로 한반도 중심적 발전방식임을 주체적으로 재인식·재평가해야 할 줄 믿는다.

한편 고구려가 정치·경제 등 가장 완비된 제도를 갖추면서 전제왕권을 구축한 것도 이 시기의 일이었다. 따라서 평양천도의 또 다른 동기로는 통구에서 뿌리 깊게 자리 잡은 전대 이래의 귀족세력을 약화시키고 중앙집권적 지배질서를 강화하려는 의도도 있었을 것으로 짐작된다.[53] 그런데 평양천도 이후 고구려의 남하에 위협을 느낀 백제와 신라는 472

---

52) 盧泰敦,「5~6世紀 東아시아의 國際情勢와 高句麗의 對外關係」『東方學志』44, 19~35쪽.

53) 徐永大,「高句麗 平壤遷都의 動機-王權 및 中央集權的 支配體制의 强化과정과 관련하여-」『韓國文化』3, 서울大學校 韓國文化研究所, 126~137쪽.

년에 동맹을 맺었다. 특히 백제는 고구려의 남침 위협에 절박감을 느껴 북위에 군사원조를 요청하였으나 아무런 성과도 얻지 못하고 오히려 장수왕 63년(475) 고구려군에 패퇴하여 개로왕이 죽임을 당하는 곤욕을 치르고 수도를 웅진으로 옮겨 대고구려 전선을 후퇴시키지 않을 수 없었다. 이 후에도 고구려의 남하는 계속되어 마침내 죽령·조령 일대에서 남양만을 연결하는 한반도 중부를 완전 장악하였다.

이리하여 한강 유역을 완점한 장수왕 말년에 고구려는 만주와 한반도에 걸친 광대한 영토를 옹위하고 안팎으로 제도가 완비되어 중국과 자웅을 겨루는 일대제국을 형성하게 되었다. <중원고구려비>에 보이듯이 5세기 중에 고구려가 신라를 동이라 칭하고 신라왕 및 그 신료들에게 의복을 주는 등 종주국으로 자처하고 있는 고구려의 천하의식은 그 단적인 표출로 볼 수 있다. 또 장수왕이 북연왕 풍홍을 용성왕 풍군으로 불러 후왕의 예로 대하였는데, 물론 이때 풍홍이 북위의 압력을 받아 고구려의 보호아래 있었다고는 하지만, 한 때 중국 북조의 지배자였음을 생각해 볼 때, 고구려의 자주의식의 높이를 알 수 있는 것이다.[54]

다음의 문자명왕대에도 고구려의 남진은 계속되어 평해·영덕 등 동해안 일대도 장악하여 사상 최대의 판도를 자랑하게 되거니와, 이러한 고구려의 남진에 따라 삼국간의 상쟁과 교류도 활발하게 되고, 잦은 전쟁에 따른 주민이동과 문화교류로 삼국간의 사회적·문화적 동질성을 두텁게 하는 중요한 계기를 마련한 것이었다. 따라서 우리는 고구려의 남진 정착 후 일단의 국가적 성격의 변화를 주목할 수 있다. 종래의 반목반농의 불안정한 국가 발전에서 인구집약적·농경정착적 성격이 고구려 사회에 깊게 쌓이면서 국내성 시대와 다른 국가 발전이 나타나게 된 것으로 짐작된다.

북위 이오가 장수왕 23년(435) 평양을 방문하고 쓴 보고기록에 벌써

---

54) 朴性鳳, 「高句麗의 漢江流域進出과 意義」 『鄕土서울』 42, 1984, 53쪽.

"民戶參倍於前魏時", "民皆土着"이라고 한 실상은 그와 같은 변화를 족히 예견케 한다. 특히 그 이후의 고구려의 새 변모는 다른 기회에 살피려 하는 문화의 새 발전상까지 아울러 생각하면 위에 적은 남진 정착적 성격은 보다 분명하게 드러날 것으로 기대된다.

5. 맺음말

이상에서 고구려의 대외발전의 성격을 중심으로 서진론과 남진론을 검토하고 다시 그것을 고구려 발전의 시기 구분 속에서 더듬으며 특히 5세기 남진의 성격을 살펴보았다. 그런데 앞에서도 잠시 언급하였지만 이렇게 한반도를 중심으로 정착한 다음 고구려는 구체적으로 무엇이 어떻게 얼마만큼 달라졌을까 하는 문제가 중요한 과제가 될 것이다. 그러나 이 문제에 대한 해답은 아직 만족할 만큼의 연구의 축적이 이루어지지 못하고 있다. 여전히 보다 많은 자료의 발굴과 연구 성과가 쌓인 다음에야 앞뒤가 분명해 질 것으로 기대되는 장래적인 과제이다.

따라서 여기서는 고구려의 남진 발전이 갖는 역사적·질적 의의를 내세우면서 문제의 소재를 함께 인식하는 것으로 결론을 대신하고자 한다. 중국사에 있어서 만리장성 밖과 안이 확연하게 구분되는 것은 잘 알려진 사실이지만, 고구려의 경우는 북으로 새외 민족과 밀접한 관계를 맺고 또 독자적인 동이족 문화에다 중국농경문화를 잘 소화하여 한반도 중심으로 개화시킨 점에서 고구려 문화는 민족사적 의의가 크다. 특히 한반도로 깊게 내려와 정착한 후 보여준 문화능력은 우리 고대문화의 기본바탕을 제공한 것이었다.

이리하여 우리 민족은 기본적으로 한반도를 중심한 독자적 문화권을 형성하게 되었으며, 삼국의 한반도 분점 쟁탈은 실상 통합 지향의 과정이기도 하였으므로, 이렇게 삼국이 일련의 관계성을 갖게 되는 경위의 해명은 매우 중요한 민족사적 과제가 되는 것이다. 앞에서 누언한 고구려사의 남진적 성격의 부각은 바로 그런 연관성과 그 내면적 계기를 살피는 것이 된다.

고구려 문화의 발전상과 성격의 구명에 있어 우리의 남진 발전론적 관점은 그 기본적인 전제가 되는 것이며, 거기에서 도출된 내용 및 성격의 실증은 가장 쉽게 민족의 동일문화의식을 설명할 수 있는 바탕이 될 것으로 전망된다.

다만 고구려인이 이미 한반도 북부에서 생활을 영위한 것은 평양천도보다 훨씬 전부터의 일이요, 또 천도 후에 있어서도 정치·경제 기타 제도면 외에 문화사상의 변화까지를 고려한다면 그렇게 확연하게 남진만의 성격을 내세우기 어려운 실정에 있다. 따라서 어떤 선명한 결론은 애초부터 그리고 장래에도 기대하기 어렵다고 보여 진다. 하지만 문화가 전체적으로 농경정착적 성숙성을 강하게 띤 양상과 의의를 살펴 나간다는 것은 그 자체가 고구려의 남진 발전론적 전개상을 심층적으로 더 확인할 수 있는 작업이 될 것이며, 이는 동시에 고구려 문화가 한국적 특성을 쌓아가면서 우리 민족문화를 살찌게 한 의의를 찾는 데 상당한 도움을 줄 것이라고 믿는다.

제2부 발전기 고구려의 남진과정
-특히 서안평, 낙랑공취의 남진적 성격을 내세우며-

1. 고구려사의 분기分期와 서안평·낙랑 공취의 성격문제

국내외를 막론하고 고구려사의 연구 성과는 최근 부쩍 늘어난 듯이 보인다. 한국사에서 차지하는 고구려사의 비중으로 보아 당연한 추세라 하겠다. 그런데 여러 성과 중에는 그 동기나 진행, 그리고 성격 규명에서 종종 우리 고대 민족사의 발전 방향이나 당시 고구려의 사정과 상당한 거리가 있는 듯 보이는 대목이 적지 않다. 우선 여러 개설서의 일반적인 서술은 대체로 예전 것을 그대로 답습하는 경우가 흔한 법이어서 당장 어찌할 수 없는 것이지만 국내외 전공 관계 서적이나 논문 중에도 그러한 경향이 바탕에 깔려 있는 것을 볼 수 있다. 그리고 특히 북한에 있어서는 최근 상당한 전문저서나 논고를 속속 내면서도 너무 북방적 지역계승의 고집 내지 정통성 주장에 치우친 나머지, 위의 문제점이 더욱 두드러진 느낌마저 크다.

그리하여 필자는 이들 활발한 연구업적에 한편 고무되면서, 한편으로 개중에는 상당한 한계성과 재검토의 여지가 많다고 보고 그 동안 몇 가지 논고를 발표 내지 준비 중에 있다. 지금 그 중심 개념을 한마디로 요약한다면 고구려사를 포함하여 한국사의 무엇보다 큰 특징의 하나는 반도 중심적 발전을 자랑스럽게 해왔다는 것이다. 5세기 고구려까지의 민족적 남진은 이 관점에서만 제 의미를 찾을 수 있을 것이며 따라서 고려 이래의 북진 노력도 이 면에서 그 성격이 가늠되어야 할 것으로 보는 것이다.

실제 북방계 종족 중 유일하게 안정을 누리고 농경문화민족으로 성장 발전한 모습은 무엇보다 오늘날 우리가 쌀 주식민족으로 확정된 사실과 더불어 그 재인식 재평가가 이제 정립 단계에 들어섰다고 보이기 때문이다. 고구려사를 남진발전의 면에서 부각시키고자 할 때 먼저 분기 문제가 제기된다.

우선 수도의 변천을 중심으로 보면 졸본시대 100년, 국내성 시대 400년, 평양시대 240년으로 나눌 수 있는데 이러한 지연(地緣)적 3분기는 너무 기계적인 구분에 그치는 느낌이 있다. 당장 졸본시대는 별로 내세울 거리가 적어 통구시대에 합쳐 생각할 수밖에 없는 것이다. 또 시간상으로는 평양시대가 그 이전의 3분지 1에 불과하지만 그 역사적 의의는 오히려 더 크다고 보아야만 더욱 사실에 가까울 것으로 믿어지는 것이다.

필자가 보는 바로는 평양 이전 500년 이상의 동안은 대부분 남하와 동진을 포함한 남진과정의 준비 및 실현시기요, 평양 이후기는 그 정착 발전의 시기로 볼만하고, 다시 전자는 정치·군사적인 노력의 면이 한층 두드러지고 후자의 시대는 정치경제는 물론 사회 문화전반의 내면적 천착까지 해야 할 특성이 더욱 크다고 생각된다.

한편, 고구려사는 또 「초창기(대략 B.C. 1세기~A.D. 1세기 전반)」, 「발전기(A.D. 1세기 후반~4세기 전반)」, 「전성기(A.D. 4세기 후반~6세기)」, 그밖에 「수성기守成期, 국난 항쟁기」로 나누어 볼 수 있겠는데, 본고는 편의상 남진정착의 고구려사 종합 연구의 일환으로 서상의 남진발전과정을 살피고자 하므로, 우선 초창기에 이은 발전기를 주 대상으로 설정하고 전성기에의 필연적인 경과와 그 성격을 몇 가지 찾아보고자 한다.

이러한 시대구분은 어디까지나 잠정적인 필요에서 나온 것이므로 가령 상한기를 B.C. 2세기나 그보다 더 올려 잡아 생각할 수도 있는 것처럼, 많은 이론의 여지가 있을 수 있겠지만, 여기 발전기로 잡은 1~4세기는 고구려사상 가장 빛나는 광개토호태왕·장수왕기의 전단계로서 특히 호태왕기의 남진적 성격과 직결되는 조건이 이 시기에 마련된다는 점에서 필자는 남다른 흥미를 느끼는 것이다.

이 때문에 본고에서는 발전기도 태조대왕기와 미천왕기를 중심으로 그 전의 발전과 더불어 유독 남진에 주력한 면을 중점적으로 부각시키는 방향을 택하기로 하였다. 그것이 가장 주류였던 점에서도 그러하거니와 이 경우 서안평의 공취, 그리고 낙랑의 공멸攻滅은 가장 두드러진 사례가 되는 것이며, 이 양자 사이에는 밀접한 관계가 있어 어디까지나 남진과정의 핵심적 사업인 것으로 내세우고자 하는 것이다.

따라서 종래 서안평 공격을 요동진출의 면으로만 다루고 그쪽 숙원사업이라고 일컬어 온 것은 그 성격 파악이 재고되어야 하며,[55] 낙랑공멸도 외세 극복 외에 고구려로서는 그야말로 숙원의 남진을 크게 이루는 과정에서 대동강 유역(평안도 남쪽, 황해도 북쪽)의 옥토를 비로소 확보한 면에 더할 수 없는 큰 의의를 찾아야 할 것이다. 여기서도 외적발전은 내적필요와 일치할 때에만 제대로의 성과를 낼 수 있는 것임을 확인하며, 그 역사적 의의는 이런 면에서 찾아져야 마땅할 것임을 재삼 강조할 수 있다.

본고가『삼국사기』와 중국정사 동이전의 성근 기록 외에 별로 근거할 문헌·자료가 적어, 보조과학의 성과를 되도록 활용한다 해도 엉성한 겉핥기의 행론을 면하기 어렵게 되었지만, 서상의 문제제기는 일단 전체적인 고구려사의 방향감각이나 민족사 발전의 기본성격 추출에 상당한 표본이 될 수 있다는 점에서 주목의 가치가 충분하다고 보는 것이다.

---

55) 李丙燾·金載元,『韓國史 古代篇』, 乙酉文化社, 1959, 16쪽 ; 千寬宇,「韓國史의 潮流」『新東亞』, 1972~1973 ; 李萬烈,『講座 三國時代史』, 知識産業社, 1976.

2. 초기 고구려의 남하발전과 환경조건

(1) 고구려족의 남하 입국立國과 초기 활동

가. 주몽세력의 남하건국

고구려의 건국설화인 주몽전설에서 우리는 고구려를 건국하는 핵심 세력이 남하이동 끝에 졸본卒本땅을 중심으로 나라를 키워나간 경위를 짐작할 수 있다. 이 주몽설화는 지금 몇 책에 내용이 전해지고 있는데 책에 따라서 기록에 약간의 차이가 있지만『삼국사기』의 것이 그 중 내용이 풍부하다. 이에 의하면 주몽이 "나는 천제天帝의 아들이고 하백의 외손"이라 하면서 엄체수를 건너 남하, 졸본천에 이르러 토양이 비미肥美하고 산하가 험고險固함을 보고 도읍을 정했다는 것이 줄거리로 되어 있다. 이때 남하 이동하게 된 이유는 부여 내에서 관계가 원만하지 못한 때문인 바, 주몽은 선사자善射者로서 시기를 받게 되면서 그를 해하려는 금와왕의 여러 아들을 피하여 오이, 마리, 협보 등 3인 무리와 도망하기에 이르렀다는 것이다. 이들이 집단으로 움직인 것을 보면 주몽이 부여에서 유력한 지배자군 속에 있었음을 시사하는데, 주몽의 세력은 남하도중에 다시 그를 추종하는 몇 개의 부족과 합세함으로써 더욱 그 세가 커갔을 것으로 짐작된다. 즉 모둔곡毛屯谷에 이르러 재사再思, 무골武骨, 묵거默居 등 3인을 만났는데 이들은 각각 한 개인이 아니라 집단을 이루고 있던 부족의 대표라고 생각되는 것이다.

한편『동국이상국집』「동명왕편」에는 주몽이 남으로 진출할 때 신모가 오곡 종자인 보리를 가지고 가라고 싸주었다는 설화가 있다. 여기서의 신모는 지모신地母神으로서 증산과 비옥의 상징이 되고 또 그러한 기능을 가지며, 과실과 곡물신의 구실을 하여 총체적으로 볼 때 농업신의 성격을 가진 것이라고 한다.[56] 그리고 이 속에서도 소맥·대맥은 기후가 한랭한 만주지역에서는 경작이 늦어 주몽집단은 남으로 이동해 내려와 온난한 지역에 터를 새로 잡은 경위를 전해 주고 있다. 이것은 농경의 발달과 더불어 우세한 부족일수록 점차 거기에 맞는 환경조건을 찾아 이동 정착해 온 사실의 한 반영이라 할 것이다.

그런데 졸본과 통구를 중심으로 한 압록강 유역은 이 일대에서는 가장 생산성이 좋고 방위에도 이점이 있어 주몽세력이 남하하기 이전부터 이미 선주민이 정착해 국가를 이루고 있었던 것 같다. 즉 『사기』에서 전국시대 연燕은 북으로 오환烏桓, 부여와 이웃하고, 동은 예맥, 조선, 진번眞番의 이利를 관縮(貫)한다고 했으며, 『한서』에는 팽오彭吳가 예맥조선을 뚫어 창해군滄海郡을 설치하였다고 한 것으로도 짐작되는 것이다. 여기에 나타난 예맥은 주몽 등의 남하 이전에 이 지역에 살던 선주민이며 주몽계의 고구려와 융합함으로써 예맥은 곧 고구려를 지칭한 것으로 되기에 이르렀다.[57]

원래 예맥 선주민은 상당한 세력기반을 가진 사회를 조직하여 이른바 성읍국가의 단계에서나마 오래 전부터 이곳에 자리 잡고 있었다. 즉 근자의 고고학적 성과에 의하면 철기의 보급과 더불어 이 일대의 지석묘의 하부에 석실묘가 구축되면서 상부의 지석묘가 소멸한다고 한다.[58] 이것은 고구려계가 오랜 선주민을 압도하고 성장해 가는 모습을 추측케 하는 것이다. 기록상으로는 이들 선주 집단속에 가장 대표적인 예가 예군남려

---

56) 金哲俊, 「東明王篇에 보이는 神母의 性格에 대하여」惠庵柳洪烈博士華甲紀念事業委員會, 『惠庵柳洪烈博士華甲紀念論叢』, 1971.

57) 예맥과 고구려 관계를 다룬 연구로 다음이 참고된다. 尹武炳, 「濊貊考」『白山學報』 1, 1966 ; 金貞培, 「韓國民族과 濊貊」『韓國民族文化의 起源』, 高麗大學校 出版部, 1973.

58) 三上次男, 『滿鮮原始墳墓의 研究-東北アジア史研究1-』, 吉川弘文館, 1961 ; 金貞培, 「韓國의 靑銅器 文化」『韓國民族文化의 起源』, 高麗大學校 出版部, 1973, 106~59쪽.

濊君南閭인 것으로 생각된다. 그가 위씨조선의 지배를 벗어나 28만 명을 거느리고 나섰다는 것을 보면 낙랑 40만과 겨눌 만큼 규모가 큰 것을 알 수 있다.

그렇다면 고구려는 이처럼 큰 선주세력을 휩쓸어 나라를 발전시키게 된 것이므로 그 건국 연대는 삼국사기의 기록보다 훨씬 위로 올라갈 수밖에 없다. 즉 이미 B.C. 2세기에는 예군이나 그 이상의 군장집단으로 성장하고, B.C. 1세기에는 부족의 여러 세력을 거느리고 이웃을 복속 병합시켜 나가는 연맹왕국의 모습을 짐작케 하는 것이다. 그리고 시조 주몽왕 때 지했다는 행인국荇人國이나 북옥저가 모두 당시로 보면 동남쪽에 위치하고 있는 것으로 미루어 고구려의 발전은 시조 때부터 남쪽으로 방향을 잡은 것이라고 하겠다. 더욱 서쪽 비류국은 다물도라 하여 원주민적 의미를 부여한 것이라든가, 시호를 동명이라 한 것도 그들이 동남 밝은 땅에의 지향을 나타낸 것이라고 할만하다.

나. 유리세력의 남하교체

시조인 동명성왕 주몽의 설화와 마찬가지로 제2대 유리명왕의 설화도 부여계의 유이민 세력이 남하한 것을 반영하고 있다. 유리왕의 설화는 결국 이들 세력도 부여계로서 남하하여 졸본에 들어와서 고구려의 최고 지배세력이 된 사실을 말해주는 것이라고 하겠다. 따라서 주몽의 고씨와는 달리 유리와 그 후 몇 왕이 해씨解氏로 칭한 것을 들어 유리가 주몽과 부자관계였는지를 의심하는 설도 있지만,[59] 그것은 어찌되었든 부여로부터 또 남하해 들어온 유력한 집단이 새로운 지배세력으로 군림하고 이후 대무신왕, 민중왕, 모본왕 등으로 이어진 것은 틀림없겠다. 그리고 유리왕은 서북으로 선비족과 부여를 제압하여 그 면에 치중한 발전을 볼

---

59) 李萬烈, 『講座 三國時代史』, 知識産業社, 1976.

수 있지만, 한편으로 졸본천을 따라 동남으로 내려와 강계의 대안인 국내 위나암尉那巖에 신도를 정하고(A.D. 3) 이어 오이, 마리를 시켜 양맥梁貊을 복속하였다(A.D. 14). 그리고 한의 제2 현도군하 고구려현에 까지 나가 공격을 가하여 오늘의 통구평야를 확보함으로써 고구려의 전기 400년의 터전을 마련하였다.

이리하여 가까운 거리이기는 하지만 동남쪽으로 산수가 좋고 오곡에 알 맞는 신도를 잡아 천도한 것이라든가, 오행사상과 관련된 것으로 보이는 흑와黑蛙와 적와 싸움에서 적와가 이기는 이야기를 들어 남의 승리(다음 대무신왕의 적오 이야기도 같음)를 나타내려고 한 것 등을 보면 유리왕대도 역시 선대와 마찬가지로 또 한 번 남쪽 본위와 지향을 짐작케 하는 것이라고 하겠다.

다. 대무신왕기의 발전과 남진관계

신흥 고구려는 꾸준한 발전에도 불구하고 북방 선진 부여에 대해서는 늘 수세일 수밖에 없었는데 대무신왕기(A.D. 18~44)에 접어들면서 일변하였다. 별명을 대해주류왕大解朱留王이라 하고 광개토호태왕비에서도 유류儒留와 더불어 특기되어 있지만 이미 알려져 있는 바와 같이 소해주류왕小解朱留王인 소수림왕과 짝이 되는 전환기의 왕자王者였다. 여기에 인연하여 소수림왕 때 이 대무신왕기의 역사원전이 편찬된 것으로 추정하기도 하였다.[60]

하여간 부여에의 적극공세는 왕 4년(A.D. 21)부터 시작되어 이듬해 부여 대소왕帶素王을 전사시키고 그 왕실을 혼란케 하여 완전히 우이牛耳를 잡았다. 즉 대소왕의 아우는 무리 100여 명과 더불어 압록곡으로 빠져 나와 갈사국葛思國을 세우고 그 종제는 1만 명을 거느리고 고구려

---

60) 井上秀雄, 「高句麗大武神王觀の変遷」 旗田巍先生古稀記念會, 『旗田巍先生古稀記念 朝鮮歷史論集 上』, 龍溪書舍, 1979.

에 항복해옴으로 왕의 칭호를 주고 낙씨絡氏라고 사성賜姓도 하여 연나
부에 예속시켰다. 이와 같은 고구려의 발전은 북에서 남하한 세력이 자
체를 확립시키고 우위적 의미를 드러낸 것이라고 할 수 있는바, 여기서
부터 서쪽으로 중국에 손을 써 방패막이를 하면서 남쪽으로 발전을 꾀하
기 시작한 것으로 보인다. 즉, 왕 11년(A.D. 28) 요동태수의 내공來攻을
막고 15년(32)에는 후한과 손을 잡아 국위를 높이는 한편 남진을 성사시
켰다. 먼저 개마국蓋馬國을 쳐서 그 왕을 죽이고 왕모를 사로잡으며 그
땅은 군현으로 편입시키니(왕 9년 A.D. 26) 이를 본 구다국句茶國은 스
스로 내항來降하여 남쪽으로 더욱 강토가 크게 확장되었다.

이미 13년(30)에는 매구곡買溝谷 사람이 일족과 더불어 항복해 오고
15년(32)에 이르러 왕자호동의 도움으로 쉽게 최리의 낙랑국을 정복하
고,[61] 드디어 멸망시킴으로써(왕 20년 A.D. 37) 크게 남진적 성과를 올
렸다. 비록 수년 뒤 후한의 낙랑군 복설復設이 있어[62] 허사가 되고 말았
지만 이처럼 고구려가 주변의 소국가를 아우르고 넓혀 나간 것은 그 자
체가 척지拓地뿐만 아니라 생산적 구실까지 한 것이었다. 특히 낙랑국
같은 경우의 소득은 실로 막대한 것이 있었을 것으로 짐작된다.

한편 이 낙랑국이 한군현의 낙랑군과 그대로 일치한 것인지도 의심스
러우나 이 때 낙랑군에는 왕조王調가 태수를 자칭하고(A.D. 30), 자립해
있던 시기이므로 고구려가 쉽게 차지할 수 있지 않았을까 생각된다. 그
리고 이와 같은 대무신왕기의 발전에 힘입어 모본왕 2년(A.D. 49)에는
고구려가 우북평, 어양, 상곡, 태원을 습격하였다는 기록이 남게도 되어
요서에의 진출까지 기도한 것을 짐작하게 한다.[63]

---

61) 申采浩, 『朝鮮上古史』, 鐘路書院 1948, 107쪽.
62) 李丙燾는 이때 낙랑이 후한으로 이전 소유된 것에 불과한 것을 탈취한 것으로 오
    해한 듯 하다고 하였다(『國譯 三國史記』, 乙酉文化社, 1977, 235쪽).
63) 근자에 이르러 이쪽에 대한 주목조건으로 내세우기도 하는데 李丙燾는 사실을 의
    심하였다(『國譯 三國史記』, 乙酉文化社 237쪽).

고구려가 초기에 소국을 병합하고,[64] 부여와 대결함으로써 자체 기반을 구축하였다는데 큰 의미가 있는 것이지만, 이들이 부여 계로서 남하하여 졸본의 압록강지역을 터전으로 삼아 더욱 남진에도 성공하였다는 사실이 또한 주목되는 것이다.

(2) 초기의 환경과 생산조건

가. 초기 고구려의 입지조건과 주변정세

그러면 고구려의 남진적 발전과 연관시켜 초기의 입지조건과 주변 환경 등은 어떠하였을까. 고구려의 역사 무대는 처음 오늘의 만주일대에서 펼쳐졌다. 초기는 특히 압록강 중류역 일대가 그 중심이었지만 여기서 잠시 만주 땅 전반의 지리적 조건부터 알아보고,[65] 들어가야 하겠다.

한반도 북부와 연접하여 흥안령 동남쪽과 흑룡강으로 둘러싸인 네모꼴의 지역은 넓이가 대략 한반도의 6배가 되며 송화강과 요하가 중심부를 남북으로 흐르고 그 유역 일대는 대평원이 되어 있다. 요동반도 외에는 대체로 극단적인 대륙성 기후로서 하동夏冬과 주야의 기온차가 심하며 연중 반이 겨울이지만 삼한사온 현상으로 견딜 만 하다고 한다.

6~8월이 우기인데 4, 5월에는 황사 풍진이 혹심하며 특히 물이 황탁함을 면치 못하여 한반도의 산수와는 대조가 되는 것으로 이야기된다. 예로부터 밭곡식과 금 탄 철 등이 풍부하지만 전근대는 고구려를 비롯하여 요, 금, 청 등이 그 중 남만주에 근거하고 강성해지면 더욱 남하를 일삼는 이유도 이런 생활상의 악조건과 먼저 유관한 듯 보인다.

이리하여 흔히 인용되는 『삼국지』 위지 동이전의 표현을 빌리면 "고

64) 申采浩는 대무신왕대 25소국을 거느린 낙랑국을 합쳤다고 극찬하였다(앞의 책, 83~85쪽).
65) 李勳求, 『滿洲와 朝鮮人』, 平壤崇實專門學校, 1932, 7쪽.

구려는 요동의 동쪽 천리에 있으며 …, 양전이 없어 비록 힘써 전작佃作을 하더라도 구복을 채우기가 부족하다"는 것이 있는 점으로 보아 만주로서는 남쪽 좁은 골짝에 근거한 연유를 짐작 할만하다. 즉, 일대가 방어에 호적하며 특히 압록강 유역에서는 가장 넓고 생산적인 지대였던 것이다.

고구려는 그만큼 주변에 강적이 많았다. 먼저 북으로는 이미 누언한 부여가 동이의 지역 중 가장 평탄한 땅을 차지하여 오곡이 잘되고 민이 토착한 호조건 속에서 일찍부터 안정되고 있었다. 그러나 남쪽을 고구려가 가로막아 더 이상 발전을 못 이룬 듯하며 그 때문에 충돌이 자주 계속되었다. 서쪽으로는 한족의 현도군과 요동군이 웅거하여 늘 공침을 되풀이하였는데 한족과는 부여와 고구려가 서로 조공 등 외교적 교섭을 전개하여 신新의 책명사를 받기도 하면서 앞을 다투었다. 이때 신은 일방적으로 자존 망대하여 주변 여러 나라의 지위를 격하시키고 이에 따라 고구려왕이 후侯로 강칭 되기도 하였다. 더욱 고구려는 신의 흉노정벌(A.D. 12)에 방해가 되었다 하여 하구려下句麗라는 보복적 호칭을 받게 된 적도 있었는데 이에 도리어 한의 변지에 대한 침구를 심하게 할 수 있었다.

후한이 서자, 또 부여가 제휴를 서둘러 고구려에 대항하는 전통적 정책을 내세웠지만 역시 고구려는 더 앞질러 사신을 먼저 보내고(A.D. 31), 한편 그들의 동방군현을 치는 적극방책을 써나갔다. 이러할 때에는 후대까지도 부여는 병력을 보내어 후한을 편드는 앞가림 정책에 집착하기도 하였다.

한편 요하상류의 선비족과는 B.C. 9년에 약간의 충돌이 있었을 뿐 1세기 후 흉노가 서쪽으로 이동을 한 자리에 그들의 통일국가가 세워진 전후에도 한때 손을 잡아 한의 요동군을 치기도 하였다. 다음 태조대왕기의 서잔은 이래서 큰 진전이 있었던 것이다. 또, 이 무렵 동북쪽에는 읍루가 반유목민으로 자리 잡아 아직 떨치지 못한 때였으므로 고구려의 서북면은 큰 염려가 없었다고 할 수 있다.

이에 비하여 남쪽은 다사한 편이었다. 낙랑군은 전기한바 왕조의 반란을 계기로 하여 대무신왕의 공멸을 보게 되었지만(A.D. 37) 곧 후한의 재등장으로 군郡이 회복되는(A.D. 44) 기복이 있었다. 이때 동쪽의 옥저가 낙랑군에서 떨어져 나오게 되어(A.D. 30) 고구려의 이 방면 진출을 불러 일으켰다. 태조대왕 이후 이곳이 고구려의 복속 하에 들어온 것은 물론이지만, 이 낙랑·옥저를 두고 보아도 고구려는 손쉬운 북쪽보다 만만치 않던 남쪽에 더 관심이 컸던 것을 잘 알 수 있겠다.

당시 한강 이남에는 한강 유역에 백제가 새로 일어났고(B.C. 18), 마한이 지금의 호남지역으로 국한되면서 백제는 급속히 발전하였다. 그런데 백제는 3세기 이후 대규모의 남북지역 진출을 보기까지 주변에 대한 침략전쟁은 별반 없었던 것 같이 보이는 바, 이것은 사료의 누락일 수도 있으나 고구려 및 신라와는 다른 안정된 입지조건 때문에 실질적으로 현상개발에 치중한 것이 아닌가 생각된다.

한편, 고구려와는 아직 거리가 있었지만 낙동강 유역에는 북방에서 남하한 기마민족의 가야 여러 나라가 A.D. 1세기에 김해와 고령의 두 가야를 중심으로 새 출발을 하고 있었다. 여기에도 주변정복의 기사가 별로 없는 것은 역시 백제와 마찬가지로 벼농사의 집약농업지대에 근거한 덕일 것으로 짐작된다.

또 그 동쪽 신라는 사로국에서 출발하여 1세기에 태백산맥 동남을 장악하고 3세기가 다 되어서야 낙동강 상류에 달하게 되었으므로 초기 고구려와는 더욱 상거가 컸다. 이 밖에 영동에는 말갈이 있고 동남 바다 건너에는 왜가 특히 남쪽 여러 나라와 인연을 가지면서 세력이 커가고 있었다.[66]

---

66) 千寬宇,『新東亞』, 1972년 10월호, 246~251쪽 및 盧重國(『韓國史』), 金錫亨(『古代朝日關係史』) 등이 업적이 주목된다. 앞으로 왜국에서 역사를 영위한 것까지를

나. 전기사회의 생산조건

이상에서 보아온 것처럼 고구려는 처음 입지조건이나 주변 환경이 매우 어려운 상황에서 출발하였다. 그리하여 『삼국지』 동이전에 잘 나타난 바와 같이 고구려인은 자연 무武를 숭상하여 용기가 있고 싸움을 잘하며 침략을 일삼아 일찍부터 옥저, 동예 등을 복속시킨 것이다. 여기서 초기 병합지만 들어도 남북옥저, 예맥비류국, 동남행인국, 황룡국, 양맥, 개마국, 구다국, 매구곡, 낙랑국, 갈사국, 조나국, 주나국, 소수맥 등과 같이 난경의 극복을 위한 정복지를 대부분 동남으로 잡고 결국에는 한반도에 중심 터전을 잡아나간 남진적 방향설정은 고구려를 참으로 살린 점에서 크게 주목된다.

이제 고구려의 기동적 생산조건을 내부 구조면에서 알아보면, 초기 고구려사회의 핵심세력은 소노부, 절노, 순노, 관노, 계루의 5부족 나집단이었다.[67] 처음 소노부에서 왕이 나와 중심이 되었다가 뒤에 A.D. 1세기경 계루부가 대신하여 강력한 결속을 이룬 것으로 보이는데, 그러한 성과는 먼저 현도군과의 교섭 면에서 잘 나타난다. 즉 일반적으로는 각 족장들이 개별적으로 중국군현에서 의책衣幘을 받는 것이 상례이던 것을 고구려는 일괄적으로 중앙에서 장악 통제하기에 이른 것이다. 그리하여 고구려 현령縣令의 명적名籍주관이 무실케 됨으로써 현도군 동계東界에 소성小城을 쌓아 거기에서 한복과 의책을 매년 교환하게 했다는 것이다. 이는 대내적 통치 질서의 확립과 크게 상관되는 것이지만 이에 따라 혈연적으로 읍락邑落에 분립해 산 것으로 보이는 공동체적[68] 오족

포함해 한국사의 연구범위를 확대하는 것이 바람직하다고 본다.

67) 이에 대하여 李龍範은 다음과 같은 이설을 제기하기도 한다. 고구려는 철기문화를 기반으로 두만강에서 통구에 이르는 동안에 갈사국, 구다국을 병탄하고 통구에서 압록강에 이르는 동안에 비류국 예맥과 통합하였다. 따라서 고구려는 처음부터 5개부로 출발한 것이 아니라 차례로 고구려에 편입시킨 것이다(「高句麗의 成長과 鐵」 『白山學報』 1, 1966).

은 1세기 이후부터는 차차 왕권 아래 조직화됨으로써 오부의 행정구획
으로 변화해 갔다.

조금 후대의 기록이지만『후한서』의 고구려전 장회태자章懷太子 이
현李賢의 주에는 "지금 고려의 오부를 살피건대 1은 내부로 일명 황부
인데 즉, 계루부이다. 2는 북부인데 일명 후부 즉, 절노부다. 3은 동부
일명 좌부인데 곧 순노부이며 4는 남부인데 일명 전부 즉, 관노부다. 5
는 서부로 일명 우부 곧 소노부다."고 하였다. 또『한원翰苑』고려조 옹
씨주에 "내부는 왕종이지만 서열이 동부의 아래이니 나라의 일 처리에
동을 머리로 하는 까닭에 동부가 상위가 된 것"이라고 하였는데, 이를
보면 우리 민족의 동녘 중시의 관념을 잘 알 수 있다.[69]

하여간 오부의 조직은 오랫동안 각부의 대가 아래 각기 사자使者, 조
의皁衣, 선인先人 등 직제를 갖추고 있었는데 고추가古雛加를 비롯한 각
부의 독자성이 강한 동안은 강력한 왕권의 행사가 어려웠다. 그러나 전
술한 바와 같이 주변정복이 확대되고 대로對盧, 패자沛者 등 중앙관직이
부상하며 형兄·사자使者급 관원의 일원화가 이루어지는 과정에서 왕권
은 강화되었다. 그리하여 '좌식자만여구坐食者萬餘口'의 상류층이 생기
고 하호下戶[70]는 농업 목축의 근로 생산층으로서 미량米糧과 어염魚鹽
등을 원지에서 짊어져다가 이들에게 공급하였다. 대가大加는 전작을 하
지 않고 집집에 부경桴京을 두어 재곡財穀을 저장했다 하거니와 이 때
문에도 '오곡에 좋고 전종田種이 잘되는'(동옥저전) 동남 녘 생산지역에
의 진출을 위하여 전쟁을 일삼은 것이라고 하겠다. 또 같은 이유에서 복

68) 金洸鎭,「高句麗社會の生産樣式 - 國家の形成過程を中心として -」『普專學會論集』
     3, 1937, 22쪽.
69) 李丙燾·金載元,『韓國史 古代篇』, 乙酉文化社, 1959, 243쪽. 전통적으로 동남을
     앞으로, 서북을 뒤로 생각하는 것은 우리 민족의 그동안의 역사발전방향과 크게
     연관되어 있는 것이다.
70) 武田幸男,「魏志東夷伝にみえる下戶問題」『朝鮮史研究會論文集』3에 자세하다.

속지역은 속민제屬民制로 두고 약간의 가내노비나 미녀를 바치게 하는
외에는 생산물만 공납으로 취하는 방식을 택하였던 것이다. 그리고 고구
려는 후대 호태왕기 까지도 농업생산성이 약하여[71] 그런 것을 볼 수 있
지만 정복전쟁에 있어 노동노예의 획득보다 축류畜類나 군기軍器 등의
약탈을 주된 생산방법으로 삼았으며 복속 후에도 공납수취만을 일삼았
다. 이 점에서도 이른바 경제제도로서의 노예제는 있었으나 서양에서와
같은 사회경제적 구성체로서의 물질적 기초를 형성하고 있지는 않았다
는 견해[72]가 타당한 것으로 보인다. 한때 북한에서도 삼국의 사회구성
체문제는 많은 논쟁을 불러일으킨 끝에 당론으로 노예제사회설이 정설
화하여 삼국에서는 노예제가 가장 발전한 단계에 이르렀다고 한 것으로
전문되지만, 그 후 일반 역사서의 봉건제구분론과 함께 수긍하기 어려운
면이 있어 새로운 천착과 성격규정이 요망된다. 어쨌든 서상의 여러 고
구려적 생산조건은 호태왕기까지 계속된 것으로 보이는데 이로써 보면
우리의 남진적 전개상相의 구명은 실상 고구려사의 중대한 전환과정과
그 요소를 찾는 작업이기도 한다.

---

71) 金洸鎭,「高句麗社會の生産樣式－國家の形成過程を中心として－」『普專學會論集』
3, 1937, 31쪽에서는 그만큼 저위이고 미개한 탓이라 하기도 하였지만 미천왕으
로부터 호태왕기의 남진개척과 더불어 노동노예의 획득과 투입이 나타나기 시작
했다.
72) 金洸鎭,「高句麗社會の生産樣式－國家の形成過程を中心として－」『普專學會論集』
3, 1937, 18쪽.

3. 1~2세기의 발전과 남진관계

(1) 태조대왕기와 그 후의 체제정비

고구려의 발전은 초기에 이어 1세기 중엽 태조대왕(이름 궁)이 들어선 후(A.D. 53) 4세기 전반까지 꾸준히 진행되었다. 영주로 이름난 태조왕의 등장은 오늘날 계루부에 의한 부여계 왕조의 새 출발을 뜻하는 것으로 공인되고 있다. 즉 모본왕 암살 후 태자를 물리치고 영립의 형식으로 즉위한 것, 시호가 태조 또는 국조왕이며 생부모가 예외적으로 자세하게 기록된 것, 대왕기에 다른 부족에 의한 모반이 몇 번 계획된 것 등이 그런 조건인 것이다. 이리하여 문자 그대로 새 체제를 새운 변혁기의 태조였던 만큼 『삼국사기』의 재위 기간은 53~146년까지의 94년(『후한서』로는 121 A.D.까지의 69년)이나 그 후의 세계世系등은 동이전과 어긋남이 있어 문제가 많으며 또 동남쪽 못지않게 서쪽 진출을 많이 한 점에서 특이하다.

우선 90여년 재위는 왕조교체기에 있기 어려운 것으로 보이며 또 요하 서쪽에 10성을 쌓은 것을 비롯하여 요동에 많이 출정하고 서안평을 공격하기도 한 것은 한편으로 남진과 연결지어 생각할 점이 있는 것이다.

먼저 세계와 재위 문제를 보면 무엇보다 그의 출자出自가 주목된다. 태조왕은 유리왕의 아들인 고추가 재사再思의 아들로, 모본왕이 죽자 국인國人이 궁宮을 맞아 왕위를 계승케 하였다고 한다. 그런데 유리왕이 부여계 임은 이미 앞에서 지적한 바 있지만, 태조왕의 어머니가 또한 부여인이며 그의 부 재사는 주몽이 남하하는 도중에 합세한 재사, 무골, 묵거 등 3인 중의 1인과 동명인 점으로 보아 바로 그 사람이 아닐까 의심되지만 어쨌든 그쪽 지방의 부족장이었을 것으로 짐작된다.

따라서 태조의 등장은 역시 남하 부여계의 새 부족이 왕권을 장악했다는 것이 된다. 뿐만 아니라 전기한바 계루부 고씨가 새로 왕조를 교체해 들어간 것이 태조왕 때라는 것까지 합하여 생각하면 이러한 변동이 후세에 전달되는 과정에서 여러 갈래로 나뉜 소치일 것으로 추측된다.

태조왕의 양위 년대(A.D. 146)와 내용에 의문점이 있는 것도 그러한 데에 연유한 듯하거니와 대왕의 등장으로 이후의 왕위계승은 현저한 변화를 가져온 듯하다. 즉 태조왕, 차대왕, 신대왕은 형제상속에 의하여 왕위가 계승되었으며 고국천왕과 산상왕의 계위는 원칙적으로 부자상속을 내세우면서 후사가 없기 때문에 동생인 산상왕에게 왕위를 계승한다고 명백히 밝히고 있다. 이와 같이 형제상속과 부자상속으로 왕위를 계승케한 관행은 왕권의 안정과 지배체제의 강화를 의미하는 것이다.

다시 산상왕의 계위를 보면 고국천왕이 죽고 왕후 우씨는 왕제 발기 發岐에게 가서 "왕이 자식이 없으니 그대가 뒤를 잇는 것이 마땅하다"고 했으나 다음의 왕제 연우(산상왕)가 왕위에 오르게 되자 발기는 "형이 죽으면 동생이 잇는 것이 예의인데 네가 차례를 넘어 찬탈하였으니 큰 죄를 지었다"고 했다는 것이다. 이것은 왕으로서 자식이 없는 경우 형제상속이 당연하다는 당시의 통념을 말해 주기도 하지만 연우는 고국천왕 때부터 왕비족으로 등장한 절노부와 결탁함으로써[73] 산상왕으로 나갈 수 있었던 것이라고 생각된다. 그것은 문면 그대로 왕후 우씨의 개인적 역량에 의해 왕위가 좌우되었다고는 보기 어렵기 때문이다.

그리고 형수를 물려 얻은 처수제妻嫂制가 보이는 것은 부여 등 북방족의 전통을 나타내는 것으로, 특이한 것이며 이후 장자상속으로 굳어진 것을 보면 이러한 풍습도 후퇴한 것이 아닌가 추측된다. 어쨌든 이후 절노부 명림씨는 왕비족으로 부상하게 되고 계루부의 왕권은 이로써 연맹체제를 형성함으로써 더욱 제도를 정비한 것이 되었다.

그리하여 종래에 지속되어온 오부족을 오부로 개편한 것도 대개 이

---

73) 李基白,「高句麗 王妃族考」『震檀學報』20, 1959.

무렵이라고 생각되며, 이는 부족집단 중심에서 지역 중심으로 편제한 것을 말한다. 그리고 태조왕 22년(A.D. 74)이후부터는 4부와 이것을 방위로 표시하는 부명部名 이외에 일체의 나집단은 보이지 않고 있다. 이러한 사실들은 결국 오부가 행정구역으로 편제되어 강력한 지배질서가 이루어졌다는 것을 말해 주는 것이다.[74)]

더욱이 고국천왕 때에는 경세가로 알려진 을파소乙巴素가 등장함으로써 쇄신된 정책을 펴서 왕권강화와 행정 질서를 바로잡았으며, 진대법賑貸法을 실시하여 백성의 안정과 취민의 도道로서 역할을 했던 것이다.[75)]

(2) 대외발전과 남진관계

그러면 다음 대외발전관계를 보자. 태조왕기와 그 후의 대내적 발전은 한편으로 대외적 발전을 촉진시켰다. 태조왕 4년(46)에는 동옥저를 정벌하여 그 땅을 성읍으로 삼았는데 이에 고구려의 척경은 동으로 창해에 이르고 남으로 살수에 이르렀다고 한다. 삼국지 동이전에 의하면 이 동옥저는 고구려 개마대산 동쪽 큰 바닷가에 있고, 그 지형이 동북은 좁고 서남은 길어서 천리나 된다고 했으며 북은 읍루 부여, 남은 예맥과 접했고 5000호에 군왕은 없으며 읍락에 장수長帥가 있다고 했다. 이 동옥저는 지금의 함남에 비정되는 바, 고구려는 전례대로 동옥저로부터 조세를 주로 징수하였다. 하호들을 시켜 맥포貊布, 어염, 해중식물海中食物을 천리에서 지고 오도록 했으며, 미녀를 공급받아 비첩婢妾으로 삼았다.

---

74) 三品彰英,「高句麗の五族について」『朝鮮學報』6, 1954 ; 千寬宇,『新東亞』1972 년 9월호, 229~230쪽 ; 越田賢一郎,「高句麗社會の変遷」『史苑』33-1, 立敎大學 史學會, 1972, 30쪽.

75)『주례』황정편에 처음 보이는 것으로 徐吉洙,「還穀利子의 變遷過程」『學術論叢』 2, 단국대학교 대학원, 1978 참조.

또, 그 토지는 비미하고 배산背山 향해向海해서 오곡에 적합하고 전종田種이 잘 되었다.는 것으로 보면 고구려는 매우 실리적 남진을 한 것이 된다. 즉, 동옥저를 복속시킴으로 말미암아 풍부한 해산물 농산물의 공급은 물론 한층 더 반도내로 진출한 결과, 대내외 서남진의 후방기지의 역할을 하게 된 것이다. 그것은 후일, 무구검의 침입 때에 확실하게 나타난다.

태조왕 16년(68)에는 이미 언급한 갈사왕의 손자 도두都頭를 항복 받아 우태于台로 삼았으며 20년(72)에는 조나藻那를 정복했고 22년(74)에는 주나朱那를 병합하였다. 이처럼 주위의 소국을 정복하여 상기한 배경을 튼튼히 하는 한편으로 한족과의 격렬한 투쟁을 전개하였다. 즉, 태조왕 3년(55)에 요서에 10성을 축조한 것을 출발로 하여 『후한서』에 의하면 이 시기에 어떻게 이토록 요서까지 진출할 수 있었겠는가 하는 의심을 품게 할 정도로 활발함을 볼 수 있는 것이다. 몇 가지를 추리면 다음과 같다.

① 후한 화제 원흥 원년(태조왕<궁> 53년<105>) 봄에 다시 요동에 <고구려>가 들어와서 6현을 구략寇略, 태수가 격파하고 그 거수渠帥를 참함.
② 안제 영초 5년(태조왕 59년<118>) 궁(태조왕)이 조공, 현도에 속하기를 구함.
③ 원초 5년(태조왕 66년<118>) 다시 예맥과 더불어 현도에 침입, 화려성을 공격함.
④ 건광 원년(121) 봄 유주자사幽州刺史, 현도태수, 요동태수 등이 <고구려> 변방에 공격해 와 예맥 거수를 참하고 병마와 재물을 노획함. 궁이 아들 수성遂成에게 2000여 명으로 이들을 맞게 하니 거짓으로 항복하고 험한 곳에 의지하여 대군을 막고 몰래 3,000명을 파견, 현도 요동을 공격하고 성곽을 불사르며 1,000여 명을 살상함. 이때 광양, 어양, 우북평, 탁군에 소속된 3,000여 기병이 함께 구하니 맥인이 물러감.
⑤ 여름에 다시 요동 선비 8,000여 명과 요대(수)를 공격, 이인吏人을 죽이

고 약탈하니 채풍蔡諷 등은 신창까지 추격하다가 전사함. 공조功曹, 병
조, 병마 등이 채풍을 방어하였으나 진중에서 함께 죽어 100여 명에
이름.
⑥ 가을에 궁이 마한, 예맥의 수천 기騎로 현도를 포위, 부여왕자 위구태
尉仇台 등 20000여 명이 <한> 주, 군과 합력하여 500여 명을 참함.
⑦ 이 해(A.D. 121)에 궁이 죽고 아들 수성이 즉위함 등이다.

이와 같은 대 중국투쟁의 적극화는 고구려의 국력 신장과 직결된 것
으로 보인다. 이 기록은 중국의 입장에서 씌어 진 것이므로 그 문면이
그들의 방어적 사실을 강조한 것이지만 그럼에도 불구하고 여기서 요동
과 요서에의 고구려 진출을 확인할 수 있는 것이다. 그리고 위의 A.D.
121년의 싸움은 요동태수 채풍 등 100여 명을 전사케 한 것으로 보아
그 전쟁이 얼마나 격렬하였는가를 알고도 남음이 있게 한다.

한편, 부여가 이 싸움에 왕자이하 2만군을 보내어 한병漢兵과 합세한
것은 전에도 언급한 바와 같이 참으로 어이없는 앞가림식 저항이었다.
그리고 이 해에 대왕인 궁이 죽었다는 『후한서』의 기록은 어디에 근거
한 것인지 궁금하지만 너무 긴 재위연대가 20수년 줄어든 점에서도 어
쩌면 더 사실성이 있어 보이기도 한다.

하여간 태조대왕기의 외정外征은 서진에 훨씬 치중한 듯하지만 서안
평 등 공격은 실상 서남쪽 압록강하류를 장악함으로써 한반도 서해안에
진출하려는 남진적 노력이라는 데에 요점이 있는 것이다. 후술하겠지만
우선 이 지점은 고구려가 요동에 나가는 정로正路 가에 위치했다고 보
기보다는 중국 세력이 대동강 하류에 왕래하는 요로변에 있었던 것이 더
정확한 것으로 볼 수밖에 없는 것이다. 그것은 바로 대왕 94년(A.D.
146) 이곳을 지나 부임하던 대방현령帶方縣令을 노상에서 살해하고 낙
랑태수의 처자를 약거掠去한 등의 사건을 일으킴으로써 요동가도의 교
통을 몹시 위태롭게 만든 것으로도 그런 경향을 확인할 수 있는 것이다.

4. 3~4세기의 남진성과와 시련

(1) 3세기의 부진과 미천왕의 등장

이상에서 본 것처럼 체제정비로 발전의 터전이 잡히고 외부에도 활발한 진출을 보인 고구려는 3세기 초엽을 넘어서자 다소 부진한 상태에 빠져 들었다.

첫째는 요동지방에서 공손씨 3대(강康, 탁度, 연淵)가 득세하면서 낙랑군을 관할하고 대방군의 설치를 보게 되었기 때문이다. 이때 대방군이란 실상 낙랑군이 토착화된 일부 한인의 세력하에 마치 조계租界 모양으로 유지되고 있다가 204년경, 공손씨의 관여로 남천하여 황해도에 그 중심거점을 새로 마련하게 된데서 생긴 것이라고 한다.76)

이처럼 중국세의 한반도 개입은 그 실이 매우 약한 편이었는데 중국에서 삼국시대가 열리고 북중국에서 위가 강세를 보이면서 사태는 일변하였다. 처음 요동을 사이에 두고 화친관계에 있던 위가 공손씨를 멸망시키고(A.D. 238) 고구려와 접경하게 된 것이 그것이다.

특히 무구검의 위군이 침입한 다음에는 한 때 고구려를 휩쓸고 다녔기 때문에 그 타격은 심대한 것이었다. 즉, 당초 유주자사로 있는 무구검이 공손씨를 공격할 때에는 고구려도 원군을 파견하여(238) 합세하기까지 하였지만, 동천왕 16년(242) 고구려가 서안평을 공격하여 나서자 대충돌이 일어나고야 말았던 것이다.

그런데 서안평은 압록강 하류 서쪽 만주지역에 있는 요충으로 이미 본바와 같이 태조대왕 때부터 이곳에의 공격이 개시되었다. 흔히 이 지역의 장악은 요동반도로 진출하는 서진적 거점의 확보로 이해되고 또 반

---

76) 金元龍,「三國時代의 開始에 關한 一考察」『東亞文化』7, 서울대학교 동아문화연구소, 1967, 2~11쪽.

도 안의 중국세력을 봉쇄하여 서해로 나가 중국과 직접 교통할 수 있는 지정학적 이점을 들어 고구려의 숙원사업인 것으로 강조되고 있지만 이 틀림없는 희구의 근본은 대외 대중국적인 서진에 있는 것이 아니고 실상 국내 대반도적인 남진에 훨씬 중점이 있었던 것으로 보아야 할듯하다.

그것은 이미 동남진을 통하여 막대한 실리를 올리고 있던 고구려가 한편 계속적으로 서남진도 꾀하여 그때마다 중국군현 세력과 마주치게 되었으므로, 마침 공손씨가 망한 차제에 그 원천적 봉쇄를 위한 거점으로 서안평을 다시 공격하게 된 것으로 보여 지기 때문이다.

대중국 서진의 길목은 주지하는 바와 같이 현도성 쪽 남북로이며 또 당시 위와의 싸움을 걸어 결판을 내야하는 조건이 아니라고 본다면 이 서안평 공격은 전에도 그렇고 후에도 그렇듯이 중국세력의 침입을 견제하고 궁극적으로는 서해안의 중국세력을 구축하면서 온전하게 남진하고자 하는 숙원사업의 중요한 일환으로 볼 수밖에 없는 것이다.

그리고 고구려 못지않게 호전적인 위나라가 이 기회를 포착하여 고구려 침략에 나섰으니 더욱 남진과 병행해 오던 서진은 점점 유보하게 된 것임을 짐작하게 한다.

무구검의 위나라 1만 군은 244년(『삼국사기』에는 246년으로 나오지만 「무구검기공비」에 따름)에 쳐들어 왔다. 고구려는 2만 군사로 이를 맞아 서전에서는 3000여 명을 목 베는 등 승리를 거두었으나 결국 대패하여 환도성까지 함락 당하였다.

동천왕은 동남의 보고 동옥저로 피난갔는데 무구검은 이듬해(245) 현도태수 왕기로 하여금 다시 군사를 내어 추격해 왔다. 이때 낙랑, 대방의 군현군도 동원된 것으로 보이는데, 이러한 사실은 앞에서 언급한 고구려의 남진적 의도와도 직결되는 대처라고 볼 수 있겠다.

동천왕은 위군의 집요한 추격에 동해안을 북상하여 남옥저에까지 쫓겨나가 그것도 밀우密友 등 상하민의 희생으로 간신히 명맥을 유지할 수 있었다. 그리하여 싸움이 걷히자 수도를 환도성에서 평양(동황성東黃城, 강계지방)[77]으로 옮기려 하고 신라와 화친관계를 모색하며 뒤에 순사자殉死者가 잇달을 만큼 대민 덕치 선정을 꾀한 것으로 보이는데 여기 평양천도 계획은 더욱 위의 남진 상황을 단적으로 짐작케 하는 것이다.

그 후 3세기 말엽에는 중천왕 서천왕을 거쳐 봉상왕이 뒤를 이었지만 정쟁과 실정이 빈번하여 부진을 면치 못하고, 폭정의 서슬에 쫓겨 다음 미천왕은 어려운 조건 속에 등장하였다(A.D. 300). 즉 왕자로서 화를 입을까 두려워 서울에 있지 못하고 압록강을 내려와 소금장수까지 하면서 갖은 고초를 맛보다가 창조리倉助利 등의 반란에 의하여 왕으로 추대되었던 것이다.

미천왕기(300~331)는 이리하여 안으로 내정을 쇄신해야 할 여망을 안고 시작되었지만 밖으로도 이때까지의 수세를 벗어나 큰 변화를 일으키는 의미 있는 발전기가 되었다.

(2) 관서지역의 확보와 차질

4세기 서두를 끊기라도 하듯, 미천왕은 중국과의 대결에 대 적극성을 나타냈다. 즉위 3년, 먼저 현도군을 공격하였는데 3만의 군사는 적을 크게 무찌르고 포로 8,000명을 사로잡아 평양에 투입하였다고 한다. 여기 포로의 이송은 전에 언급한 바 있지만 노동노예의 필요가 생겨서 취한 조치이므로, 북으로의 현도공격도 실상 남으로의 진출이 본격화하고 있는 전제하에 진행되었음을 알 수 있는 것이다. 어쩌면 즉위전의 고생 속에서 얻은 경험을 살려 특히 서남 농경지대의 개척을 추진하기에 이른 결과로도 볼 수 있겠다.

과연 왕 12년(311)에는 이 일대에의 길목부터 확보하기 위하여 서안

---

77) 李丙燾, 『韓國古代史研究』, 朴英社, 370~373쪽.

평 공격에 나섰다. 이때 태조왕 이래의 노력이 성사된 것은 틀림없는 바,
313년에 한 걸음 나가서 낙랑군을 공격하여 남녀 2000여 명을 사로잡은
기사는 그런 사실을 짐작하고도 남게 하기 때문이다. 낙랑축출과 이듬해
의 대방군 공멸은 말기에 와서는 매우 미약한 것이 되었다하더라도 400
여 년 내려온 중국군현을 마지막으로 완전 제거했다는 점에서 대단히 역
사적 의의가 큰 것이다.

무엇보다 식민적 외세가 한반도에서 뿌리 채 뽑혀 나간 것은 특히 오
늘날 민족사적으로나 일제 식민지적 경험 등으로 보아서 더없이 큰 뜻을
찾게 되는 것이다. 그렇지만 당시 고구려에 있어서는 실로 누언한 바와
같이 외세극복의 면만이 대단한 것이 아니었다. 어쩌면 오히려 아주 내
적이며 현실적인 서해안 평야로의 진출이 마침내 달성됨으로써 숙원의
평안도·황해도의 곡창지대[78]를 완전히 장악하게 된 것이 더 컸다고 할
것이다. 그리고 외적 발전은 실로 이처럼 내적 절실함이 짝하여 안팎이
일치할 때 제대로의 성과가 가능하며, 기필 이루어지고 마는 것임을 새
삼 느끼게 하는 것이다. 그리하여 앞서 서안평의 요지적 의미를 생각하
면서도 논급되었지만 그 확보 위에 중국 군현을 고립시킴으로써 이 대사
업은 성취된 것임에 틀림없다. 그러므로 서안평 확보의 의미를 남진의

---

78) 관서지방의 다음과 같은 통계(1948년도 조선경제년보)를 참고하면 그 중요성을
실감하게 된다. 곁들여 북한의 다른 도의 상황과 대조하면 더욱 그런 것을 알 수
있으며, 삼남 등의 미작지대와는 다른 성격의 것이지만 위의 사정은 농경사회 아
래에서는 고금에 큰 차가 없을 것으로 보아도 좋을 것이다.

1941~1942년 전작물 생산비률표(전국 100% 중)					
	소맥-밀	속-조	소두-팥	녹두	대두-콩
황해도	37.9	26.5	30.6	65.6	19.0
평안남도	15.2	15.3	24.4	4.6	7.0
계	53.1	41.8	60.4	70.2	26.0
평안북도	0.3	13.9	15.2	4.6	12.4
함경남도	1.2	10.2	9.0	0.6	13.0
함경북도	0.1	5.3	4.1	2.0	8.6
계	1.6	29.4	28.3	7.2	34.0

전초로 치고 서상의 대성취의 일차적 전제로서 크게 보는 것은 당연한 것이지만 그 자체를 숙원사업으로 규정하는 것은 아무래도 찬동하기 어렵다. 비단 이해하는 각도의 문제인 것만이 아니라 사실의 성격에 중대한 차가 생기며 판이한 해석이 내려지게 되기 때문이다.

『삼국사기』에 의하면 미천왕의 일명이 호양왕好壤王으로 보이며 북한학계의 동향을 살핀 바에 의하면,79) 안악3호분의 피장자가 미천왕으로 낙착된 것을 볼 수 있다.80) 이것까지 원용하여 종합한다면 미천왕은 아마도 고구려사상 획기적이라 할 만큼 '좋은 땅'의 확보자가 되고 그를 기념하여 재장再葬시에는 황해도 곡창지대의 일우인 안악들에 거창한 규모로 대벽화분을 구축하기에 이른 것이라고 보아 무리가 없는 듯하다.

그리고 다음 대에 원 미천왕릉이 파이게 된 연유도 그의 역사적 업적과 상당히 관련된 듯 느껴지며, 특히 광개토호태왕기에 이 황해도 등 관서곡창지대를 회복하고 더욱 토경을 광개한 것이 그의 미칭美稱에 반영되어 '호양의 태왕'이라고 한 것을 그 위에 '광개토경'이 붙여진 결과 '호태왕'으로 줄여진 것이라고 한다면 너무나 비약된 추리라고 할 것인가.

미천왕의 남진성과는 호태왕과 짝이 되어 불멸의 뜻을 갖게 된 것임에 틀림없다. 고구려의 발전방향과 성격이 한반도에 중심을 둔 새 국면을 열기에 이른 것이다. 마침 백제가 비류왕 때부터 급성장하기 시작하여 남쪽에서 밀고 올라와 대방군의 협공에 참가함으로써 이 사업은 더욱 효과적으로 성취되었다. 그러나 이로부터 고구려와 백제는 비로소 접경의 나라가 되어 이후의 양국 역사에 거듭된 마찰의 큰 계기가 되었다.

---

79) 박성봉, 「북한의 고구려사 서술」『북한학보』 3, 1979, 11~43쪽.

80) 金貞培, 「安岳3號墳 被葬者 논쟁에 대하여-冬壽墓說과 美川王陵說을 中心으로-」『古文化』 16, 1978 참조. 종래에는 대부분 동수묘로 보아 왔으며 김원룡 교수는 최근에도 강력하게 이 설을 내세운 바 있다. 金元龍, 『韓國考古學槪說』, 一志社, 1977, 142쪽.

고국원왕대(331~371)에 이르면 두 나라 사이에 피나는 전쟁이 벌어지고 고구려는 전성의 백제에 밀려 결국 왕까지 전사하는 큰 쓰라림을 맛보게 되었다.

이보다 앞서 고국원왕은 서북쪽으로 선비족의 모용씨와 대결해야만 하였다. 모용씨는 이른바 오호 중 선비족의 한 갈래로서 요동에 군림하면서 부장部長 때 자립하기에 이르렀다(285). 그 후 황(문명제文明帝·준儁)으로 대를 이으면서 중국식 문물제도를 짜고 칭왕 칭제의 절차를 취하여 자못 문명국의 면모를 갖추어 나갔다. 그리하여 일찍이 북부여를 친 것을 비롯하여(285) 차차 요서를 차지하고 평주자사 최슬崔瑟의 내투來投와 더불어 요동 현도에 손을 대면서 고구려에도 쳐들어오기 시작하였다. 고국원왕 12년(342)에는 마침내 도합 55,000명 부대로 대공격을 취하여 환도성까지 밀고 들어왔다. 왕은 이에 대비하여 신성을 쌓고 환도성을 국도로 삼아 만반의 태세를 취한 바 있었지만 대패하고 말았다. 비단 환도성이 함락된 것 뿐 아니라 크나큰 곤욕을 치르게 되었다. 선왕 미천왕의 시신을 비롯하여 왕모와 왕비 그리고 만여 명의 포로와 부고府庫까지 모두 털리는 기막힌 타격을 입었다.

고구려는 이제 남진만 추구하게 된 것은 당연한 귀결이었지만 그것도 전성기에 접어든 백제 근초고왕의 예봉과 마주치자 또 다시 좌절의 운명에 놓였다. 즉, 왕 39년(369) 9월 군사 2만을 이끌고 남으로 백제를 쳐 치양(지금의 백천)에서 싸웠는데 백제의 태자(뒤에 근구수왕)에게 격파되어 5000여 명의 희생과 많은 물자를 잃었다. 왕 41년(371)에는 패하(예성강)에서 싸운 끝에 근초고왕의 복병을 만나 다시 패배하고 이어 겨울에는 백제왕과 태자가 거느리는 정병 3만의 침입으로 평양성에서 유시流矢에 맞아 전사하고 말았다.

이로써 고국원왕은 선대의 발전을 남북 양면에서 모두 계승시키지 못한 채 비극적 결말을 짓게 되었지만, 이와 같은 실패는 실상 왕이나 몇 사람의 문제가 아니라 내면적 구조적인 힘의 차에 기인한 차질이었다.

5. 5세기 전후 남진치중에의 길

이상에서 우리는 고구려의 초기 이래의 발전이 사실상 남진 쪽으로 기우러져 왔으며, 3~4세기에는 많은 성과를 내었고 그것은 고구려의 앞으로의 발전과 성격형성에 크게 연관된 것으로 파악할 수 있었다.

크게 보면 북반구의 각 민족사가 그러한 것이지만 우리 민족도 남으로 안정된 터전을 잡아 1~2세기 이래 농경정착이 일반화되었다. 전후하여 금속문화의 발달과 함께 여러 성읍국가가 여기저기 이루어지고 고구려의 새로운 국가적 출발도 이런 상황에서 전개된 것이었다. 그러나 남녘의 여러 국가, 가령 백제, 가야, 신라 등은 옥토를 중심 터전으로 잡는 등 조건을 잘 활용하여 발전하였고 북녘의 부여도 만주지역에서는 가장 평창한 땅에 토착하여 성장한 데 비하여 고구려는 유독 구복도 채우기 어려운 악조건 속에 기동성을 발휘함으로써 발전의 기틀을 잡아 나온 것은 특이한 일이었다.

그리하여 위지에서 지적한대로 '희구초喜寇鈔'의 호전성을 보이기도 하였던 것인데, 이 때 무작정 사위로 뻗어나간 것이 아니라 발전방향의 기본을 주로 남녘에 잡은 것은 당시 전반적인 조건에 의한 것이라 할 것이다. 고구려는 이 때문에 한반도의 주력국가가 되고 북녘 예맥족의 대표로서 남녘 삼한의 대표인 백제·신라와 자웅을 겨루게 된 것은 매우 인상적인 사실인 것이다.

누가 한반도를 장악하느냐를 두고 본격적으로 분립 각축하는 가운데, 치열한 경쟁에 생사를 건 삼자 결판전으로 발전하였으며 제 각기 최선의 노력이 경주된 결과, 우리 민족사의 전개는 매우 활력이 넘치는 것이 되었다. 고구려·백제가 특히 호적수가 되고 결국 신라가 두각을 나타내어 통일을 성취하기에 이르지만 이것도 따지고 보면 고구려가 남진에 치중한 필연적인 결과라고 볼 수 있는 것이다. 단적으로 무엇보다 고구려가 남진을 성사시킨 후에는 초기와는 달리 농경정착국가가 된 때문이라고 할 것이다.

그리하여 태조대왕기의 서진도 남진에 이어지는 면에서만 의의가 부각되는 것이라 할 것이며 따라서 그 전후의 낙랑진출 시도나 서안평 공격도 같은 성격의 것일 수밖에 없었던 것이다. 또 미천왕기의 남진성과는 그 숙제가 달성된 것으로 확인되는 것이니 왕 일대의 사적事績으로 보아 서진 쪽에 의의를 찾을 가능성은 거의 없는 것이다. 그러기에 고국원왕의 차질은 무모한 양면 대적의 파탄을 뜻하는 것이며, 다음 대의 본격적인 문화국가적 정책전환이 감행되었고, 호태왕기의 적극적인 남진책이 현실적인 절실한 문제해결의 차원에서 선대의 패배를 설욕하였고, 황해도 등 남녘 옥토를 회복·확대하는 것으로 결과 지어졌던 것이다.

제3부 광개토호태왕기 고구려 남진의 성격

1. 머리말

우리 민족은 고래로 동아시아의 북방에서 동남진을 계속하여 농경사
회 아래 적극적인 발전을 도모해 왔다. 고구려를 비롯한 북녘 국가의 발
전은 먼저 이 점을 염두에 두지 않으면 전혀 사실史實과 어긋난 역사해
석을 내리기 쉬운 일면이 있다. 우리의 북녘 국가는 바로 고구려와 같이
일찍부터 한반도에 진입하여 농경사회에 합류함으로써 실생활무대를 반
도중심으로 잡은 경우가 많으며 이에 따라 동질적 문화민족으로 성장해
온 것이 사실이다. 그러므로 우리 민족의 역사는 그런 면에서 매우 뛰어
난 성과를 낸 것이 주목되며 그만큼 북방계 민족 중 특이한 존재라고
할 수 있을 것이다.

고구려는 바로 이런 유형의 남진을 하여 큰 발전을 본 대표적 예가
되는 것이라고 하겠다. 이 점에서 중국 사가들이 지금도 고구려사를 그
들 중국사의 일부인 만주사로만 파악하려 하고,[81] 종래 이른바 만선사
滿鮮史[82]의 부수적 역사발전으로 보아왔던 경향은 사실과 다른 것이다.
그밖에 일부에서 고구려사를 대륙본위로만 보려는 것도 이런 관점에서
는 찬동하기 어려운 것이라고 생각된다.

사실 고구려는 이미 기원전부터 부여에서 남하하여 구복을 채우려는

---

81) 李丙燾, 『韓國史大觀』, 臺北: 正中書局, 1961.

82) 박성봉, 「池內宏의 『滿鮮史硏究近世篇』과 몇가지 問題」 『건대사학』 4, 1974, 61~
66쪽.

현실적 안정을 위하여 전쟁을 일삼았다. 그 가운데 점차 오늘의 함남 일
대와 대동강 유역의 농경지대에 손을 뻗치고 4세기 초엽 미천왕 때에는
황해도까지 남진하였던 것이다. 이 지역의 확보는 후대 고려 태조 때에
도 그러했던 것처럼 한반도 제1의 전작중심田作中心 곡창지대83)를 장악
했다는 데에 큰 의미가 있는 것이다. 더구나 이 지방은 본래 풍수해가
적기로 유명하고 초초礁·서嶼 등이 없는 위에 조력潮力이 가세하여 연안
교통이 매우 편리한 사실까지 고려하면 더 말할 나위도 없는 것이다. 이
때문에 고구려는 4세기 후반에 백제의 반격을 입어 곤욕을 치르자, 이미
중국과의 여러 차례의 접촉과정에서 얻은 문화적 자극 위에 불교수용,
태학설립, 율령반포 등 높은 수준으로 국가체제를 개편하는 과업을 단행
하여 실지회복의 준비에 나섰다. 이 소수림왕기의 정책전환의 결과 새
면모의 국가가 되었을 것은 의심할 바 없다. 이로써 다음 고국양왕대를
거쳐 호태왕기84)(391~412)에 이르러서는 과감한 복수전으로 나타나
고, 당장에 황해도 실지를 회복하며 경기도 일대까지 남진하게 되었던
것이다.

　이리하여 호태왕기의 남정북벌南征北伐이 과감하게 전개되고 결과적
으로 「광개토경」의 대성과가 올려 진 것은 주지의 사실이지만 여기서
생각할 점은 이때의 성과를 질적으로 파악하는 노력이 그 동안 매우 적
었던 일이다. 즉, 일제침략기 독립투쟁의 절실한 조건 속에서 당시 민족
사가들은 이 광개한 토경을 북진 쪽으로 파악하여, 이후 흔히 양적 팽창

---

83) 후대의 통계(1948년, 『朝鮮經濟年譜』)이지만 관서지방일대의 전작지대로서의 중
　요성을 실감하게 하는 이 조건은 적어도 농경사회 동안은 고금에 큰 차가 없다고
　보아도 좋을 것이다.
84) 호태왕의 호칭은 『三國史記』에는 안보이지만 당시 자료인 금석문 등에 많이 쓰이
　고 있으므로 이것을 살려 본고에서는 이 호태왕의 칭을 취택하려고 한다. ※ 보
　주: 또 호태왕호는 중 일 고금에 널리 쓰이고 있고 '광개토와 호태'는 늘 붙어 다
　닌 바, 본의에 따라 약칭은 '광개토호태왕' 또는 '호태왕'으로 함이 좋다고 본다.

의 면에서만 보는 경향이 커지고 이로 말미암아 이 북진면의 평가가 매우 성하였던 것이다.

그런데 이러한 경향은 서두의 논점에서 보면 전면적으로 재검토 재해석할 점이 많은 것이라고 할 수밖에 없다. 무엇보다 민의 실생활지대와 군·관의 전략지역은 함께 광대한 세력권을 형성하는 것이지만 각각의 중요한 의미는 별도로 하고 이것을 평면적으로 파악하여 좁고 넓고를 비교 평가할 성질의 것은 아니기 때문이다. 오히려 필자는 당시의 정착과정이나 문화발전의 차원에서는 후대와는 달리 남녘 농경지대의 비중이 더 큰 것으로 보아야 사실에 가까울 듯 느끼며 그것이 당시로서는 여러 면에서 실질적 발전을 의미하는 것이라고 생각한다.

이리하여 호태왕기의 구체적 연구는 우선 남진과 북진 중에서 어느 쪽에 더 중점이 두어졌는가를 종합 검토하는 것부터 시작해야 할 필요가 있게 된다.

돌이켜 볼 때 위와 같은 호태왕기의 북진적 고찰은 아직 그 내면적 성격의 전반적인 검토나 그 기본 자료가 될 수 있는 호태왕릉비의 본격적인 연구가 미처 되지 못한 상태에서 이루어진 것이다. 특히 능비의 경우는 일인들이 19세기말 이것을 재발견한 당시부터 특별한 관심을 쏟아 백 수십 편을 헤아리는 연구를 해오고 있거니와,[85] 그 대부분은 고대의 한일관계를 그들 본위로 보려는 데 집중되어 있다. 이 때문에 근자에 정인보의 신설이 나오고 박시형 등이 현지답사로 능비를 정찰하여 연구보고 책자를 내놓게 되자 상황이 일변하였다. 특히 미즈니 데지로(水谷悌二郞)나 이진희 등이 헌신적으로 연구에 참여하면서 큰 계기를 만들어 근본적인 재검토가 불붙고 있는 형편이다. 이렇게 하여 1970년대에는 호태왕릉비의 본격적인 연구와 보조과학의 큰 진보에 힘입어 그 내용도 해명되기 시작하고 비문의 구조나 성격도 한층 밝게 펴져 나가고 있다.

---

85) 佐伯有淸, 『硏究史 廣開土王碑』, 吉川弘文館, 1976.

이제 본고는 위와 같은 제반조건을 바탕 삼아 호태왕릉비를 비롯한 기본 자료와 선행 연구 성과를 활용하면서 주로 호태왕기의 남진면모를 비문 중심으로 살피려 한다. 그리하여 당시의 농경적 실리와 정치 외교적 위치 확립 등 현실적 문제해결의 면에서 의의를 찾아 호태왕기 남진의 성격을 집약하는 한편 그 민족사적 의의도 생각해 보려고 한다.

2. '광개토경'의 남진적 모습

(1) 「광개토경」의 실현

오늘날 호태왕기의 광개토경의 모습은 이미 널리 알려져 있어 새삼 거론할 필요가 없을 정도이다. 즉, 18세인 391년(신묘, 능비기년)에 등극하여 412년 39세로 승하하기까지 재위 불과 22년이었지만 「동토서략東討西略·남정북벌南征北伐로 토경의 개척이 광대하며 군사軍士를 부림이 신과 같아 문자 그대로 눈부신 활약을 전개한 것은 이제 상식에 속하는 것이다.

〈표 1〉 훈적의 종합

순번	A.D.	영락(능비)	광개(여기)	간지	월	대전형식	군별 원수	교전국지	득실	결과	비고
1	391	〈1년〉	(고국양왕9년)	辛卯	7	〈躬率〉南伐		百濟를百濟가百濟南邊稗麗(契丹)	載寧平山石峴10城得		5月卽位正月實聖入質3月佛教崇信下敎7月(百濟漢水以北諸部落多沒9月北伐契丹1萬口歸10月百濟關彌城攻陷8月平壤에創九寺8月親率7千浿水敗之
2	392				8	來侵					
3	393		2년		7	〈躬率〉來侵 逆擊躬率往討	精騎5千				
4	394		3년	乙未							
5	395	5년	4년						6~700營	歸王조치	

6	396	6년	9년	丙申		躬率討滅	水軍偏師	百殘을帛愼土谷에	得牛馬群羊無數8城700村得	<朝貢>再開	
7	398	8년		戊戌		教遺<躬率>巡下教遺往救來侵	步騎5萬	百殘·倭 倭를潰滅 加羅歸服 燕이燕宿 軍城에百 濟倭를帶 方界에서 潰敗燕에 燕이遼東 城에燕이 木底城에	700村得	歸王奴客屬民朝貢시작	正月入燕朝貢
8	399	9년		己亥						歸王奴客新羅의屬朝貢시작	7月實聖歸國
9	400	10년	9년	庚子	2		<水軍>王幢出師		700餘里失		8月未斯欣日本에
10	402	14년	11년	甲辰		<教遺>(親)率					
11	404		13년								
12	405		14년		11	<遺>來侵				斬殺	2月增修宮闕 3月遣使北燕 4月立太子 7月築國東禿 山등6城移平 壤戶民8月南巡
13	406		15년		11	來侵教遺	步騎5萬			不克而還	
14	407	17년	16년	丁未	12				蕩盡軍器無數得	不克而還	
15	408		17년			躬率往討		百殘·倭와合戰		斬殺	
16	409		18년					東夫餘			卜好入質10月 王薨立碑好太 王陵
17	410	20년	(22년)	庚戌						5鴨盧慕化歸王朝貢 再開	
18	412			甲寅							
19	414	장수왕초									
계	19	10	13	10	7	攻擊12 躬率7 教遺5 來侵5 南進8 北進4	精騎1(5천) 步騎2(10만) 水軍2 未詳7	百濟4(攻2來2)百濟倭3倭加羅1燕1燕5(攻2來3)稗麗1帛愼土谷1東夫餘1	64성 1,400촌	朝貢2 歸王4 斬殺2 未詳4	

그러나 '광개토경'의 질적 의의는 앞에서 누언한 바와 같이 별개의 것으로 남아 있는 것이 또한 오늘의 실정이다. 그러므로 여기에 고찰의 편의를 위하여 먼저 호태왕 능비를 중심으로 일대 동안의 훈적을 종합하면 위 <표 1>과 같이 정리할 수 있다.

(가) 우선 표의 합계로서 영락 기년永樂紀年이 8개가 있는 것은 이것이 비문에 명시되어 나오는 것을 보인 것이며 간지 10개는 여기에 영락 이전 즉, 5월 왕위계승 이전의 즉위년 즉 신묘년과 영락 이후 2년의 갑

인년을 더한 것이고 여기의 광개토왕 연기年紀는 전후 13개가 그 전부
이다. 또 여기의 22년은 물론 A.D. 413년이지만 412년에다 임시로 넣고
장수왕 원년 이후는 여기대로 환산했다.

	공 격	내 침
능　　비	9회	0회
본　　기	3회	5회
계	12회	5회

　(나) 전후 17항목 연대 중 공격, 내침의 총수는 위와 같다. 여기서
<표 1>의 [1]의 경우는 문맥 자체에 조작 가능성이 제일 문제되는 부
분인 동시에 내침·공격 어느 것으로도 실체성을 부여하기 어려운 대목
이라 생각되어 일단 제외하기로 하였다.
　다음 비문과 여기 사이에 중복 또는 합치시켜야 할 것은 하나로 묶었
는데, 여기의 관계부분은 비고에 적기한바와 같다. 그리고 여기 공격수는
비문과 합치된 것 3회를 보태면 6회가 되는 것이지만 능비는 훈적만 내
세우려 한데서 내침은 거의 제외하였고, 『삼국사기』본기는 중국기록을
많이 철습하였기 때문에 더욱 내침기사가 드러나게 된 것으로 보인다.
　(다) 공격에 나선 12회를 대전 형식에 따라 구분하면 다음과 같다.

	회수	거　　리	규　　모
궁솔	7회	비교적 근거리	소규모, 천 단위
교견	5회	비교적 장거리	대규모 경향, 만 단위(십수만 동원)

　여기서 비의 '순하'는 궁솔躬率로 간주하고, 여기에 형식의 구분이 명
시되어 있지 않는 것도 대강 짐작이 가능하여 궁솔에 둘을 넣었는데 거
기에는 역격逆擊도 포함시켰으며, 거리와 규모는 그렇게 볼 수 있다는
정도이다. 여기를 빼고 비문의 기록만으로 보면 궁솔과 교견敎遣이 조리

있게 짜여 져 태왕의 정연한 용병술을 감지케 한 것이 있다.

(라) 군별軍別, 원수員數에 관해서는 수군, 정기精騎, 보기步騎 등 몇 가지만 밝혀져 있고 그것의 계가 10수만 명이므로 전반적으로 연 몇 10만 명에 달하는 것이라고 하겠다.

(마) 교전국은 우선 백제와 단독 공攻·침侵 각 2회로 합 4회인 것을 비롯하여 백제·왜 연합군과 1회를 집계할 수 있으므로, 왜·가라加羅 연합군에는 백제가 관계가 없는 것으로 치더라도 도합 7회에 달하여 단연 수위이며 왜와는 4회로 3위에 해당한다. 다음 연燕과는 공격 2회, 내침 3회로 합 5회여서 2위이며 그밖에 패려, 백신토곡, 동부여가 각 1회이다.

(바) 피아의 득실은 영토상으로 호태왕기 일대의 득이 비문에 범 64성, 1400촌으로 집계되어 있는데 비면 전체에 등장하는 성의 수는 완결刓缺 불명처가 많아 정확은 기할 수 없지만 대략 70~80수에 달하여 총 64성을 훨씬 초과하는 것이라고들 한다. 그러나 가령 [7]의 1성城 1곡谷이나 [8][9]의 4성 [11]의 1성, [17]의 1 내지 몇 성[86] 등은 최종적으로 차지한 것이 아니어서 뺀 듯하고, [2]의 석현 등 10성은 『삼국사기』기록이니 별도라고 생각할 때 범 64성의 내역은 아무래도 [6]의 58성과 [14]의 6성을 합한 것이 아닌가 짐작해 본다. 이 두 경우의 성만이 고구려 직할지인 토경화가 된 것으로 보이기도 한다.

또, 1,400촌은 [6]의 700촌과 [5]의 600~700영을 합한 숫자로 보기도 하지만 우마군양牛馬群羊이 무수라는 임시 이동적 주택일 영營과 안정된 농경촌락과는 너무나 상반된 점이 있어 함께 1,400촌에 넣어 생각하기 어려운 점이 있다. 이밖에 가축, 동물이나 병기兵器 소득은 이루 헤아릴 수 없이 많았다.

한편, 실지失地는 한때 연燕에 700여리를 잃은 적이 있지만 곧 회복

---

86) 압로를 성으로 이해하는 견해(那珂通世, 「高句麗古碑考」『史學雜誌』4-47~49, 1893)도 있어 일단 '몇 성'을 잡아본다.

되어 하나도 없는 것이 되었다.

(사) 끝으로 싸움의 결과 얻어진 속민屬民·귀왕歸王관계는 속민, 조공
으로 낙착된 것이 2, 귀왕·노객奴客관계를 보유하게 된 경우가 4이며,
참살 등으로 끝을 본 것이 2개, 미상이 4개로 집계된다. 여기서 속민·조
공 관계는 완전히 고구려에 복속하여 토경을 둘러싼 세력권이 된 지역이
며 귀왕·노객 관계는 과도적으로 왕의 권위에 귀복하는 조공 전제 단계
를 말하는 것이다.[87]

여기서 『삼국사기』 고구려본기(이하 '여기'라 약칭)와는 기년에도 차
가 있을 뿐 아니라 피차에 보충될 것도 있고 또 어긋난 것도 있어 이
표는 비문을 본위로 하고 여기의 내용도 필요한 부분은 발취하여 종합·
요약한 것이다. 그러면 위의 표에서 본론의 남진적 구분을 시도하기 전
에 다시 몇 가지를 종합함으로써 태왕의 업적을 더욱 명확히 하고 남진
의 의의를 한층 부각시키는 전제로 삼아야 하겠다.

(2) 남녘 진출의 실태

이미 본 바와 같이 고구려의 첫 출발은 부여에서 남하한 데서부터 시
작되었다. 능비 서문부분에도 시조 추모왕과 관련하여 그런 사실의 설화
를 머리에 싣고 있거니와 호태왕기에 이르러 '국부민은 오곡풍숙'비문
제1면)했다는 것은 찬사만이 아닌 사실로서의 성과였던 것이다. 그만큼
광개토경의 실효가 컸던 것으로 보여 지기 때문이다. 그리고 그 실효의

---

87) 武田幸男, 「高句麗好太王碑文にみえる歸王について」, 末松保和博士古稀記念會, 『古
代東アジア史論集』 上, 吉川弘文館. 한편, 여기서 왜의 지배적 위치를 긍정하려는
논리 속에 조공, 귀왕, 노객 등을 가지고 고구려, 백제, 신라 지배관계를 논한 탓
으로 백제왕만을 노객이라고 규정하였는바, 이는 재고해야 할 문제로 생각된다.
최근 발견된 중원고구려비에도 또 '노객'이 나오며 이것은 고구려·신라와의 관계
를 말하는 것이 틀림없기 때문에 노객의 일률적인 해석에는 난점이 있는 것이다.

핵심적 터전은 역시 남진으로 말미암은 황해, 평안도 등의 확보에 연유한 것이다. 바로 앞과 그 앞의 두 선대왕 때만 해도 '민상식民相食'의 곤경이 노정되었던 것을 보면[88] 그 후의 변화란 단적으로 호태왕기 외정의 선물인 것이며 그 외정의 내용이 위에서 보아온 것처럼 남녘에 치중된 결과일 수밖에 없는 것이다.

이제 그런 남진면南進面에서 비문의 실태가 어떤가를 자세히 살펴보자. 먼저 [1]의 신묘년부터 보면 전기한 바대로 조작 가능성이 가장 큰 부분임은 이미 거의 공인된 상태이지만 어쨌든 백제·신라와 왜를 내세워 영락 6년 이하 17년까지의 호태왕의 남벌을 서술하기 위한 대 전제문이 된 것만은 틀림없는 것 같다.[89] 즉, 훈적을 내세우려는 의욕에서 과장은 있게 마련이라지만 백제가 고구려에 연원을 대기는 해도 속민인 적은 없는 역사적 사실을 두고 본다면 이 부분이 허구다 아님은 따질 거리가 아니다. 오히려 그 점보다는 '백잔百殘'이라는 표현에서 무엇보다 당시의 상황을 잘 읽을 수 있고 거기에서 [6][8], [9][14]로 거듭되는 대작전 전개의 본의를 파악할 수 있는 것으로 본다. '백잔'이라는 증오에 찬 호칭은 그 동조자로 등장하는 왜적, 왜구와 더불어 유별난 지탄의 대상임을 뚜렷하게 되풀이 보여 주고 있기 때문이다. '잔'자의 의미를 그저 사전상의 풀이에 따라 '제濟'를 대신하는 나쁜 표현이라고만 하고서[90] 다음 자의 해석으로 나서는 역사인식은 비문의 찬자가 당시의 상황을 뼈저리게 느끼고 호태왕을 위하여, 아니 어쩌면 그들 모든 고구려

---

88) 『삼국사기』 고구려본기 봉상왕 9년, 소수림왕 8년, 고국양왕 6년조, 그런데 '민상식' 관계기록은 백제본기에도 4회나 있다. 온조왕 33년·기루왕 32년·비류왕 28년·동성왕 21년조가 그것인데 여기에는 "盜賊大多起"가 두 번이나 뒤따른 것을 보면 인위적 재난의 소치로 짐작되므로 고구려와 구별하여 생각해도 무방한 듯하다.

89) 浜田耕策, 「高句麗廣開土王陵碑文の研究-碑文の構造と史臣の筆法を中心として-」『朝鮮史研究會論文集』 11, 1974.

90) 末松保和, 『任那興亡史』, 吉川弘文館.

인이 드러내려고 짜낸 그 표현을 너무 쉽게 생각하는 폐단이 있다고 할
것이다. 백제는 동족이라고 하여 관대하게 대했다고 하고 [6] 등의 싸움
을 대수롭게 푸는 경향이 있는 것을 볼 수 있지만,91) 고국원왕대의 수모
와 실지는 동족이기 때문에 더욱 한스러워 과감하고 적극적인 대작전을
전개하였던 것이라고 볼 수도 있 것이다. 태왕기의 남진은 이렇게 절실
한 데서부터 풀어나가야 할 면도 있으니 그런 입장에서 보면 「잔」자
한 글자 속에 압축된 실체는 참으로 큰 응어리가 있음을 짐작케 하는
것이다.

그리고 다음에 왜가 하나의 조로 동원되어 등장하는 것은 근자의 고
고학적 성과가 확증을 더해 나가고 있는 바와 같이92) 당시의 국제적 대
세 속에서 순리적으로 파악될 수 있는 것인데 이 신묘년조 자체만을 떼
어서 거기에서 큰 역사적 사실을 끌어내려고 해온 것은 근본에서 다시
생각할 문제였다. 위 표에서 비문전체의 전개를 통관하면 이 신묘년과
갑인년은 태왕기의 직접적인 업적과 구별되어 있는 것을 쉽게 짐작할 수
있는 바, 이런 사실을 고려에 넣지 않고 조작 등 훼손이 가해졌다고 생
각할 때 참으로 꾸밈이란 온전한 것이 있을 수 없다고 할 만한 것이다.
이와 같이 본다면 이 조항을 가지고 일본 국위의 선양처럼 착각하거나
오도시키는 방향의 해석이 엄존하고 있음은 바로 그것이 문제이며, 따라
서 근자에 비문자체의 조작문제가 심각하게 다루어지기 시작한 것은 당
연한 발전적 귀결이었다. 이리하여 종래 아무래도 문의가 불통 내지 당
착된 것을 그냥 그대로 받아들여 해석하려고 고심한 경향은 이제 극복될
단계에 이르렀다.93) 우리는 그 입론의 시원을 재검토함으로써 거의 대

---

91) 申采浩, 『朝鮮上古史』, 鐘路書院, 1948, 205쪽 ; 李丙燾·金載元, 『韓國史 古代篇』,
   乙酉文化社, 1959, 411쪽 참조.
92) 西谷正 編, 『考古學からみた古代日本と朝鮮』, 學生社, 1978.
93) 鄭寅普 등의 새로운 해석 시도는 어느 면에서 한계에 도달한 느낌이 없지 않다.

부분은 애초에 문제 삼을 필요조차 없이 해야 할 것이다. 이리하여 [1]에서는 두 번이나 등장하는 '백잔' 두 글자가 무엇보다 주목의 대상이 될 수 있는바 백제의 무엇인가 잘못된 조건의 제기 그것만이 문제일 뿐인 것이다. 즉 원래 고구려에서 갈려나간 분신국(구시속민舊是屬民)이 감히 국왕 참사慘事와 국토 탈취 등 대항을 계속하다가 이제는 왜까지 동원 합세하여 이웃(신라, 가라)을 아우르고 위협을 주기에 이르렀다고 하는 남정의 명분을 누누이 주장하는 것임에 틀림없다.

'6년 병신丙申' 위의 '이以'는 바로 이 점을 더욱 강조하는 표현으로 볼 수 있으니,[94] 직접적이 아닌 좀 우원한 듯한 요인을, 그러나 사실은 매우 절실한 행동전개를 내세우는 명분을 얻고자 의도적으로 쓴 글자인 듯싶다. 앞에 서술된 영락 5년조의 '왕이패려불□王以稗麗不□' 운운의 '이以'자와 함께 그 뒤에 내세울 필요도 없게 된 이유 제시의 한 용자법이다.

하여간 [2][3][4]에서 볼 수 있는 것처럼 끊임없는 공방 속에 석현(청석령) 등 재령, 평산 부근의 10성을 얻었다가 다시 남변을 침노 당하면서도 가령 신라와는 실성實聖 왕자의 입질로 동맹관계를 굳히고, 국남(황해도 지내로 보임)에는 7성을 구축하는 등[95] 남정의 준비를 착착 해갔다.

영락 6년에 앞서 패려稗(碑)麗 원정(이 [5]는 아래에서 갱논될 것임)을 하고 거란 땅 1만 구의 동포를 쇄환한 것도 보기에 따라서는 역시 남행을 앞둔 한 대책이라고 할 수 있을 것이다.

이처럼 만반의 준비를 다하고서 영락 6년에 호태왕 궁솔로서는 최대 작전을 전개하였으니 최대성과가 나오기 마련이었다. 즉 18성(경기 풍

94) 浜田耕策,「高句麗廣開土王陵碑文の硏究-碑文の構造と史臣の筆法を中心として-」『朝鮮史硏究會論文集』11, 1974 ; 鄭杜熙,「廣開土王陵碑文 辛卯年 記事의 再檢討」『歷史學報』82, 1979, 208쪽.

95)『三國史記』의 故國壤王 9年 및 廣開土王 3年 참조.

덕) 이하 구모로성(경기 광주지방), 각모로성(황해도 토산), 간지리성(경기 풍덕), 특히 관미성(後 각미성:강화)을 애써 공취하였는데 여기 관미성 전투는 여기에도 소상히 전하는 바가 있다. 이어 많은 점령성 중 우선 제3문단의 수묘연호守墓烟戶에 거듭 나오는 것만 보아도 아단성(즉, 서울 광나루 아차성), 고리성(경기 풍양), 잡진성, 오리성, 구모성(경기 연천 또는 김포), 고수야라성, 전성, 두노성(충남 연기), 미추성(인천), 야리성(경기 장단), 대산한성(서울 세검동), 돈구성(개성), 누매성, 산나성, 나단성, 세성, 모루성, 취추성, 고모루성(충남 덕산), 윤노성, 삼양성 등 20 수성에 이르는 바, 이들 중 오늘 지명에의 비정比定96)은 꼭 들어맞는 것인지 확실히 알기 어려운 것도 있지만, 종합해 보면 황해도 남부에서 경기도 북부 및 서해안 지대가 대부분이다. 능비에는 이 밖에도 비정되지 않은 성명(□字 부분의 것까지 포함하여)이 수십 성을 넘는 바 이들은 더욱 위치를 짐작하기 어려운 것이지만 위의 비정 지명으로 미루어 역시 경기도를 중심으로 황해도·충청도 일부지역의 도합 58성이 공취된 것으로 보인다.

이때 700의 촌락도 아울러 확보된 것은 비문에 명시된 바와 같은데, 이 촌락지역과 상기 58성 지역의 외형적 포괄은 일치하는 것인지 몰라도 성은 역시 군사적 정치적 요지로서 산성 내지 치소 등 지역중심이 되었을 것이고 촌락은 그 주변의 영농 생산 지대였을 것이다.

비문에 의하면 처음 58성을 함락당하고도 백잔이 불복하여 호태왕부대는 아리수(한강)를 건너 그 국성에 쳐들어가 백제 아신왕의 항복을 받고 남녀 생구生口 1000인과 세포 1000필에 '귀왕노객' 관계의 맹서를 들은 다음에는 전의 허물을 용사하고 순종하는 정성을 취했다고 하면서

---

96) 李丙燾, 『韓國古代史硏究』, 朴英社, 1976, 378~382쪽 ; 酒井改藏, 「好太王碑面の地名について」『朝鮮學報』8, 1955 ; 井上秀雄, 『古代朝鮮史序說-王者と宗敎-』, 東出版寧樂社, 1978, 209쪽에서 비정한 것을 종합한 것이다. 아래 본고 <표 2> 참조.

잔주殘主의 아우와 대신 10인을 볼모로 잡아왔다고 한다.

　여기 허물을 용서한 것으로 미루어 일반적으로 한강 주변 이남의 점령지는 백제에게 다시 돌려주었다고 보고 있는데,[97] 이러한 해석이 과연 얼마나 정확한 것인지 지금 알기 어려운 점이 있지만, 백제가 아직 남천전이라는 사실을 감안하고서도 문제는 많이 남아 있다. 무엇보다 700촌의 존재가 궁금하며 더욱 수묘인연호 공출 성명에 전기한 바와 같이 20 몇 성이 나오는 것을 보면 그들을 일시에 납치한 것으로는 도저히 볼 수 없는 것이다. 오히려 후술될 예정인 남양, 서산, 당진 등 해안지대를 중심으로 상당한 기간 점령상태가 지속되지 않았을까 추측된다. 그 사이 이 지역에 어떠한 조치가 취해졌는지, 또는 아무런 손도 쓰지 않았는지는 전연 알 길이 없지만 돌려주었다는 것도 분명치 않은 것이다. 어쩌면 이 때 벼농사 지역민과 그 생산성 좋은 촌락지역을 잘 알게도 되어 뒷날 더욱 남진을 일삼게 된 것이 아닌가 생각해 볼 수 있겠다. 그리고 700촌은 대부분 이런 지역의 촌락을 말하는 것 일 것이며, 다만 직할토경으로는 임진강 이북의 본래의 전작지대만 확보하고 이곳으로 많은 사민徙民을 하여 수묘인 등도 여기에서 뽑아 올리게 된 것이라고 짐작해 본다.

　한편, 백제는 이러한 심대한 타격을 입고서 안연하게 가만히 당할 수만은 없는 일이었다. 곧 행동을 개시하여 이듬해(407) 왕자 전지腆支를 백제계 분국이었던 것으로 보이는 북구주北九州의 왜국에 파견하여 병력을 끌어 모으려고 나섰다.[98] 이에 호태왕은 평양 등 남부를 순하 독려하면서 한편으로 8년 무술(408)에 한패의 군사를 보내어 백신토곡을 살펴보게 하고 인하여 곧 막□라성莫□羅城과 가태라곡加太羅谷(상주

97) 申采浩, 『朝鮮上古史』, 鐘路書院, 1948, 205쪽.

98) 千寬宇, 『新東亞』, 1973, 148~159쪽 ; 金錫亨, 村山正雄·都龍雨 譯, 「三韓三國の日本列島內分國について」『朝鮮研究』71.

땅)[99]을 초득抄得하여 조공을 바치게 하였다.

여기 백신토곡의 백신은 흔히 식신息愼으로 읽어 이것을 숙신肅愼으로 파악하는 설이 매우 많으나 전후좌우의 조건으로 보아 동남쪽 말갈족이 살고 있던 강원도 예濊의 땅을 지칭하는 쓰다(津田)의 설[100]에 찬동한다.

숙신이란 『삼국지』 위서 동이전에 "읍루挹婁는 옛 숙신씨의 나라"라고 한바, 이로써 이병도는 지금 영고탑寧古塔에서 동북 연해주에 걸쳐 있던 읍루가 곧 옛 숙신이라 하면서 고구려인이 한漢·위魏인의 투습을 따라 예스럽게 표현한 것이라고 하였다.[101] 하지만 일반적으로 북진적 면에 되도록 신경을 써 보아 나간 데서 파생된 견해라 할 수밖에 없다. 무엇보다 상술한 것과 같이 북진면이 몇 군데 나오는 『삼국사기』에도 전혀 언급이 없는 것은 큰 약점일 것이다. 이병도 역시 숙신은 이미 서천왕 때 고구려에 복속되어 그중 어떤 부락이 곤외에 미복국으로 있다가 이때 토벌되었다는 애매한 해석을 하고 있으며, 또 다음에 나오는 동부여 조의 지역과 상충되기 때문에 씨는 이를 함남일대로 비정하는 방향을 취하여 연쇄적인 문제점이 생기고 있다. 동부여는 아래에서 다시 이야기되려니와 호태왕의 정벌추진방식으로 보아 일련의 백제 등 남벌작전 중에 급하지도 아니한데 부여의 또 동북 천리라는 그 머나먼 서북행을 갑자기 수행하기 어려울뿐더러 궁술이 아닌 편사偏師의 '교견'으로 새 작전을 할 리가 없어 보인다. 교견 방식의 출전은 반드시 '궁솔' 후의 연결작전인 것이 예사이며 태왕의 조직적인 용군을 잘 보여주는 것이기도 한 점을 상기할 필요가 있다. 이 점에서도 [5]의 영락 5년 패려 작전과 [17]

---

99) 안동설이 있으나 태백산맥 기슭인 상주가 타당한 듯이 보인다.

100) 津田左右吉, 「好太王征服地域考」『朝鮮歷史地理』1, 南滿洲鐵道株式會社, 1913, 74~77쪽.

101) 李丙燾·金載元, 『韓國史 古代篇』, 乙酉文化社, 1959, 415쪽.

의 동부여 작전은 후술되는 바와 같이 북진의 동일한 사례로서 독특하게
파악될 수 있는 것이다. 이리하여 쓰다의 의견처럼 백신토의 곡이나 가
태라加太羅의 곡 등과 같이 자연 지리적 조건이나 전후 작전상의 형편
으로 보아 이때 신라 가야로 통하는 남행의 길목으로 태백산곡을 관하고
몇 요지만 편득하게 된 것으로 짐작된다.

그러면 다시 고구려와 백제의 관계로 돌아가 보자. 호태왕은 백제가
왜국과 화통하는 동향에 대비하여 그 길목도 확보하고 몸소 평양에 순행
하였다. 그런데 과연 영락 9년(409)에 왜병의 출동까지 얻은 백제와의
대항전이 벌어졌다. 이 양국의 싸움터로 휘말려든 신라는 급히 사신을
보내서 왜인이 국경에 가득 와서 성지城池를 깨뜨리고 있음을 알리고
노객으로서의 충성을 맹서하면서 구원을 청해 왔으므로 호태왕은 이를
받아들였다.

이때 왜병의 내도는 사실상의 첫 출병으로서[102] 그들의 당시 능력으
로 미루어 고작 몇 천 명의 규모였을 것이다. 그리고 신라만이 아니라
가야 땅에까지 등장하여 백제와 합세하였다고 하지만 그 왜는 북구주의
친 백제계 세력(이른바 분국)임이 틀림없는 사실로 인정될 수 있는 만큼
백제 태자 전지의 현지 독려로 편성되어 참전한 것이며 그러한 왜가 호
태왕의 고구려군에 연타를 입은 끝에 궤패潰敗, 참살, 탕진당하고만 것
을 먼저 유념해야 할 것이지, 과거 일제사가처럼 소위 당시 일본의 남조
선경영의 일급사료로 운위할 것은 아닌 것이다. 『삼국사기』에 관계기사
가 없는 것도 문제려니와,[103] 지금 비문에는 왜에 관한 언급이 9번 있는
데,[104] 그 양상을 보면 무엇보다 당시 고구려가 왜를 근래의 일인이 생

---

102) 千寬宇, 『新東亞』, 1973, 142쪽.

103) 가장 가까운 왜 침입기사로는 『三國史記』 卷3, 新羅本紀3 奈勿王 9年(364))과
　　　 38年(393)의 두 사례가 보일 뿐이다.

104) 千寬宇, 『韓國史의 再照明』, 讀書新聞社出版局, 1975, 114쪽에 이미 지적이 있다.

각하는 것과는 반대로 이들을 국가적 수치羞恥로 생각할 만한 대상의 출현으로 보지 않고 고약한 구적寇賊으로서 가차 없이 참살하고 마는 존재로 밖에 다루어지지 않고 있는 것이다. 문제는 역시 백잔의 격멸에 있었고 따라서 남진에 주력한 사실이다.

10년(410) 경자에 태왕은 보기 5만을 파견하여 신라를 구원하는 가운데 연합군을 물리치고 임나가야(경북 고령)를 귀복시키며 안라(경남 함안)까지도 손을 뻗쳐 낙동강 서안일대를 제압하였다. 신라가 이 대규모의 원병과 승전에 감격하여 전례 없이 왕 자신이 사은행차를 나선 것으로 보이는데, 이때 어디까지 나가 어떻게 성의를 표했는지는 알길 없으나, 감복하여 조공을 극진히 하기 시작한 것은 말할 것도 없겠다.

이렇게 되니 백제와 왜는 비상작전을 시도할 수밖에 없었다. 황해도 땅 대방계에 왜가 불궤 침입한 것이 그것이다. 이때 왜가 백제와의 밀약 하에 출동하였을 것은 공지의 사실이지만,[105] 이에 호태왕은 친히 왕당 王幢을 거느리고 이들을 맞아 목베고 찔러서 왜구의 참살이 수없이 많았다. 고구려의 위압에도 불구하고 백제가 집요하게 왜와 더불어 대항을 계속한 것은 그만큼 여제麗濟 함께 황해도를 얼마나 중시하였는가를 보여주는 방증도 된다고 하겠다. 그런데 이와 같은 대방고지의 쟁탈전은 이것만이 아니었다.

영락 17년(407)의 대전도 바로 여제간 최후의 대회전으로 보아야 하는 것이다. 왜냐하면 단적으로 '합전참살탕진合戰斬殺蕩盡 운운'의 구절은 제왜濟倭연합군과의 싸움 이외에는 적용될 성질의 것이 아니기 때문이다. 영락 14년의 궁솔 출전에 이어 끈질기게 싸움을 멈추지 아니하는 연합군의 최종 전멸을 위하여 또 보기 5만을 교견한 것이니, 전자 영락 10년의 경우와 마찬가지로 그 앞의 친전을 받아 수행한 작전일 것으로

---

105) 李丙燾·金載元, 『韓國史 古代篇』, 乙酉文化社, 1959에서 왜를 일본 운운한 것은 관행적 오용이라 할 것이다.

보여 지는 것이다. 그래서 처리방법도 속민조공이나 귀왕노객이 아닌 참살을 거듭하고 이를 탕진하여 불씨를 말리게 한 것으로 본다. 그렇기 때문에 그들이 가진바 갑옷, 투구 1만여 령과 기타 군자기계를 이루 헤아릴 수 없을 만큼 많이 노획한 것이다. 이로써 미루어 생각하면 싸움터는 전자의 대방계보다 훨씬 남쪽인 듯 하고 제·왜 연합군의 수는 만대로 헤아리는 대군임을 추측케 한다. 또 돌아오는 길에 깨뜨린 사구성沙溝城(사도성沙道城), 누성婁城(경기 적현) 이하 □□성□□城, 나□성那□城, 그리고 '□' 6개에 해당되는 2성 등 도합 6성은 앞서의 58성과 함께 고구려의 직할토경 권내에 포함된 것이 아닌가 생각해 본다. 전술한 바와 같이 영구히 차지하는데 까지는 안 갔다고 하더라도 곧 바로 반환되었을 것 같지는 않다.

국내학자를 비롯하여 외국학계도 거의 전부가 이 [14]항을 남진으로 본데 반하여 천관우만이 후연과의 대전으로 보고자 하였으나[106] 위에 열거한 조건이 한결 같이 북진 쪽으로는 적용시킬 수 없을뿐더러 능비가 원칙적으로 진퇴를 거듭하거나 조공 귀왕 같은 관계를 수반하지 않은 작전은 드러내지 않은 점으로 보아도 대중국 후연과의 대전일 것 같지는 않은 것이다. 또 능비에는 물론, 『삼국사기』도 왜의 동향에 관한 기록이 이후 상당한 기간 보이지 않는 것도 이런 결론을 보강하는 자료가 될 것으로 믿는다.

능비의 성질이 이처럼 거의 남진 일변도인 것은 당시의 상황을 그대로 반영하는 것임에 틀림없다. 그리하여 이와 같은 남진적 모습은 비문만이 아니라 여기에도 몇 차례 더 있는 것을 제시할 수 있다. 즉 2의 석현 등 10성 점령 작전을 비롯하여 기술한 바의 관(각)미성 공함 외에 3의 내침 후 4의 재침에 대한 역격이 그것이다. 이때 호태왕은 정기 5,000을 친솔하고 단호히 백제군을 격퇴시켰던 것이다. 영락 5년, 여기

---

106) 千寬宇, 『韓國史의 再照明』, 讀書新聞社出版局, 1975, 112~114쪽.

광개토왕 4년(395)에는 또 7,000 병사를 친솔하고 패강상에서 크게 백제를 깨드린 것이 나오는데 이것은 거의가 능비 399년 작전 속에 포함된 것으로 보고 있다.[107]

그리고 백제 쪽에서 아신왕 때 용장 진무가 수차 탈환전을 벌인 것과도 일치하는 이들 초기의 여·제대전은 비문에는 실려 있지 않은 것인데 이것은 아마도 소규모의 실지 회복전에 그친 것이기 때문인 듯하다.

어쨌든 비문은 공격총수 8회 중의 6회가 남진으로 나타나 있으며 그것도 몇 만 명 단위의 대규모전이 때로 장기간에 걸쳐 수행된 것으로 보이며『삼국사기』에도 총 6회 중 공방이 각 반수이지만 3회를 남진으로 나타내어 도합 9회의 절대다수인 것이다. 이처럼 비문은 말할 것도 없이 거의 일방적으로 남진의 양상을 돋보이게 썼으며 그 중에도 백제관계는 특히 절대적인 비중을 차지하고 있다. 무엇보다 '잔'자가 8번이나 등장하고 대회전 등 7회에 걸쳐 큰 싸움은 모두 백제와 관련이 있다는 사실은 그런 상황을 실감케 하는 것이다. 그런데『삼국사기』는 이러한 실정을 비교적 저조하게 다루었으니 이와 같은 양자의 차이는 필경 고구려 당시와 고려 때의 북진 남진 의식에 상당한 차가 있었음을 보여주는 것이라 하겠다.

한편, 근대에 이르러 특히 고조된 북진의식으로 말미암아 당대의 실모는 전혀 다른 방향으로 이해되기도 한데, 이 점에서도 능비를 정사하거나 내용을 깊이 살펴본 사람들의 공통된 견해를 여기에 상기시킬 필요가 있다. 즉, 일찍이 최남선은『삼국유사』부록 해설에서 호태왕이 "특히 반도 안에 있는 강역을 크게 확장하였다."[108]고 지적한 바 있으며,

---

107) 이처럼 능비와 고구려본기 사이에는 4년(혹은 3년) 차이로 기록된 것이 또 있다. 앞에 든 일괄표서 쉽게 볼 수 있는 것처럼 [2]의 즉 392년 관미성 작전은 능비에는 [6] 즉 396년에 나오고 또 [2]의 글안작전은 능비에는 [5] 즉 395년의 稗麗往討와 일치하는 것으로 볼 때 이것은 3년차가 난다.

108) 崔南善,『新訂 三國遺事』附錄3, 1943.

김광진은 "이러한 정복전은…, 먼저 주로 중부 및 남부조선을 향해 진행
되고 성공을 거두었다."[109]고 한 것을 볼 수 있다. 또 최근 현지를 본격
적으로 답사 연구한 몇몇 학자들도 "특히 광개토왕은 백제를 주로 공격
하였고…, 사실 비문은 그렇게 되어 있는 것이다."[110]라고 적시하기도
하고 혹은 "고구려의 남하 정책은 광개토왕 통치기간 '광개토' 즉 영토
확장정책의 주된 내용이었다."[111]라고 하여 비문의 내용을 바로 파악한
것을 볼 수 있다.

　물론 이러한 지적에 있어서 그 해석은 논자와 입론의 출발을 달리하
는 면이 있어 본고와 상반되는 관점을 보이기도 하지만 그들 나름으로
파악한 실모 자체는 매우 시사성이 있다고 하겠다. 이와 같이 해석이야
어떻든 간에 호태왕기의 남진적 모습은 너무나 명백하고 확실한 것이다.

(3) 북녘 경략의 실상

　그러면 다음에는 북녘에의 왕토往討를 살펴보자. 이 방면의 진출은
백제 쪽, 즉 한반도 농경지대에의 누차적 확보와 다른 광막한 유목지역
의 일과적 경략인 점에 특색이 있는 것으로 보인다. 대등한 국가 간의
대결이라기보다 매우 처진 상태의 비조직 집단이 산재하는 지역을 마치
폭풍 노도와 같이 휩쓸어, 예전부터 세력이 통하다가 '불식不息□□',
'중반불공中叛不貢' 등으로 멈추어 있던 것을 이른바 귀왕 복속정도

---

109)　金洸鎭, 「高句麗社會の生産樣式-國家の形成過程を中心として-」 『普專學會論集』
　　　3, 1937, 762쪽.
110)　박시형, 『광개토왕릉비』, 사회과학원출판사, 1968, 59쪽.
111)　金錫亨 著, 朝鮮史硏究會 譯, 『古代朝日關係史-大和政權と日本-』, 勁草書房,
　　　1969 371쪽 ; 濱田도 광개토왕이 고구려의 남하책을 크게 진전시켜서 그 武威
　　　를 송덕하려고 입비한 것을 밝히고 있다(浜田耕策, 「高句麗廣開土王陵碑文の硏
　　　究-碑文の構造と史臣の筆法を中心として-」 『朝鮮史硏究會論文集』 11, 1974).

로[112] 다시 세력권에 집어넣은 것이다.

먼저 패려稗(碑)麗 경략부터 보면 비문에는 호태왕의 첫 궁솔 왕토往 討로서 영락 5년(395)에 출동한 것으로 나타나는데 여기에는 광개토왕 즉위 후에 거란 출정을 한 것이 보여 여기에 상응한 것으로 생각하는 설이 유력하다. 비려碑麗는 그동안 숙신 서북의 비리국稗離國이라는 설 도 있지만[113] 북만주의 흑룡강 상류까지 올랐다고 하는 것은 지나친 북 진 편향의 견해라고 해야 할 것이다. 숙신도 미처 확보된 것 같지 않은 때에 그 서북쪽, '마행이백일馬行二百日'(『진서』동이전)의 원지에 나간 다는 것은 앞뒤가 안 맞기 때문이다. 따라서 비려는 거란 8부의 필혈부 匹絜部로 본다는 것이나[114] 요동의 지명으로 못 박은 설을[115] 받아들여 부산富山 등을 지나 염수鹽水상에 이르러 그 언덕부락 6~700영을 깨뜨 리고 우마군양을 수없이 많이 차지한 것으로 볼 것이다. 이어 동으로 역 성 북풍[116] 등을 지나 토경을 유관하고 전렵을 한 후 돌아왔던 것으로 미루어 요하 상류 시레므렌 일대의 거란주지를 원정한 듯하다. 여기에 보이는 '본국함몰민호일만구本國陷沒民戶一萬口'를 데리고 돌아온 것은 대남정에 대한 예비적 출전이며 요동에의 견제행위로 볼 수 있다. 이런 사실성 없이 막연히 머나먼 북정을 했다고 보기에는 많은 무리가 있는 것이다. 그리고 염수상鹽水上 언덕의 6·700영이라는 '영'은 전기한 바 와 같이 '촌'과 구별되는 이동생활 중의 가건물적 야영부락이라 할 것이 다. 더욱이 우마군양의 유목지역임이 명백하므로 이 지대는 광막한 넓이

---

112) 武田幸男,「高句麗好太王碑文にみえる歸王について」, 末松保和博士古稀記念會, 『古 代東アジア史論集』上, 吉川弘文館, 97~101쪽.

113) 李丙燾, 『韓國古代史研究』, 朴英社, 387쪽.

114) 박시형, 『광개토왕릉비』, 사회과학원출판사, 1968, 154쪽.

115) 佐伯有淸, 『七支刀と廣開土王碑』, 吉川弘文館, 1977, 60~61쪽.

116) 李丙燾도 북풍은 봉천 서북쪽에 있다고 하였다. 그의 說대로라면 더욱 동북에서 서북으로 왔다 갔다 하는 무리가 따르지 않나 생각된다.

에도 불구하고 공물 등의 취득이 앞서는 것이어서 농토를 차지하려는 남
진지역과 동질의 생산성이나 의의가 있다고 생각할 수는 없는 것이다.

다음 동부여의 왕토를 보면 이 지역은 예전 추모왕 때의 복속지인데
중간에 조공을 하지 않게 되어 이를 다스리고자 영락 20년에 친히 군사
를 거느리고 여성(국도인 듯)에 이르러 순종시키게 되었다고 한다. 그리
고 이때 모화해 따라 온 압로鴨盧가 다섯이나 있었다는 것이다. 전술한
대로 이병도씨는 이 동부여를 동해 즉 함남 일부와 강원 북단으로 비정
하였다. 그러나 동부여가 이 추모왕 때 사실상 속지이었는지는 과장을
의심할 만하지만 고구려의 시조설화에도 연고지로 나오는 것을 보면 동
만주 일대로 비정하는 것이 순리인 것으로 생각된다. 앞서 백신토곡을
숙신으로 잡은 데서 나온 일련의 연쇄반응이라 할 것이지만 여기서 예
지역 자체를 거론한 것은 필요한 언급이라 하겠다. 이리하여 일대의 남
진 훈업에 이은 마무리 사업으로 뿌리 지역에 몸소 손을 댄 것은 아주
자연스런 발전의 모습이라 할 것이다.

끝으로 후연에 대한 경략인데 이 연은 전연을 세운 같은 모용씨가 다
시 일어나 건설한 나라로 이 무렵에 요동에 진출하여 영락 8년(398)에는
용성(조양)에 서울을 옮겼다. 후연은 먼저 요동, 현도 2성을 차지하고 영
락 10년(400)에는 호태왕이 남정에 힘을 기울인 틈을 타서 고구려의 신
성(심양 동북), 남소(휘발하輝發河 유역) 두 성을 빼앗고 700여리 땅과
5000여 호를 옮겨갔다.[117]

이 홀연한 연의 침략에 대처하여 호태왕은 2년 후인 영락 12년(402)
에 장병을 시켜 요하를 넘어 멀리 숙군성(광녕)에 까지 쳐들어가 평주자
사 모용귀를 도망가게 하였다. 태왕은 다시 14년에 또 군사를 내어 연을

---

117) 『資治通鑑』에서도 "高句麗王安 事燕禮慢"을 들고 있는 것을 보면 호태왕의 대
　　연외교가 강경해진 것을 짐작케 하는 바, 이것은 남진에서 얻은 실효와 유관한
　　듯하다.

치니 그 사이에 실지 700리를 탈환하고 요동의 장악을 확실히 달성한 것으로 보인다. 즉 여기에도 명시한 바는 없으나 고구려의 요동성점령은 이보다 앞선 일이고 현도성도 물론 더 먼저 차지하였을 것이 분명하기 때문이다. 그것은 더욱 연왕 모용희가 보복적으로 달려들어 두달 뒤인 이듬해(405) 1월에 요동성을 쳐 에워쌌으나 무위로 돌아가고 또 이듬해 군사를 이끌고 깊숙이 목저성木底城(홍경과 무순 사이)에까지 쳐들어왔으나 허사가 된 것으로 뚜렷하다.

이로써 고구려는 고조선 이래 6~700여 년간 잃었던 땅을 완전히 돌려온 것인데『삼국사기』에도 역사적 사실로서의 언급이 없고 능비에는 서진관계가 통채로 빠져, 앞서 출정한 사실조차 전혀 쓰여 지지 않고 있다. 천관우는 이에 영락 17년의 5만 교견이 이곳에 나간 것이 아닌가 하고 내세우기도 하였지만 이미 본 것처럼 고구려는 요동을 완점한 다음인 것을 생각하면 이 대군을 보낼 필요도 까닭도 없었던 것이 아닌가 싶다. 이 영락 17년은 또 고구려의 후예라는 고운高雲의 쿠데타에 의하여 연이 망한 해이니 다시 더 말할 것이 없을 듯하다.

이리하여 고구려가 요동을 점유한 사실을 두고 능비는 물론 여기도 내세우지 아니한 것은 고구려인에게 있어 이곳의 취득이 후대 특히 근자의 생각처럼 그렇게 큰 의미가 있는 것이 아니었던 때문인 것 같다. 한편 이와 같은 요동 흘시는 '조득모실朝得暮失'의 왔다 갔다 하는 땅이라는 생각도 있었을 것이다.[118] 또 어찌 보면 원래의 당연한 제 땅을 제가 차지한 것이기에 별로 느껴지지 않았던 탓이 아닌가도 짐작해 볼 수 있다. 어쨌든 당시 고구려가 남진에 치중하고 거기에 힘을 온전히 기울인 확실한 반증이 된 것임에는 틀림이 없겠다.

그리고 여기에 관련하여 덧붙일 것은 이 지방에 대한 우리의 역대 관념의 변천이 한국민족 및 그 역사발전의 성쇠와 반비례한 듯한 경향을

118) 李丙燾・金載元,『韓國史 古代篇』, 乙酉文化社, 1959, 413쪽.

볼 수 있다는 사실이다. 즉 고려시대 북진 지향적 분위기가 다소 반영된 듯한 『삼국사기』에도 별로 뚜렷하지 않던 사실이[119] 몽고침략 이후 두드러지기 시작하여 18세기에 이르러서는 실학파들의 관심을 끌게 되고 한말 국망에 즈음해서는 절규의 대상이 되어 그것이 지금에까지 영향하고 있는 듯하다. 이곳의 자체적 가치와 의의는 별도로 하고 현실적인 내부적인 허실과 요동이나 만주 영유가 직결된 것 같이 보인 것은 문제점이 아닐 수 없다. 적어도 이곳을 차지하고 만주의 주인이 된 고구려 당시의 생각은 반도 안팎에 구애함이 없이 실리적 슬기를 가지고 당시 나름의 필요에 따라 남진을 주로 한 것과 너무나 거리가 크기 때문이다.

3. 남진의 의의

(1) 남진지역의 비정과 의의

그러면 다음에는 남진의 내면적 실정을 통하여 그 의의를 살펴보아야 하겠다. 결과적인 성과를 두고 보면 여러 가지 면에서 검토될 수 있겠지만 여기서는 우선 남진적 실태를 그 지역적 중요성과 북민 남민의 비중 면에서 알아보기로 한다.

앞서 본 것처럼 능비에는 많은 성 이름이 보인다. 완결 부분이 많아 정확을 기하기 어렵지만 70~80성이 되는 것으로 보고 있다. 그런데 이 중 적어도 3분의 2 이상이 남진적 결과로 등장하는 지명이다. 즉, 영락 6년(396) 병신에 호태왕이 백제를 쳐서 공취한 성이 18성을 비롯한 58성이었다. 전언한 바와 같이 이들 성의 정확한 위치를 비정한다는 것은 어

---

119) 『三國史記』는 적어도 능비와 비교하는 한, 훨씬 북진적 경향이 반영된 것으로 보인다. 이는 『舊三國史』에서 전수된 분위기일 것이다.

려운 일이다. 그러나 이 중에서 비정이 가능한 몇 개의 성의 위치만으로
도 호태왕이 백제로부터 공취한 지역의 대략을 짐작할 수 있는 것이다.
중복되지만 관미성關(閼)彌城은 여기의 광개토왕 원년(392) 10월에 백제
의 북부 국경 해안지대의 중요한 성으로 예성강 하구 남안에 있던 성일
듯하여 오늘의 강화도 교동으로 비정되고 있다.[120] 다음 아단성은 아차
성으로도 석문釋文되는데,[121] 지금의 서울시 광나루 아차산의 성으로
볼 수 있다. 한강북방의 고구려 대비를 위한 성이니 영락 6년(396)의 공
격에 이미 예성강선을 넘어 경기평야에 들어선 결과가 된다. 또 미추성
은 백제 온조왕의 형 비류가 자리를 잡았던 유명한 서해안의 한 성으로
서 그 위치는 지금 인천지방이다. 이상 3성은『삼국사기』에도 등장하는
성이지만 그밖에 돈발성은 개성의 고구려 때 이름 동비홀에 해당하는 것
으로 보아 개성으로 비정되고 있다. 이러한 비정지명을 여러 책에서 종
합하면 아래 <표 2>와 같다.

　여기서 [24]와 [42], [44] 사이에 군이 하나씩을 더 넣어 보아도 57성
밖에 되지 못하여 58성을 모두 열거한 것이라고 본다면 석문에 하나 둘
의 미심처未審處가 있다는 문제점이 있다.

　하여간 호태왕이 백제로부터 공취한 성들을 결론적으로 보면 누언한
바와 같이 오늘날의 황해도 남부에서 경기도 북부 및 서부해안지대에 있
었을 것으로 추측된다.

　한편, 이때 고구려는 이들 58성과 함께 700개의 촌을 공취한 것으로
되어 있다. 이 700개의 촌은 58개의 성과 종적으로 어떤 유기적인 관계
가 있는 것인지, 알 길이 없지만 질풍처럼 휩쓸어 얻은 것이므로 자체의
기능적인 면은 우선 두고라도 성이 군사적·행정적 요지인 데 대하여 촌

---

120) 李丙燾,『國譯 三國史記』, 283쪽의 주4 ; 金廷鶴,『任那と日本』, 小學館, 1977.
121) 李進熙,『廣開土王碑の硏究』, 吉川弘文館, 1972 ; 文定昌,『廣開土大王王勳績碑
　　文論』, 1977의 부록 釋文 참조

은 경제적·생산적인 농민의 실생활지대일 것이다.

〈표 2〉 영락 6년 공취 58성 비정표

번호	성 명	비 정 지 명	번호	성 명	비정지명
1	壹八城		29	敦□(拔)城	冬比忽=개성
2	臼模盧城	경기 광주지방	30	□□□城	
3	各模盧城	황해도토산서북석두리	31	婁賣城	
4	幹氐利□	경기 풍덕?	32	散□城	忠南 結城
5	□□□城		33	那旦城	경기 안성
6	關彌城	경기 강화	34	細城	충남목천세성산
7	牟盧城		35	牟婁城	
8	彌沙城		36	□(于)婁城	
9	□舍蔦城		37	蘇灰城	
10	阿旦城	서울 광진, 구리시	38	燕婁城	
11	古利城	경기 양주 풍양	39	析支利城	
12	□□城		40	巖門□(*)城	*(山+二)城
13	雜珍城	경기 삭녕	41	林城	
14	奧利城		42	□□□	
15	句牟城	경기 연천 또는 김포	43	□□□	
16	古須耶羅城	구모라성=경기 장단	44	□利城	
17	莫□□		45	就鄒城	
18	□□城		46	□拔城	
19	□而耶羅□		47	古牟婁城	충남 덕산
20	瑑城	경기 양근	48	閏奴城	충남당진(순성)
21	□□城		49	貫奴城	
22	□□□		50	彡□城	京畿 三槐
23	豆奴城	충남 연기	51	□□□	
24	沸□□利城		52	□□盧城	
25	彌鄒城	경기 인천	53	仇天城	
26	也利城	長淺城縣=長縣湍	54	□□□	
27	대산한성	서울 세검동 또는충남 홍산	55	□□□	
28	掃加城		56		

이제 이러한 남진지역의 의의를 생각해 보면, 앞에서도 언급하였지만 우선 황해도일대의 확보만 해도 매우 큰 의미가 있는 것이다. 무엇보다

4세기 미천왕 때 차지한 바 있는 실지의 회복이란 점에서 정치적 의의가 있으며 거기에 경제적 의의까지 합치면 더 말할 것이 없는 것이다. 즉, 그곳이 후대 패강진 지역으로서 고려태조의 통일과정에 크게 기여하는 실력 지역지대이고 근자에도 전작물田作物이 한반도 총생산량의 과반수인 것을 생각하면 저절로 수긍이 가기 때문이다. 그러므로 예성강, 임진강 이남의 경기평야와 충청도 서남해안의 농경지대에 걸치는 700「촌」의 점유는 고구려의 발전에 실로 막대한 구실을 했을 것이 틀림없다. 이렇게 보아 오면 남진의 첫째 목표는 안정된 농경생활지대의 획득이란 점에서 찾을 수 있을 것으로 보여 진다.

'사연예만事燕禮慢'으로 표현된 대연 강경외교도 이런 사정과 관련이 있을 듯하다. 남진의 또 하나의 목표는 바로 대외적으로 난경에 빠진 고구려의 입장을 새로 설정하려는 작업에 있었던 것이다. 연燕에서 입은 타격은 너무나 충격적이었던 것으로 장차 그에 대응하기 위해서도 그 국가적 기초를 더욱 공고히 할 수 있는 농업지역의 확대에 당면목표를 둔 방향전환은 필수적인 것이었다고 보아야 하겠다.

또, 한편으로 백제 근초고왕이 강성하여 신라왕에게 도민逃民사건의 수습을 위한 것이기는 하지만 '양국화호兩國和好, 약위형제約爲兄弟 운운云云'의 편지를 보내는 등(377) 거래를 하면서 접근을 보인 듯하였는데 호태왕기에 실력으로 신라에 간여하여 뒤에 왕위의 계승에도 작용할 만큼 강한 영향력을 발휘함으로써 다시 신라, 백제 사이를 악화시킨 것은 서상의 남진의 실효라 할 것이다.

(2) 북민과 남민의 비중문제

그러면 끝으로 북민과 남민의 비중 문제를 통하여 남진의 성격을 알아보자. 비문에는 영락 20년(410)의 동부여 왕토기사 다음에 호태왕기에 격파한 총성수가 64이고 촌이 1400이라고 하였는데 이 숫자는 의문점이 없지 않아 동부여로부터 탈취한 성·촌의 수가 아닐까 하는 사람까지 있지만 역시 전 정복전쟁의 총화로 보아야 할 것이다.[122] 다만 비문전체의 내용을 보면 성수가 70~80성이나 될 것으로 보여 부합되지 않은 점이 있다. 앞서 영락 6년 원정에서 백제로부터 공취한 것이 58성이고, 이외에 패려, 백신토곡, 가라, 부여 등으로부터 공취한 성들로서 이름이 명기된 것들과 다음에 설명할 수묘인연호를 서술한 부분에서 신래한예新來韓濊의 출신성 들로 되어 있는 것들을 합산한다면 상당히 초과될 수밖에 없기 때문이다.

그러나 64성은 전에도 언급한 바와 같이 백제와의 최후전에서 차지한 6성 등 직할 토경화한 성만을 말한 듯하므로 역시 북진지역의 군사적 성보다는 남방의 촌과 연관되는 성이 주 대상이 되었던 것이라 해야 하겠다.

다음 1400촌 중 전출 700촌을 뺀 나머지 700촌이 문제인데 패려정토 征討시의 6~700영을 여기에다 합산한 것으로 볼 수도 있지만 아무래도 들어맞지 않는 점이 있다. 그리하여 다음과 같은 해석을 내려 보려고 한다. 즉, 결론적으로는 첫 700촌과 마찬가지로 후 700촌도 남쪽 지역에서 영락 8년~17년 사이에 남진 작전 중 획득한 것이라고 보고자 하는 것이다. 그 논거는 이러하다.

앞서 나왔지만 수묘인연호 중 영락 6년의 첫 출정 때 차지한 58성과 중복되어 나오는 성은 23~24성으로 추계되므로 그 나머지 성들은 신래한예의 성 총수 36에서 23을 뺀 13성 가량이 된다. 여기에는 성 이름이 아닌 것도 있지만 그것을 막론하고 이들에 관련되는 촌은 많을 것으로 상정된다. 그런 곳에서도 상당수의 국연國烟, 간연看烟이 산출되고 있는 것을 보면 어엿한 촌들일 것이 틀림없는 것이다.

---

122) 박시형, 『광개토왕릉비』, 사회과학원출판사, 1968, 207쪽.

혹 58성중 9성이 완결로 미상이므로 서상의 12성은 많이 줄어질 것이 예상된다고 하는 이도 있지만 반드시 모두 일치된 것이 아니므로 큰 어긋남은 없는 것으로 보인다. 이리하여 정확한 통계적 제시는 불가능하지만 영락 6년의 700촌 이후에 새로 얻은 700촌은 이런 데서 차지하게 되었다는 추정은 별무리가 없을 것으로 보인다. 그 후의 여러 번 남정에서 계속 깨뜨리고 또는 호응해온 촌은 상상 이상으로 많을 것이 순리로 생각되기 때문이다.

여기에 호응하는 촌을 상정한 것은 가령 '백잔남거한百殘南居韓'이나 '파노성한巴奴城韓'처럼 성명이 붙지 않거나 별개의 존재를 나타내는 것이 7개나 있는 점으로 보아 성에서 떨어져 나온 독자적 촌이나 성과 상관없는 것이 있는 것으로 보인다. 또한 당시의 민은 자기농토본위로 강자에게 의지하는 것이 예사이기 때문에[123] 그러한 호응은 충분히 예견되는 것이다.

그리고 이와 같은 700촌을 더한 1,400촌이 전제가 되었기에 220가의 연호차출이 쉬웠을 것으로 생각된다. 즉, 1,400촌은 남진지역에서 찾아야 하며 북쪽의 촌은 대부분 모두 제약된 조건하에 놓여 불가능에 가까운 것일 것이다.

뿐만 아니라 수묘인연호의 배정에 있어서도 남민의 비중이 배가 더 큰 위에 북민도 실은 돈성, 양곡, 신성, 남소성 등 몇 개만이 만주지역인 것을 감안할 때 남진의 의미는 여기서도 강조될 수 있으며, 고구려는 이때 벌써 반도 중심적으로 움직이고 있는 모습을 짐작하게 되는 것이다.

이제 수묘인연호관계를 좀 더 살펴보면 비문에는 수묘인연호를 출신지방별로 기록한 것 가운데(<표 3>[124] 매구여에서 남소성에 이르는 14

---

123) 井上秀雄, 『古代朝鮮-NHKブックス-』, 日本放送出版協會 1972. 신라의 통일전쟁 때도 그런 경향이 많았던 것으로 보인다.
124) 井上秀雄, 『古代朝鮮-NHKブックス-』, 日本放送出版協會 1972, 78~79쪽의 표를 바탕으로 水谷悌二郞, 『好太王碑考』, 開明書院 1977에 의하여 다시 대조 조정

개 지방에서 온 호들은 북쪽 지역의 이른바 구민舊民들이며, 사수성 이하 마지막 세성에 이르는 36개 지방에서 온 연호들은 호태왕이 새로이 공취한 남진 지역의 신래한예이다. 한예는 백제나 가라인 들을 폄칭해서 쓴 것으로 보인다.

구민의 출신지인 14개 중에서 비리성(안변), 평양성(평양), 신성(심양), 남소성(홍경) 등지는 고구려의 구 영역인 북쪽 지방으로서 국연 10가, 간연 100가 합계 110가의 수묘인연호를 배정하였다.

신래한예의 출신지인 36개소는 <표 3>에서 볼 수 있는 것처럼 대체로 오늘날의 개성, 풍덕, 장단, 김포, 삭녕, 광주, 남양, 양근, 이천, 안성, 연기, 목천, 해미, 당진, 덕산, 결성, 홍산 등지로서 바로 고구려의 남진 지방인 것이다. 이 지역은 영락 6년(396)에 호태왕이 백제로부터 공취한 58성의 지역과 거의 일치하고 있다. 이 지역에 거주하고 있던 민호 중에서 국연 20가, 간연 200가 합계 220가를 추출하여 신래한예라 부르고 수묘인연호에 충당한 것이다.

원래는 구민들로서만 수묘를 담당케 하였으나 이들이 점차 빈약해질까 염려되어 호태왕은 자기가 직접 공취한 지역의 신래한예 220호를 데려다가 수묘인으로 삼고 묘를 거두도록 생존 시에 교령을 내렸다. 따라서 교령대로 한예 220호를 가지고 수묘케 하였으나 신래한예들이 수묘법을 모를 것이 염려되어 다시 구민 110호를 데려다가 신구 수묘호를 합하여 국연 30, 간연 300 도합 330가로 수묘인연호를 설정하였다.

그러면 구민은 왜 점점 빈약해 질 것이 염려되었는가. 혹자는 구민으로서만 충당된 수묘인들이 과중한 국역부담과 혹사로 인하여 육체적으로나 경제적으로 매우 빈약해졌다고 한다.[125] 여기에는 얼른 납득이 가지 않는 점이 있지만 우선 수묘 <표 3> 신래 한예인 연호 자체의 성격

하고 전기 58성과의 관련을 첨가한 것이다.

125) 박시형, 『광개토왕릉비』, 사회과학원출판사, 1968, 225쪽.

을 보면 그들은 독립적인 호로서 존재하며 자기 경리부분을 가지고 왕릉
수호의 국역 부담을 지는 비자유인이었으며, 이들의 사회경제적 성격은
농노에 해당하는 존재였다.[126] 그리하여 당시의 사정으로 보아 국가 소
유의 비자유민이 무제한적으로 있는 것이 아니기 때문에 신래한예로써
수묘인연호에 충당하게 된 것이다.

한편 신래한예는 새로이 공취된 피정복지의 민호들인 만큼 아직 육체
적으로 건전하며 경제적으로는 경지 기타에 대하여 일정한 국가적 대
책이 취해져 있었으므로 이들에게서는 구민 수묘인연호에서 보는 빈약
화의 걱정은 아직 없었다고 한다. 그리고 처음으로 이때 고구려에서 취
한 연호수 배정 조치를 보면 국연과 간연은 구민과 신래한예할 것 없
이 모두 각각 1:10의 비율로 배정되어 있다. 따라서 전체적으로도 1:10
의 비율을 유지하고 있는 셈이다. 이것은 국연과 간연에서는 남민·북
민의 구별이 없이 양자 간에는 일정한 수적 비례관계가 필요하였음을
의미한다.

〈표 3〉 수묘인연호 일람표

	번호	지명	국연	간연	비정지명
구민	1	매구여민	2	3	
	2	동해고	3	5	
	3	돈 성		4	지리지, 「신성주, 본구차홀 혹구돈성
	4	우 성		1	
	5	비리성	2		함경남도 안변
	6	평양성민	1	10	평양남도 평양
	7	자 련		2	
	8	□(주)루인	1	43	
	9	□(량)곡		2	○대량수＝태자하의 유역
	10	□(량)성		2	
	11	안부련		22	
	12	□곡		3	
	13	신성		3	환도성동북 ○심양
	14	남소성	1		금주 ○흥경
		합계	10	100	

---

126) 旗田巍, 井上秀雄 共編,『古代朝鮮の基本問題』, 學生社, 1974, 95~97쪽.

신민	15	사수성	1	1	
	16	모루성 ◎		2	
	17	두비압잠한		5	경기도 개성
	18	구모객두		2	경기도 김포
	19	구저한		1	
	20	사조성한예 △	3	21	
	21	고□(연)야라성○		1	
	22	견고성	1	3	
	23	객현한		1	
	24	아단(차)성 ◎			서울 광진
	25	잠진성 △		10	경기도 삭녕
	26	팔노성한		9	경기도시흥
	27	구모로성 ○		4	구모로지=경기도 광주북방?
	28	강모로성 ○		2	황해도 토산 서북 석두리
	29	모수성		3	경기도 수원
	30	간지리성 ◎	1	3	경기도 풍덕의 고명 정주?
	31	미추성 ○	1	7	
	32	야리성 ☆		3	
	33	두노성 ☆	1	2	충청남도 연기군
	34	오리성 ◎	2	8	불명
	35	수추성	2	5	취추성=불명?
	36	백잔남거한	1	5	남거성=장단군 여미나 충청남도 해미의여미
	37	대산한성 ◎		6	충청남도 홍산군
	38	농매성 △	1	7	충청북도 괴산? 경기도 삼괴의 괴대리?
	39	윤노성	2	22	충청남도 당진군 순성면
	40	고모루성 ◎	2	8	충청남도 덕산
	41	탁 성 ☆	1	8	의정부
	42	미 성		6	
	43	취자성 △		5	
	44	삼양성 ○		24	경기도 남양남방 바다를 격한 반도형의 삼궤
	45	산라성 ○	1		충청남도 결성
	46	나단성 ☆		1	경기도 안성
	47	구모성 ◎		1	경기도 김포
	48	어리성		8	경기도 이천의 남천
	49	비리성		3	
	50	세 성 ○		3	충청남도 목천의 세섬산
		합계	20	200	
		총계	30	300	

※ 지명 옆 기호는 영락 6년에 공취한 58성과 대조하여 ◎는 확실히 합지된 것(8개), ○거의 틀림없는 것(7개) △는 맞다고 인정할 수 있는 것(4개), ☆는 수곡석문으로 합지된 것(4개)

국연과 간연의 관계는 국연 1호와 간연 10호가 합하여 하나의 집단체를 이루고 왕릉 수호의 부담을 진 것으로 보여 진다. 여기서 국연은 왕릉수호의 주된 임무를 수행하고 간연은 국연의 임무 수행 상 필요한 여러 부분을 보장하여 주는 의무를 담당하였을 것으로 생각된다.

이렇게 보면 북방의 구민舊民에 의해 충당되었던 수묘인연호가 빈약화 될 것이 염려되었다고 한 것은 호태왕 자신이 강력히 추진하고 있는 남진정책에 의하여 나라의 중심이 남쪽으로 옮겨질 가능성을 예견하고 한 말인 듯싶다. 그리고 당시 실정으로 고구려 북방에 거주하던 주민의 생활상은 그만큼 매우 저열했음을 알 수 있는 것이다. 이러한 북방에서의 생활고를 타개하고 생활의 안정을 얻기 위해서도 호태왕의 정책은 남진책으로 나타나게 된 필연성이 있었다. 이 때문에 황해도, 경기도, 충청도 일부의 민호에 전적으로 의지하여 신래한예가 수묘인연호에 그토록 많이 충당된 것으로 볼 수 있는 것이다.

한편, 피정복민의 강제 사민 동원 상황을 가지고 남민, 북민의 비중을 찾아보려고 하는 것은 무리한 일이 아니냐 하는 의문이 생긴다. 물론 지금 아직 연호煙戶에 대한 신분적 구성이나 존재형태 등의 구명이 애매한 마당에서 어떤 선을 그어서 비중을 따지는 자료로 삼기는 어려운 점이 있을 것이다. 그러나 연호가 자기 집을 가지고 자체경리를 하며, 따라서 수묘인 중에도 부자가 될 가능성마저 예견되는 존재로서 고려나 조선시대의 양인농민에 해당한다는[127] 것을 가지고 보면 적어도 전쟁포로 같은 식으로 지연성을 무시하고 끌어 모은 사람들은 아닌 것이다. 그러므로 앞으로 연구해야 할 여지는 많은 것이지만 우리가 문제 삼은 범위 내에서는 연호의 다과가 그 지방 인구수와 어느 정도 상관되는 것이고 전체적으로 남민과 북민의 비중의 차와 관련이 있다고 해서 대세에 어긋난 것이라고 할 수는 없을 것 같다. 그것은 더욱 호태왕 남진이후 장수왕 23년(439) 당시에 인구가 전에 비하여 3배가 되고 3경이 둘은 한반도 안에 있으며 당초 주현 60이 말기에는 176성으로 3배 늘고 우연하게도 벽화고분이 3:1로 남녘에 많은 등등의 실정을 감안할 때 적어도 훨씬 많은 인구가 남녘에 편재해 있었던 사실은 틀림없는 것으로 짐작되기 때문

---

127) 旗田巍, 井上秀雄 共編, 『古代朝鮮の基本問題』, 學生社, 1974, 95~96쪽 참조.

이다. 그리고 그런 인구면의 남북의 비중은 여러 경우에도 대체로 비슷할 것이 예상되는 것이다. 그리하여 여기의 수묘인연호의 배정에도 그런 상황이 어느 정도 반영되었을 것이 아닌가 보며 호태왕 자신의 교언이 그렇게 될 수밖에 없는 배경으로 보고자 하는 것이다.

요컨대 남녘과 남민의 비중이 호태왕대의 남진으로 훨씬 커진 것만은 내세워도 좋을 듯하다. 그리고 호태왕 이후 고구려는 한반도에서 군림하는 것을 중대과업으로 삼게 되었으니 우리 민족의 역사무대는 이제 한반도를 중심으로 대륙적 전개를 하기에 이른 것이라고 할 것이다.

4. 맺음말

이상으로 우리는 호태왕대 「광개토경」의 실태가 거의 남진일변도라 할 만큼 한반도에 치중되어 전개된 것임을 보아왔다. 즉, 능비에 의하면 태왕은 소수 친솔병으로 북벌을 2~3회 행한 데 반하여 남정은 연 10수만 이상의 대군으로 8~9회의 대전을 치렀다. 따라서 북녘은 유목지역을 일과하여 공납을 촉구하고 속민제屬民制를 설정하는 정도의 것이었지만 남녘은 동등한 국가적 상대로서 원수 백잔 등과 거듭 싸워 일생 동안의 공파성攻破城 64개 중 대부분인 60개 성과 1,400촌의 거의 전부를 남쪽에서 차지하였다.

특히 '촌'은 군사요지인 '성'이나 이동적인 북쪽 '영'과는 달리, 당시로서는 농경 안정지대에 인구밀집지역임을 감안해야 할 것이었다. 따라서 수묘인연호의 동원에 있어서도 북녘 구민舊民은 쇠약해질 것을 염려하여 남녘 신민新民 220호의 반수를 배정한 것으로 보아도 북녘의 어떤 실정을 짐작할 수 있는 것이다. 즉 남녘의 신개척에 따라 장차 나라의 비중이 남으로 기울고 북민의 필연적 이동이 예상된 데서 이와 같은 조치를 취한 것이 아닌가 보여 지는 것이다.

평면적 넓이는 단연 북쪽이 광대하여 종래 대륙지향적인 면을 크게 내세우는 경향이 많았지만 실질적인 농경지역과 인구 분포 상황으로는 남녘에 절대적인 비중이 있었던 것은 인정해도 좋을 것이다. 그만큼 남진의 전개는 '민개토착民皆土着'을 가능하게 하는 소중한 농토의 확대 확보를 뜻하며 사실로서의 발전이었던 것이다. 거기에 호태왕의 경우는 더욱 실지失地와 선왕대의 치욕을 씻은 피맺힌 승전이었으며 신라나 가야·왜도 제압하여 국제질서를 잡아나가게 되었으니 더 말할 것이 없는 것이다.

그리고 이로써 농경시대에 접어든 후의 민족 이동적 동남진에 최후자로서의 결정적 방향 제시가 된 것이기도 하다. 다음 장수왕기에 태왕의 능비를 통하여 이 뜻이 명시되고 결국 아들 왕에 의하여 남진정착을 달성하게 된 것은 그 필연적 발전적 귀결이며 이후 한반도 중심의 삼국의 각축과 발전을 보게 되었던 것이다.

고구려의 4·5세기 무렵의 대외정세나 대내정비 관계는 여기서는 다루지 않았다. 그 대내외적 연관이나 필연성은 언급되지 못한 것을 유감으로 생각한다.

제4부 광개토호태왕기의 내정정비

1. 머리말

오늘날 고구려사에 있어서 「국강상광개토경평안호태왕비國罡上廣開土境平安好太王碑」(이하 호태왕비, 혹 왕비, 능비 등으로 약칭)를 주 자료로 한 연구는 고분 벽화의 것과 함께 쌍벽을 이루는 주종 분야가 되어 있다. 1960년대에 북한에서 사상 처음으로 이 방면 전문 연구서가 나오게 된 것[1]도 우연한 일이 아닐 것이다. 그런데 호태왕비의 경우 일본 측이 시작한 고대 한일 관계 면의 고찰이 그동안 대종을 이루고 70년대에 일본에서 앞의 새 연구서의 충격과 함께 비문의 변조 문제가 발론되면서 여러 업적이 잇달아 출현하게 되었는데 역시 대세는 예전과 다름없는 경향을 취하고 있다.[2] 한편 북한에서는 그 후 이른바 정통성 추구의

---

1) 일정 하에 일인학자들이 주로 침략적 의도를 충족시키는 면에서 유적조사와 논문 저술을 많이 하였으나 조사보고 외에는 독립된 저서가 드물었다. 특히 우리 민족의 손으로 된 연구 전문서는 아래의 것이 처음으로 주목할 만한 저작이 되는 것이다. 金錫亨 著, 朝鮮史硏究會 譯, 『古代朝日關係史-大和政權と日本-』, 勁草書房, 1969 ; 朱榮憲 著, 永島暉臣愼 譯, 『高句麗の壁畵古墳』, 學生社 ; 朴時亨 著, 全浩天 譯, 『廣開土王陵碑』, そしえて, 1985. 이상의 저서는 1970년대 이후에 나오는 저술과 크게 구별되는 전문학술서란 점에서 눈길이 쏠린다(박성봉, 「북한의 고구려사 서술」 『북한학보』 3, 1979 참조).

2) 박시형, 김석형의 저서와 함께 李進熙, 『廣開土王碑の硏究』, 吉川弘文館, 1972가 도화선이 되었는데, 水谷悌二郎, 『好太王碑考』, 開明書院 1977 외에는 거의 대부분이 그러하였다. 상세한 것은 佐伯有淸, 『硏究史 廣開土王碑』, 吉川弘文館, 1974 와 박성봉, 「高句麗史關係硏究資料目錄」 『中國正史朝鮮傳 譯註』 附錄, 國史編纂

필요도 곁들여 고구려의 강역 내지 문화 연구의 성과가 속속 나오고 있다.[3]

여기에 1980년대 이후 일본인의 고구려 유적 현지답사의 길이 열리고, 특히 중국인의 호태왕비문 연구가 출간되면서 먼저 언론계의 심대한 관심 속에 한·중·일 3국간의 공동조사 연구가 현실적으로 거론되기까지 하고 있다.[4]

이처럼 고구려사 관계 연구는 국내에서보다는 외지에서[5] 그리고 내적발전보다 한일 고대관계사 등의 연구가 더욱 성황을 이루고 있는 것이 그동안의 큰 특징이었는데, 이것이 결코 바람직한 경향은 아니라고 생각된다.

호태왕비가 사상 최상급의 금석문으로서 그 활용 가치는 너무나 큰 것이며 그 중 한반도 땅에 등장한 왜의 실체는 일본 측이 아니더라도 매우 궁금한 것임에 틀림없다. 따라서 이 왜가 지금의 통일 일본정권과 직결되는 것으로 보려 든 편향성은 어느 정도 예상되는 것이라고 볼 때 우리는 여기서 더 근본적인 과학적 조사나 검토 없이 다만 같은 차원에서 때로 졸속 과민한 부정적 대응을 일삼은 종래의 방법은 지양되어야 마땅한 것이다.[6]

委員會, 참조.

3) 考古學硏究所,『高句麗文化』, 1975, 1982와 리지린 외,『고구려사연구』(1976) 및 력사연구소,『조선전사』3(중세편 고구려사), 1979 등이 그것인데 점점 정치적 색채가 두드러지고 있다.

4) 王健群,『好太王碑の硏究』, 雄渾社, 1984의 출간을 계기로 讀書新聞社 주최의 심포지엄(4~5世紀の東アジアと日本-好太王碑を中心に-, 1985과 현지답사(85.7) 등이 실시되면서 고조되었거니와 당연히 한국, 북한, 중국, 일본의 공동참여 아래 본격적인 과학적 조사가 긴요한 것으로 보인다.

5) 국내에서는 이옥,『고구려 민족형성과 사회』, 교보문고, 1984와 박성봉·김광수의 博士學位論文이 각각 1979년과 1983년에 발표된 정도이고 이옥의 것도 실은 프랑스 파리에서 쓴 것을 국내에서 출판한 것이다.

6) 현 상태로는 끝이 없을 신묘년조의 논란이나 외향적 연구경향을 수렴하여 이제

다행히 근자 뜻있는 내외학자들 사이에서 호태왕비는 고구려사의 자
체 발전 연구 자료[7]로서 나아가서는 전반 한국 민족발전사의 성격을 추
출하는 막중한 금석문으로서 활용되고 있거니와,[8] 이런 방향 감각 아래
더욱 철저한 공동 조사 연구와 성격규명을 해 나가는 일방으로 동아시
아 관계사 연구도 추진되어야 바른 결론이 도출될 수 있음은 당연한 논
리이다.

본고는 이러한 문제의식을 가지고 능비에서 찾아지는 내정정비內政
整備 관계 요소를 최대한 동원하여 호태왕기 전후의 실모와 성격을 종
합해 보려고 하거니와 이는 많은 한계점이 있는 것이라 하더라도 당시의
조건을 오늘에 되살려 살피는 뜻있는 작업이 될 것으로 믿어진다.

그런데 왕비는 국부민은 오곡풍숙國富民殷 五穀豊熟의 결론적 성과
를 우리에게 여실하게 보여주는 것으로 그것이 당시 고구려인의 대백제
설욕과 남진南進 실리, 그리고 대내외 군림 등 현실적인 욕구충족에 연
유한 것이기에 이 때문에 비문은 거의 절대적인 비중으로 대백제 등 남
정南征에서 공취한 성명城名을 나열하게 된 것으로 이해된다.[9] 따라서
광개토경의 본질이 외향적 팽창 면에 있기보다는 당시의 조건 속에서 집
권적 전제왕권의 강화와 같은 실속 있는 내정 정비와 함께 추구되어 고
구려사 내지 민족사를 내적으로 발전시킨 점에 주목이 가는 것이다.

한 차원 높인 기본적이고도 전체적인 연구(가령 첨단과학기술까지 동원한)가 집중
적으로 심각하게 시도되어야 할 단계에 들어섰다고 본다.

7) 武田幸男,「高句麗好太王碑文にみえる歸王について」末松保和博士古稀記念會,『古
代東アジア史論集』上, 吉川弘文館, 1978 ;「廣開土王碑からみた高句麗の領域支配」
『紀要』78, 東京大學東洋文化研究所, 1979 및 千寬宇,「廣開土王陵碑文再論」
『全海宗博士華甲紀念史學論叢』, 一潮閣, 1979 등이 대표적이며, 朴性鳳,「廣開土
好太王期 高句麗 南進의 性格」『韓國史研究』27, 1979도 그런 시도의 일부다.

8) 田中俊明,「高句麗의 金石文-研究의 現象과 課題-」『朝鮮史研究會論文集』18, 1981
에는 外征, 其他 對外關係와 內治 등 여러 연구경향을 정확하게 구분하여 소개하
고 있다.

9) 朴性鳳,「廣開土好太王期 高句麗 南進의 性格」『韓國史研究』27, 1979.

물론 여기에는 근자 구체적인 연구 성과가 상당히 나왔지만,[10] 전반적으로는 아직도 자료의 영세성, 그 중에도 금석문 등의 현지적 검증과 여러 방법론의 동원, 치밀한 작업의 축적, 기타에 너무나 미비점이 커서 결론의 도출이 어렵게 되어 있다. 이 점에서 본고도 결국은 부분적인 시도 내지 추론의 단계에 멈출 가능성이 많은 것이지만 한일 고대의 한 부분적 관계에만 지나치게 집중되어 있는 피차의 연구 동향이나, 내치의 규명 없이 외정外征의 성과만 선양하는 일반적인 경향, 그리고 발전 인자를 그 양적 팽창 면에서 평가하기 쉬운 재래의 폐단을 재고케 하는 면에서 상당한 의의가 있을 것으로 기대해 본다.

동시에 본고는 우선 호태왕기를 중심으로 한 내정정비의 전체적 상황과 문제점을 추출해 보는데 그치지만 현재의 실정으로서는 이 방면의 역사 서술이나 역사교육에도 일정한 의미를 갖게 되었으면 하는 바람이 있다.

2. 고구려 내정혁신의 조건과 계기

고구려사에 있어서 소수림왕기(372~384)는 호태왕·장수왕의 극성기에 이어지는 시대적 전환점을 마련했다는 점에서 그 역사적 의미가 크다.[11] 소수림왕이 종래와는 다른 정책전환을 하게 된 것은 당시 고구려가 안고 있던 내면적, 구조적 한계성이 노출된 고국원왕대의 대외적 실

---

10) 5세기를 중심으로 볼 때 武田幸男, 盧重國, 徐榮洙, 盧泰敦, 徐永大 등의 연구성과가 주목된다.

11) 이러한 성격은 왕호에서도 나타나는바 大武神王과 연결되는 전환기의 王者로서의 공통점이 있었다.(井上秀雄, 「高句麗大武神王觀の変遷」『朝鮮歷史論集』上, 龍溪書舍, 1979, 63쪽 ; 「4世紀候班における高句麗王の性格」『朝鮮學報』90, 1979, 32쪽 참조)

패에 자극된 것이었다. 무엇보다도 고구려는 4세기 미천왕 대에 이르러 한군현 세력을 한반도에서 완전히 몰아내게 되지만,[12] 서북으로 모용씨의 전연과, 그리고 남쪽으로 백제와 직접 대결하지 않으면 안 되는 새로운 국면에 처하게 되었다. 이러한 상황은 결국 전연의 침입에 따른 한때의 칭신조공稱臣朝貢을 면치 못하였으며,[13] 백제와의 공방전 끝에 고국원왕의 전사를 가져오고야 말았던 것이다.

이렇게 고구려의 대외정복사업이 국가 간의 전쟁으로 확대되고 남북 양면에서 좌절하게 되자 고구려로서는 내면적인 반성과 더불어 전연 등을 통한 문화적 자극을 현실에 옮길 필요가 절실해졌다.[14] 더욱 고도의 문화이론으로 부족 간의 정신적 결합을 달성하고 현실적으로 강력한 왕권국가의 조직이 불가결하게 된 것이다.

당시 전연이나 백제는 고구려보다 선진적 국가체제를 이룬 듯 짐작된다. 특히 전연의 경우 벌써부터 한족의 유교적 정치이념과 법제를 받아들여 모용황慕容皝-준儁 부자 때에는 문화적으로 크게 향상하여 학교를 개설하고 고시제도를 마련하는 등 자못 문명국의 정치체제를 수립함으로써[15] 고구려에 문화적 영향도 끼쳤던 것으로 보인다. 또한 백제는 중국 남조와 긴밀한 연계를 맺으면서 선진적 문물제도를 정비하여 전성기

---

12) 美川王期의 서안평 공취 및 낙랑·대방군의 장악도 한군현 세력의 축출이라는 점에서 그 사적 의의가 큰 것이지만 동시에 더욱 주목해야 할 것은 평안도와 황해도의 곡창지대를 확보한 남진의 전초작전이라는 점이다(박성봉, 「발전기 고구려의 남진과정」『조영식박사화갑기념논문집』, 1981, 154쪽).

13) 故國原王 13년(343)에는 왕제를 보내 燕에 稱臣하고 父屍를 돌려받았으며, 왕 25년(355) 왕모를 돌려받을 때에는 연으로부터 '征東大將軍營州刺史'의 책봉을 받기도 하였다.

14) 특히 前燕으로부터의 망명자를 통한 문화의 수입이 많았을 것으로 생각된다. 故國原王 6年(336)에는 前燕의 내분으로 佟壽와 郭充 등이 망명해 왔으며, 8년(338)에는 宋晃, 游泓 등이 고구려로 망명해 왔다(『資治通鑑』).

15) 『資治通鑑』에 "皝 … 作東橫 … 使皝諸生同受業 皝得暇 亦親臨聽之 史言 皝之能 崇儒 皝喜經術 國人稱之"라고 보이거니와 皝의 시호는 바로 '문명제'라고 하였다.

에 들어서고 있었다.[16]

그런데 고구려는 이 무렵 백제-신라 화친에 따른 국제적 압력이 계속 되고[17] 또 평양성 타격 후 경제적 손실이 가중된 듯 '민상식民相食'의 곤경이 몇 번씩 벌어지고 있었다.[18] 그러므로 고구려는 당장 곡창지대 로의 남진과 안정이 현실적으로 절박했고, 그러자면 백제를 앞지르는 대 책이 긴요하였다. 여기에서 한편으로 신라를 끌어들이는 동시에[19] 중국 북조와의 긴밀한 연계가 불가결하였다.[20]

때마침 전진이 일어나 전연을 멸망시키니(370). 이때 고구려는 도망쳐 온 모용평을 전진에 압송 함으로써 결정적인 기회를 마련하게 되었다. 이리하여 소수림왕은 안팎의 조건을 서둘러 이용하고자 왕 2년(372)에 전진의 왕 부견苻堅으로부터 승려 순도와 불상·경문을 받아들이는 한 편, 같은 해에 태학을 설립하고 이듬해 3년(373)에는 율령律令까지 반포 하여 새로운 국가 체제의 정비를 서둘렀다.

이때에 세워진 태학은 고급문화를 조직적으로 받아들이고 새 관료를 양성하기 위해 귀족자제를 교육하는 곳으로 마련되었다. 따라서 태학을 통한 중국문화의 수입은 일반교양을 위하기보다는 중국식 관료체계의 도입에 그 목적이 있었다고 생각된다. 이는 이듬해에 율령이 반포된 것

---

16) 李丙燾, 『韓國古代史硏究』, 朴英社, 1976, 507~516쪽 참조.

17) 新羅 奈勿王과 '約爲兄弟'의 和好를 맺어 고구려 제압에 힘입은 바가 있었다(盧重 國, 「高句麗·百濟·新羅사이의 力關係變化에 대한 一考察」『東方學志』28, 1981, 53~54쪽 참조).

18) 이러한 현상 때문에도 好太王代 예성강·한강 유역으로의 진출은 적극적이었으며 그것은 영토 확보만이 아니라 대백제 방어선을 그 선에서 유지함으로써 평안도와 황해도 일원의 곡창지대를 온전히 장악할 수 있는 의미가 더욱 컸던 것이라 하겠다.

19) 이 무렵 신라의 사신 衛頭가 고구려의 인도로 전연에 갔고, 王姪 실성을 볼모로 보내는 등 고구려를 상국으로 삼았다.

20) 당시 동북아의 국제관계는 고구려~신라~前秦과 백제~가야~왜(北九州?)-東晉의 계열적 동맹과 대립의 형세가 성립되었다. 千寬宇, 「韓國史의 潮流」『新東亞』10, 1972, 129쪽.

으로도 짐작할 수 있다. 율령의 반포는 의례 내지 법제만이 아니라 국가 제도 전반에 걸친 정비를 전제로 했다. 현재 소수림왕대 반포된 율령의 내용은 전해져 있지 않고 있어 유감이지만, 중국의 율령이 위진시대에 이미 상당히 정비되어 있었던 만큼 그 체계가 바탕이 되었을 것임은 의심할 여지가 없을 것이다.[21]

또 소수림왕 4년(374)에는 승려 아도阿道를 맞았고, 5년에는 성문사省門寺·이불란사伊弗蘭寺를 건립하여 이곳을 중심으로 불법을 일으켰다. 당시 수용된 불교는 아직 사리신앙舍利信仰 또는 격의불교格義佛敎의 단계였다.[22] 그러므로 왕권의 강화에 얼마만큼 기여할 수 있었는지 알기 어렵지만, 적어도 초부족적 편제에 적절한 처방제가 되었을 것임은 넉넉히 예상할 수 있다.

이처럼 고구려는 안팎의 곤경을 모면하기 위해서도 체제의 개편이 매우 절실했는데, 소수림왕기의 개혁은 무엇보다도 초유의 문화 정책적 전환이 국가적으로 추진되었다는 데에 그 의미가 큰 것이었다. 그 결과 고구려는 이제 불교나 유교를 정치적으로 활용하여 집권화를 시도함으로써 이후 사회와 문화 제반에 지대한 변화를 초래하게 되었고, 따라서 5부의 분립이 청산되기 시작하여 그동안 흔히 새 왕권국가의 견고한 출발로도 보아왔다.[23] 고구려의 전성을 가져 온 호태왕기의 내면적 계기는 여기에서 일단 성숙된 것이다.

---

21) 盧重國, 「高句麗律令에 關한 一試論」 『東方學志』 21, 1979.
22) 金東華, 「高句麗時代의 佛敎思想(側面의 考察의 一試圖)」 『亞細亞研究』 2-1, 高麗大學校 亞細亞問題研究所, 1959 ; 金煐泰, 「高句麗 佛敎思想-初傳性格을 中心으로-」 『韓國佛敎思想史-崇山 朴吉眞博士 華甲紀念-』, 1975.
23) 盧泰敦, 「三國의 成立과 發展」 『韓國史』 2, 國史編纂委員會, 1975, 163쪽.

3. 호태왕대 내정정비의 실모實貌와 성격

(1) 태왕기의 일반적 상황과 불교 진전

고구려가 호태왕기(391~412)에 이르러 '국강상광개토경평안호태왕'
이라는 왕호 그대로 토경을 널리 열고 내외에 위세를 떨친 것은 너무나
잘 알려진 사실이다. 이러한 큰 성과는 당시 고구려 사회가 안고 있던
내외문제를 어느 정도 해결하였음을 웅변하는 것으로 무엇보다 빛나는
외정과 일련의 내정혁신이 서로 인과하고 있음이 주목된다.

다음에 다룰 중앙과 지방의 관제정비 모습, 역법曆法 및 연호제年號
制의 제도화, 시호제諡號制의 변개와 입비제立碑制의 성립 그리고 수묘
제의 개편 등은 그 대표적인 예이다. 이러한 내정혁신의 추진은 당대는
물론이요, 다음의 장수왕과 문자명왕대까지 이어져 전성시대의 알맹이
구실을 다하였다. 물론 호태왕기의 내정개혁도 이미 앞에서 언급한 바와
같이 소수림왕 이래의 체제개편이나 문화국가로의 획기적인 전환책을
그대로 계승하고 실현시킨 것이었다.

그러나 이 전대의 문화적 정책전환은 종래 고구려 사회의 발전방향을
크게 수정하기 시작한 점에 주목이 갈 뿐, 아직 내실을 바탕으로 한 국
력의 총집결을 이루는 단계에까지 도달하지 못한 것이 사실이었다. 따라
서 소수림왕·고국양왕기의 외정은 선대의 좌절을 극복하기 위하여 시도
된 것이었지만 내정정비를 바탕으로 한 효과적인 성과로 보기에는 아직
이른 것이었다. 고국양왕 2년(385)에 요동·현도를 공략하였지만, 곧 후
연에게 빼앗겨 버린 것이 그 대표적인 예가 될 것이다.

더욱이 호태왕기 초반의 동아시아 정세는 결코 고구려에게 유리한 방
향으로만 전개되지는 않았다. 고구려의 대연외교는 자못 강경하여 요동
일대에서 군사적으로 후연과 대결하고 있었으며, 남쪽으로는 백제와 치

열한 공방전을 벌려 소수림왕 이래 호태왕 이전까지만 해도『삼국사기』고구려본기에 백제 공벌이 4회, 그 내침이 3회에 이를 정도였다. 백제세력과의 대결은 이 시기 고구려가 맞서 해결해야 할 가장 시급한 대외적과제였던 것이다. 이 점은 태왕비에 나오는 백잔百殘이란 표현이나 또는전후하여 기록된 8차례의 외정 중 대백제전이 주류를 이루고 있는 것을보아도 충분히 짐작되는 것이다.

미천왕 이래 고구려의 외정의 특성이 남진에 주력된 점은 이미 몇 차례 내세운 바 있거니와, 이때 중국 남북조와는 양면외교를 펴서 고착 상태를 유지하면서24) 대백제전에 전력을 쏟아 성과를 올렸던 것으로 보인다. 이는 미천왕 이래 남북 양면에서 공수보다 남진에 더 치중한 대외정책의 새 방향 설정과 그 성공적 수행을 뜻하는 것이다. 그리고 이러한성공은 그것을 뒷받침할 수 있는 소수림왕 이래의 내정정비에서 그 연유를 찾아야 하는 바, 본 호태왕기의 내정정비는 이 점에서 큰 뜻이 있는것이다. 비문에 의하면 호태왕의 본격적인 외정은 영락 5년(395) 을미의패려정토稗麗征討로써 시작되었는데 이 호태왕 초년은 또한 내정혁신에박차를 가했던 시기이기도 하였다.

전술한 바와 같이 소수림왕기의 일련의 체제정비는 각 부족 간의 다양한 생활습관을 새 체제 안에 포함시킴으로써 종래의 전사적 무력국가를 농경적 문화국가로 방향수정을 확고히 한 것이었는데,25) 이러한 문화 정책적 전환은 호태왕기에 그대로 계승되어 더욱 확충되었다고 할 수있다.

먼저 불교는 선대 이래 적극적으로 장려되고 그 저변 확대에 진력한사실을 보이는 바, 수용 초기에는 순도가 고구려 왕실의 비호 속에서 민

---

24) 徐榮洙,「三國과 南北朝 交涉의 性格」『東洋學』1, 157쪽.
25) 徐永大,「高句麗 平壤遷都의 動機-王權 및 中央集權的 支配體制의 强化과정과 관련하여-」『韓國文化』3, 서울대학교 한국문화연구소, 105~107쪽.

중에게 인과의 설법을 한 시기로 볼 수 있다.[26] 그것은 진秦에서 이른바 백족화상白足和尙이라 불리는 고승 담시曇始가 경률經律 수십 부를 가지고 요동지방에서 포교한 사실과 그에 얽힌 몇 가지 설화를 통하여 짐작되는 것이다. 『해동고승전』에 의하면 담시는 기회가 잡히는 대로 교화에 힘써 삼승三乘의 법문을 내려 신도를 많이 귀의케 함으로써 고구려 불교사상 법문 강론의 시초가 되었다 한다. 또한 『삼국유사』에는 신라 눌지왕기(417~458)에 비로소 불교를 전한 고구려 승 묵호자 등이 담시의 변신인 듯하다는 설화 등이 있는데 이것이 호태왕기 직후라는 점과 아울러 보면 당시 고구려 불교의 수준과 영향이 컸음을 짐작케 한다. 그리고 태왕기에 쓰인 묘지묵서墓誌墨書에도 불제자가 등장하는데, 이를 보면 당시의 불교는 민간의 신앙적 실천에까지 영향을 미쳤음을 엿볼 수 있다.

이와 관련하여 위에 적은 호태왕 초기의 불법숭신 하교下敎에 이어 유사에게 명한 '입국사立國社 수종묘修宗廟'라고 하는 기사는 불교신앙의 강조와 병행된 제사체계의 정비를 확인케 하는 것이다. 이는 종래 조선왕祖先王에 대한 제사와 부족적 제사체계가 왕실 중심으로 정비·일원화되어[27] 호태왕기에는 능비나 모두루 묘지에서 보는 바와 같이 시조 주몽이 왕족만의 시조가 아니라 전고구려민의 시조로서 추대, 존숭되기에 이르는 경위를 명기한 것으로 파악된다. 따라서 호태왕기는 불교와 제사체제를 정비함으로써 고차적이고 초부족적인 정신세계를 수립하고

---

26) 金東華,「高句麗時代의 佛敎思想(側面的 考察의 一試圖)」『亞細亞硏究』2-1, 高麗大學校 亞細亞問題硏究所, 1959 ; 金煐泰,「高句麗 佛敎思想-初傳性格을 中心으로 -」『韓國佛敎思想史-崇山 朴吉眞博士 華甲紀念-』, 1975.

27) 盧重國,「高句麗律令에 關한 一試論」『東方學志』21, 1979. 徐永大,「高句麗 平壤 遷都의 動機-王權 및 中央集權의 支配體制의 强化과정과 관련하여-」『韓國文化』3, 서울대학교 한국문화연구소, 108~109쪽에서도 "河伯女와 주몽의 신격화는 늦어도 好太王代에는 확립된 것으로 생각된다"고 하였다.

이를 통하여 왕권의 전제화 내지는 왕격의 상층화가 한층 강화된 시기라
고 할 수 있는 것이다.

(2) 중앙과 지방의 통치제도 정비 모습

호태왕기에는 중앙의 지배체제나 지방통치제도 그리고 군사제도 등
도 크게 정비되었던 것으로 보인다. 물론 능비나 『삼국사기』에는 그것
을 확인할 수 있는 직접적인 기사는 보이지 않으나 왕비를 비롯한 기타
금석문과 『삼국사기』 및 중국정사의 동이전 등에 나오는 단편적인 자료
를 종합해 보면 당시 고구려의 국가지배체제의 성장도를 엿볼 수 있다.

먼저 관등체계의 경우는 3세기 이후 여러 내외적 요인에 의해 족장
세력의 재편과 공부체제貢賦體制의 정비라는 방향에서 착수된 듯하거니
와, 이 점은 『위서』고구려전의 알사謁奢, 대사大奢, 대형大兄, 소형小兄
등의 관호官號와 모두루 묘지에 나오는 대사자大使者, 대형 등의 관위,
그리고 중원고구려비에 보이는 대사자, 발위사자拔位使者, 대형 등의 관
명으로 미루어 형 및 사자를 기축으로 하여 분화·발전했던 자취를 확인
할 수 있다.[28] 이러한 관등·관직체계의 정비는 소수림왕기 율령반포로
서 상당히 진전되었을 것이지만, 호태왕기에는 왕권 전제화의 달성과 대
규모 외정을 통한 신영역의 편입으로 인하여 보다 확대, 정비된 지배체
제가 요구되었을 것은 쉽게 짐작이 간다.

그리하여 『위서』의 기록이 장수왕 23년(435) 이오李敖의 보고에 의한
것임과[29] 특히 모두루가 호태왕기에 주로 활약한 인물이라는 점[30]을 감
안하면 5세기, 그 중에서도 호태왕 시기에는 이미 대형, 대사자 등의 관

---

28) 金哲埈, 「高句麗·新羅의 官階組織의 成立過程」 『李丙燾博士華甲記念論叢』, 一潮閣.
29) 『魏書』 世祖 太延 元年(435) 丙午에 遣使 기사가 보인다.
30) 武田幸男, 「牟頭婁一族と高句麗王權」 『朝鮮學報』 99·100, 1981.

명이 존재한 것을 확인할 수 있다. 거기에다 이 무렵 확정된 관위제가 7세기 멸망 때까지 고수되었던 것을 생각할 때 호태왕 당시의 모습은 더욱 큰 의미를 지닌다.

또한 『양서梁書』 고구려전에는 호태왕이 장사長史, 사마司馬, 참군參軍 등 관직을 신설했음을 전하고 있는데,[31] 이는 호태왕대 관제정비의 한 단면을 보여준다. 이들 관직은 중국의 경우, 원래 삼공부三公府의 속관屬官이었는데, 위진魏晋 이래 장군부將軍府 요속僚屬의 직명으로 사용되기도 했다.[32] 따라서 호태왕기 장사 등의 관직 신설이 왕의 평주목 책봉 때 장군부의 속관쯤으로 두어진 것으로 볼 수도 있지만,[33] 한편으로는 고구려 자체의 내적 발전의 기반이 되고 있음을 간과해서는 안 될 것이다. 소수림왕기의 내정개혁이나 당시 대중교섭의 내용을 보아도 고구려는 이미 중국의 고도로 완비된 정치체제를 이해하고 있었을 것으로 추측되는데, 호태왕기의 관직 신설은 다분히 이러한 상황을 반영시켜 새영역을 효율적으로 통치하려는 측면에서 취해진 것으로 보이기 때문이다. 이는 당시 관직체계의 확대 과정을 시현하는 것이며 율령을 바탕으로 한 중앙집권적 지배체제가 꾸준히 정비되어 나가고 있었음을 의미하는 것이기도 하다.[34]

한편 호태왕기에는 지방통치체제도 급속도로 확대·정비되어 나갔을 것이다. 본래 고구려의 지방 통치는 성城·곡谷·촌村을 중심으로 이루어졌다고 할 수 있는데, 호태왕기의 영역확대로 크게 변모할 수밖에 없었

---

31) 『梁書』 高句麗에는 '高句麗王 安'이라 하였는데, 安은 故國壤王으로 비정되기도 하지만(宮崎市定, 「三韓時代의 位階制について」 『朝鮮學報』 14, 朝鮮學會, 1959, 259쪽), 安의 활약시기로 보아 好太王으로 생각된다(盧重國, 1979 ; 박시형, 1985 291쪽).

32) 『アジア역사사전』6, p. 291 장사항長史項.

33) 水谷悌二郎, 『好太王碑考』, 開明書院, 1977, 94~97쪽.

34) 徐永大, 「高句麗 平壤遷都의 動機-王權 및 中央集權的 支配體制의 强化과정과 관련하여-」 『韓國文化』 3, 서울대학교 한국문화연구소, 112쪽.

던 것으로 생각된다. 즉 호태왕은 그가 획득한 영역을 성·곡·촌 및 종족
지배라는 지역과 혈연의 여러 편제방법으로 통치하고 특히 기존 통치체
제를 해체해 가면서 성·촌 지배를 확대·정비한 것으로 보이는데, 이는
종래 복잡·다양한 영역지배를 극복해 나간 것을 뜻한다.[35]

또 이 무렵 성과 곡이 함께 왕도 주변 특정 지역에 있었던 중국 고전
식의 '연제連制'도 그 후 자취가 없어진 것은 역시 당시 지방제의 한 진
전을 확인할 수 있는 것이며 이는 동시에 호태왕·장수왕기를 고비로 한
고구려 내정정비의 한 결과가 아닐까 생각된다. 물론 호태왕기 외정의
성격상 왕비에 보이는 것처럼 부락部落·영영營·곡·성·촌 등 복잡다양한
지방단위가 병존한 것은 사실이지만 성촌 단위의 중시와 아울러 적어도
지방제도에 있어서 통일적인 일원화를 꾀하고 그것이 상당히 진전되었
다고 할 수 있는 것이다.[36] 모두루 묘지의 '북부여수사守事'라든가 중
원고구려비의 '고모루성수사'란 직명에서 당시 고구려가 효과적인 지방
지배를 위해 특별한 외지에는 외관을 파견한 사실을 알 수 있는데,[37]
이는 4~5세기 신영역을 포함한 지방통치가 상당히 진전되고 있음을 시
사한다.[38]

호태왕기에는 군사제도도 상당히 갖추어졌을 것으로 추측된다. 전술
한 사마의 관직이 군사문제를 담당한 관리임을 생각할 때, 이때의 사마
직의 신설은 당시 군사제도의 정비와 무관한 것은 아닐 것이다. 또『위

---

35) 武田幸南,「廣開土王碑からみた高句麗の領域支配」『紀要』78, 東京大學東洋文化
   研究所, 1979, 81~153쪽.
36) 박시형은『三國史記』地理志에서 옛 고구려의 지방명이 郡縣으로 되어 있고 本紀
   에는 성城으로 나오는데, 城은 곧 郡縣을 가리키는 것으로, 비문의 城도 역시 대
   부분 郡縣을 의미한다고 보았다(1985, 181~182쪽).
37) 李昊榮,「高句麗·新羅의 漢江流域 進出問題」『史學志』18, 1984, 7쪽.
38) 武田幸男,「牟頭婁一族と高句麗王權」『朝鮮學報』99·100, 1981, 159~180쪽. 그
   렇다고 해서 덕흥리 발견 묵서명처럼 군, 현, 향, 리의 지방체제가 잡혀 있었다고
   보기는 어렵다(田中俊明, 1980).

서』동이전에 전하는 고구려의 군사행동이 주부主簿가 지휘하는 왕실
직속군과 귀족세력인 대가大加의 군사로 이원화되었음을 고려하면,[39]
능비에 보이는 왕당王幢,[40] 관군官軍 등의 표현은 귀족 세력의 족병族
兵을 국가의 공적 질서 속에 편제했거나 통제해 갔음을 뜻한다. 뿐만 아
니라 군사동원에서 '궁솔躬率'과 함께 '교견教遣'이라 하여 휘하 장수로
하여금 대규모의 작전에 몇 만 명의 대군을 지휘케 한 것 등을 보면 군
사전략과 군령통수에 일사불란한 계통이 서 있음을 짐작케 하는 바, 이
로써 호태왕기에는 이미 군사제도의 일원화가 상당히 진전되었음을 알
수 있는 것이다.

　전통적인 고구려 군사력은 기병에 근간을 두고 있었다. 그런데 비문
에 의하면 영락 6년(396)의 백제군 토멸에 수군水軍이 동원되고 있어 주
목된다. 당시 고구려 수군의 구체적인 내용은 알 길이 없으나 필시 조선
술·항해술의 발달과 더불어 고구려 군사체제에서 수군이 차지하는 위치
나 공헌은 매우 컸을 것이 분명하다.[41]

　이상의 정비내용에서 짐작할 수 있듯이 호태왕은 무엇보다 고구려가
처한 선대 이래의 상황을 잘 인식하고 이를 유효적절하게 안팎으로 활용
하는 방법을 취했던 것으로 보인다. 즉 선대 이래의 정책을 기본적으로
계승하는 것이었지만 호태왕 자신은 대내외의 상황을 정확히 파악하면
서 정력적으로 내정혁신과 남진발전을 꾀했다고 할 수 있다. 아래에서
호태왕기의 내정혁신을 또 몇 가지 항목별로 나누어 살펴보고 그 다음에

---

39) 徐永大, 「高句麗 平壤遷都의 動機-王權 및 中央集權的 支配體制의 强化과정과 관
　　련하여-」『韓國文化』3, 서울대학교 한국문화연구소, 112~113쪽.
40) '王幢'은 왕 직속의 군대로 추측된다. 고구려에서 무관직인 大模達은 일명 大幢主
　　라 한 것으로 미루어(『翰苑』인용 『高麗記』), '幢'의 실체를 짐작할 수 있다. 신라
　　무관직인 幢主도 여기에서 유래하였다는 것은 주지의 사실이다.
41) 王健群은 水軍이 평양에서 출발하여 한강에 닿았을 것으로 보아 조선술, 지리학,
　　수리학이 상당히 발달했을 것이라고 하였다.

외정의 효과적 성취도 거론하려 하지만 앞에서 본 바와 같이 호태왕기에 정치·사회·문화·군사 등 국정 전반에 걸쳐서 거의 모든 제도가 완비되기에 이른 것이다. 그것은 결국 왕권강화와 중앙집권적 지배체제를 공고히 다지는 계기가 되어 국력의 총집결까지도 가능케 된 것이다. 그리하여 이런 것들이 또 군사력의 뒷받침이 되어 외정의 큰 결실로 매듭지어진 것이라 하겠다.

(3) 역법과 기년법紀年法 및 연호제 문제

내정정비에 관련하여 먼저 역법부터 살펴보자. 역법은 농사가 생활화됨에 따라 매우 중요시되어 이미 은대에는 음양력을 쓰고 한대 이후 태초력太初曆을 거쳐 유흠劉歆의 원통력元統曆이 나오면서 천체표가 만들어지기 시작하였다. 그리하여 24절기를 설정하여 당대唐代에는 차츰 정삭법定朔法과 치윤법置閏法도 활용하게 되었다.[42] 천자는 천명天命을 대신한다는 사상에서 왕조의 변혁이나 혹 제왕의 교체 시에는 개력改曆을 하고 아래 나라들은 거기에 따른 책력을 받는 것이 연례 법식이 되었다. 그러한 절차의 최초의 예는 잘 알 길이 없으나 고구려도 진 등과 외교하면서 그곳 태시력泰始曆을 들여온 듯하다. 비문상의 '갑인년구월입구일 을유甲寅年九月卄九日乙酉'라는 간지는 바로 그것을 입증한다.[43]

한편 고구려에 있어서 중국식 달력을 쓴 시원연대는 명확치 못하지만 안악3호분의 동수묵서명冬壽墨書銘이나 덕흥리고분의 진鎭 묵서명에 나타난 간지상의 일진日辰이 역시 진晉 것과 부합되고 전자에는 중국 연호도 보여 그 유래가 오래임을 알 수 있다.

또한 기년법은 한국에 있어서는 역대로 중국과 무관한 점에서 보통

---

42) 藪內淸, 『中國の天文曆法』, 平凡社, 1969.
43) 박시형, 1985 149쪽.

간지만을 쓰는 것이 예사였고 왕기년은 썼지만, 즉위년 칭원법稱元法에
따라 세모에는 유년踰年하는 경우도 있었다. 가령 장수왕 다음의 문자왕
원년은 이듬해 가서야 칭원한 것으로 보인다.44) 일반적으로 기년은 연
호보다 빨리 도입되었을 것으로 짐작되거니와 고구려에서는 비에 보이
는 바와 같이 4세기 말에 연호와 간지를 병용하고 있음을 본다. 한편 고
구려에서는 독자적 연대력과 건국기년을 만들어 쓴 듯하다.45)

　다음으로 연호제를 살펴보자.46) 중국에서 연호를 처음 사용한 것은
기원전 140년에 한무제가 '건원建元'이란 연호를 세운 것으로 치는 것
이 통설이다. 그 이전에는 연호라는 것이 없는 대신 왕의 이름을 들어
그 재세기년在世紀年으로 사용하였다. 그 후 한대에 들어 전국시대 음양
사상의 영향으로 유학자들이 제왕의 즉위와 상서祥瑞를 관련시켜 연호
를 사용하기 시작한 것으로 보인다. 따라서 연호를 쓴 것은 주권자의 권
위를 나타내는 의미를 갖게 되었으며 한편으로는 새로운 시대에 대한 희
구의식이 작용하여 길서吉瑞의 출현, 또는 천재지변·출병·반란사건 등
이 있으면 같은 천자의 재세 기간이라도 새 연호를 써서 새로운 의지를
강조하려는 경우가 있어 연호가 자주 바뀌는 경향이 있었다. 이와 같은
연호 사용은 중국의 각 왕조는 물론 오호십육국 시대에 중국 내부에 나
라를 건설한 여러 민족들도 각기 독자적 연호를 사용하였다.47)

　이러한 영향으로 중국의 주변제국에서도 건국을 했거나 혹은 독립국
으로서의 위치를 나타내기 위해 독자적인 연호를 사용하기 시작하였는
데, 그 중에 고구려의 건원이 제일 빨랐던 것으로 보인다.48) 이 점은 비

---

44) 藤田亮策, 「朝鮮の年號と紀年(上)(下)」『東洋學報』41-2~3.

45) 藤田亮策, 「朝鮮の年號と紀年(上)(下)」『東洋學報』41-2~3.

46) 平凡社 編, 『アジア歷史事典』卷7, 年號項, 1961 참조.

47) 井上秀雄, 「隋唐文化の影響をうけた朝鮮諸國諸國の文化」『隋唐諸國と東アジア世界』,
　　唐代史硏究會, 汲古書院, 1979, 340~349쪽 ; 朴星來, 「高麗初의 歷과 年號」『韓
　　國學報』10, 1978, 141~142쪽.

에 보이는 '영락'이란 연호에서도 확인할 수 있다. 물론 비문의 가령 영락 5년을 '영락태왕 5년'이란 의미로 해석하여 연호로 보지 않으려는 견해도 있으나,[49] 덕흥리고분 묵서명에도 "이영락 십팔년태세재무신以永樂十八年太歲在戊申…,"이라고 영락 연호의 사용 예가 있어 당대에 연호로 쓰였음을 확인할 수 있다. 이와 같은 고구려의 독자적 연호 사용은 당시 고구려의 국가적 발전단계나 국제적 위치로 보아 충분히 이해될 수 있는 것이다. 고구려에서도 독자의 연호를 사용하기 전에는 중국의 연호를 썼을 것으로 추측되는데, 그것이 언제부터인지 현재 남아 있는 사료로는 확인할 수 없다. 최근에 집안에서 '태녕太寧 4년'이란 글자가 새겨진 고구려 와당을 발견하게 되어 '태녕'을 동진의 연호로 추정하는 글이 있는 바[50] 이 태녕이 고구려 독자의 연호일 가능성도 배제할 수 없으나 일단 동진 연호로 본다면 태녕 4년은 고구려 미천왕 27년(326)에 해당하여 늦어도 미천왕 말기에는 중국의 연호가 사용된 것을 알 수 있다.[51]

---

48) 참고로 중국 주변 諸國의 最古의 연호를 제시하면 다음 표와 같다(井上秀雄, 342쪽 참고)

國　　　名	現存 最古의 年號	西　　曆
高　句　麗	永　　　樂	391~412
柔　　　然	永　　　康	464~484
高　　　昌	重　　　光	498~530
百濟또는 高句麗	建　　興(?)[*]	531~536　(591~596)
新　　　羅	建　　元[**]	536~550
南　　　越	天　　　德	544~548
日　　　本	大　　　化	645~649
渤　　　海	仁　　　安	720~737
南　　　詔	贊　普　鐘	752~765

49) 王健群, 『好太王碑の硏究』, 雄渾社, 1984, 164쪽.
50) 王健群, 『好太王碑の硏究』, 雄渾社, 1984. 그런데 이 瓦當銘으로 후대인 영락 연호를 부정하는 증거로 삼으려 하는 것은 잘못이다.
51) 美川王代의 시대적 의미는 고구려사의 내적 발전과정에서 차지하는 비중이 매우 큼과 동시에 한중교섭사상에서도 중국의 여러 왕조와의 국제적인 외교관계가 복합되어 주목되는 바, 특히 미천왕 16년(315) 이후 모용씨와 충돌하게 되자 東晉과 유대협력관계를 유지함으로써 모용씨를 견제하려는 외교전략을 취했고, 이에 위의 연호를 쓰게 된 것으로 보인다.

중국 연호의 사용 예는 전기한 안악3호분의 동수묘지에서도 찾아볼
수 있다. 이 묵서에는 '영화永和 13년' 이란 동진의 연호가 보이는데, 동
수가 연으로부터의 망명자란 사실과 또 당시 평양 지방이 고구려로부터
어느 정도 독립성을 유지하고 있었다는 것을 인정한다 하더라도[52] 이를
당시 고구려에서 동진의 연호를 사용한 증거로 보아 무방할 것이다. 이
영화 13년은 고국원왕 29년(359)으로 아마도 이때까지 계속 고구려에서
동진의 연호를 사용했던 것이 아닌가 추측된다.

한편 고구려에서 독자적인 연호 사용의 분위기는 고국원왕 말년부터
고조되기 시작한 것으로 추측된다. 앞에서 서술한 바와 같이 고구려는
고국원왕 9년(339)과 12년(342)에 전연의 대거 침입을 받은 이후 같은
왕 25년(355) 왕모를 돌려받기까지 계속적으로 사신을 보내어 전연과 우
호관계를 맺어야 했는데,[53] 이 때 전연과의 접촉 속에서 전연의 문화가
많이 자극을 주고 수입도 되었을 것으로 보인다.

이 당시 전연에서는 연호 사용에 큰 변화가 일어났다. 345년 진의 연
호를 폐지하고 태조의 즉위년을 사용하여 자립의 의지를 표명하였으며,
349년에는 '연원燕元'이란 독자의 연호를 사용하기 시작하였다. 당시 고
구려와 전연과의 관계로 볼 때 이 같은 연의 연호 사용에 관한 정보가
고구려에 전해졌을 것이고 아마도 이때부터 고구려에서도 독자의 연호
를 사용하여 자립 의지를 내보이려는 기운이 크게 고조되었을 것으로 생
각된다.[54] 이와 같은 상황을 고려할 때 호태왕의 '영락' 연호 이전에도
고구려에서 독자의 연호를 사용했을 가능성은 크다.[55]

---

52) 金元龍, 『韓國文化의 起源』, 探求堂, 1976 ; 三上次男, 「樂浪郡社會의 支配構造」『朝
　　鮮學報』 30, 朝鮮學會, 1964.
53) 故國原王 10년(340), 13년(343), 25년(355)에 연에 사신을 보냈으며, 19년(349)에
　　는 망명자 宋晃을 연으로 돌려보내기까지 하였다.
54) 井上秀雄, 「隋唐文化의 影響을받은朝鮮諸國諸國의文化」『隋唐諸國과東アジア世界』,
　　唐代史硏究會, 汲古書院, 1979, 341쪽.

이 점은 왕비를 분석해 보아도 짐작할 수 있는데, 즉 비의 서단序段에는 '이구등조二九登祚 호위영락태왕號爲永樂太王'이라 하였을 뿐 건원의 사실이 전혀 보이지 않는다. 만약 호태왕 즉위년에 독자적 연호를 처음으로 사용하게 되었다면 그것은 매우 중요한 왕의 치적에 속하는 것이므로 비문에 그 경위가 기록되었을 법하므로,[56] 비에 그 사실이 보이지 않는 것은 호태왕 즉위 이전에 이미 고구려에서 독자적 연호를 사용했을 가능성이 있다.

이처럼 호태왕대 영락 연호 이전에 고구려에서 독자적으로 연호를 썼을 가능성이 있지만, 이것은 현재로서는 어디까지나 하나의 추측에 불과하여 비문의 '영락'이 갖는 의미는 여전히 현존하는 최고最古의 연호로서 확고부동한 것이다.

이제 비문의 분석을 통하여 당시 연호제의 특징을 몇 가지 살펴보면, 첫째, 영락 원년이 호태왕 즉위년과 일치한다. 둘째, 호태왕 일대에는 한 번의 개원改元도 없이 영락이란 한 연호만을 사용하였다. 셋째, 그러므로 호태왕대에는 '일세일원一世一元'이었던 셈이 된다. 넷째, 호태왕 생시에도 연호를 붙여 호칭한 것으로 보아 이런 식의 호칭법이 제도화되었을 가능성이 있다. 다만 일세일원의 원칙이 그 후에도 지켜졌는지 알 수 없으나 한 왕조에서 계속적으로 실시되기는 중국 쪽에서도 대개 명대明代 이후의 일로 알려져 있다.[57]

그리고 현재 고구려의 연호로 추정되는 몇 개의 연호 예가 금석문에

---

55) 『隋書』高麗에는 故國原王이 '昭列帝'라고 전하고 있는데, 여기에는 異說이 있지만 稱帝를 인정한다면 거기에는 건원이 짝한 것으로 볼 때, 故國原王代 연호 사용의 가능성을 상정할 수 있다. 또한 小獸林王代에는 문화적 국책전환과 더불어 독자의 연호를 사용했을 가능성은 있는 것이다.

56) 王健群의 영락 연호 부정설은 이런 사정을 역으로 이용한 듯 하지만 박시형은 고구려의 왕호·연호가 독특한 형식을 가지고 있으며 이러한 사실을 문헌사료가 인멸시킨 때문이라 하였다.

57) 중국에서는 6~7세기에 高昌國에서 약간의 사례가 있다.

서 발견되었는데 ① 서봉총 출토 은합우銀合杅의 「연수원년명延壽元年銘」,58) ② 경남 의령 출토의 금동불 광배의 「연가延嘉7년명」,59) ③ 충주에서 발견된 석가상 광배의 「건흥建興오년명」,60) ④ 평양에서 출토된 금동반가사유상 광배의 「영강永康칠년명」61) 등이 그것이다. 이상의 연호에 대해서는 그것을 사용한 국가와 시대의 비정이 논자에 따라 구구하다.62) 그러나 일단 이를 고구려 연호로 치고 그 시기 비정을 검토해 보면 모두 즉위년부터 사용된 것 같지는 않으므로 대개 장수왕 이후에는 연호가 단속적으로 쓰였거나 일대에도 개원이 자주 있었던 것으로 추측된다.

(4) 시호제 변개

사자死者에 대한 장례처럼 가변성이 적은 것은 없다는 것이고, 또 왕비상의 3년 정상제停喪制가 언제부터 시행되었는지 알 길 없으나 고구려의 경우 『삼국지』 위지 부여전의 '정상'이나 『후한서』 예전의 '십일정상停喪'과는 달리 『주서』 고려전에 부모 및 부상복제夫喪服制가 중국과 같아진 것을 전하고, 『수서』 고려전에는 옥내에 빈殯한 다음 3년 만에 매장했다는 기록이 있어 5세기 이후의 어떤 변화가 감지된다.63) 호태왕

---

58) 李弘稙, 『韓國古代史의 研究』, 新丘文化社, 1971. 459~471쪽 ; 손영종, 「금석문에 보이는 삼국시기의 몇 개의 연호에 대하여」『력사과학』1966~4 ; 坂元義種, 「古代東アジアの日本と朝鮮」『古代の日本と朝鮮』, 學生社, 1974, 91쪽.

59) 黃壽永, 『韓國佛像의 研究』, 三和出版社, 1973, 32~41쪽 ; 김원룡, 「연가 7년명 금동여래상명문」『고고미술』5~9호, 1964 ; 손영종, 「금석문에 보이는 삼국시기의 몇 개의 연호에 대하여」『력사과학』1966~4.

60) 黃壽永, 『韓國金石遺文』, 一志社, 1976, 239~240쪽에서 고구려의 연호였을 가능성을 제시하였다.

61) 도유호, 「평천리에서 나온 고구려 부처에 대하여」『고고민속』1964년 3호.

62) 이상의 연호명이 있는 금석문에 대해서는 田中俊明, 「高句麗의 金石文-硏究의 現狀과課題-」『朝鮮史硏究會論文集』18, 1981에 잘 정리되어 있다.

비는 바로 그것을 확인할 수 있는 최고의 실례가 되지 않을까 생각해 본다.

다음 본론인 시호제는 고구려사 연구에 있어서 문헌 사료가 부족하고 금석문 및 고고학 자료가 희귀한 실정에 비추어 종래부터 주목되었다. 특히 시호는 그 군왕의 성격 및 왕권을 중심으로 하는 집권체제의 정비 과정을 추적함으로써 고구려사의 내적 발전과정을 살피는 데 중요한 단서였다.[64] 이에 기왕의 업적에 힘입어 광개토호태왕의 시호를 살피면서 태왕기를 중심으로 진행된 일련의 내적 변화양상을 추적해 보자.

고구려왕의 역사적 호칭(일단 시호라고 부름)이 대개 장지명葬地名과 일치하고 있음은 이미 밝혀진 바 있다.[65] 이제 그 내용을 검토해 보면 시조 동명성왕과 2대 유리명왕은 장지명과 무관하다. 물론 이 시호는 처음부터 그와 같이 제정된 것은 아닌 듯하며 호태왕비문에서는 추모왕, 유류왕으로 불리어진 것을 볼 수 있는데, 이 경우에도 장지명과는 관계가 없다. 그러나 대무신왕은 일명 대해주류왕大解朱留王(비문에는 대주류왕)으로 소해주류왕인 소수림왕과 비교해 볼 때 그의 장지인 대수촌원大獸村原은 대수림원大獸林原이어서 시호명 역시 장지명과 상관관계를 갖는 것으로 보인다.

이후 고국양왕까지 태조대왕·차대왕·신대왕의 3왕을 제외하고는 모두 시호와 장지명이 일치하고 있다. 특히 고국천왕, 고국원왕, 고국양왕의 경우 이 천·원·양은 곧 '내', '들'과 통하는 같은 의미인데 이것은 바로 수도인 국내성 지역을 말하는 것으로 이들의 장지가 모두 국내성임을 알 수 있다.

---

63) 慶熙大學校 傳統文化硏究所,『東夷傳 高句麗關係資料』, 1982, 79쪽의 婚喪條 참조.
64) 邊太燮,「韓國古代의 繼世思想과 祖上崇拜信仰」『歷史敎育』3, 1958 ; 鄭早苗,「高句麗王系小考」『旗田巍先生古稀記念 朝鮮歷史論集』上, 龍溪書舍, 95~113쪽.
65) 鄭早苗,「高句麗王系小考」『旗田巍先生古稀記念 朝鮮歷史論集』上, 龍溪書舍.

그러나 광개토호태왕 이후에는 장지명이 전하지 않는다. 다만 호태왕의 경우 비문에 전하는 국강상이나, 또 안원왕, 양원왕, 평원왕의 경우 『삼국사기』에 혹명或名)으로 전하는 안강상安崗上[66], 양강상陽崗上, 평강상平崗上 등의 지리적 개념을 갖는 시호명은 대개 장지명과 상관관계를 갖는 것으로 보인다.

물론 호태왕의 정식 시호는 비에 나타난 바와 같이 '국강상광개토경평안호태왕'이다.[67] 이 시호는

① 국강상……장지표시
② 광개토경…왕의 업적, 특징
③ 평안………치세의 표현
④ 호태왕……미칭美稱으로 나누어 생각해 볼 수 있다.[68]

이에는 전대의 장지명식 시호명과는 구분되는 특성인 ②, ③, ④가 있으며 이 이후의 왕이 대개 위와 같은 형식 속에서 이루어진 것을 생각할 때 광개토호태왕의 시호는 고구려 시호제의 새로운 전환점이 되었음을 알 수 있다. 즉 장수왕은 그 시호의 실상을 알 수 없으나 대개 호태왕의 시호와 같이 구성되었을 것으로 보이는데, 단지 태왕이 광개토왕으로만 전해진 것처럼 『삼국사기』에는 장수왕의 명칭만 남아 내려 온 것으로 추측된다. 이 무렵에는 군왕의 업적을 내세우고 자랑할 수 있을 만큼 왕권이 성장, 강화되었음을 의미하는 것이라 생각된다.

---

66) 『日本書紀』에 安原王으로 추정되는 고구려왕이 狛鵠(國)香岡上王 등으로 표현된 것으로 보아 아마 安崗上의 시호가 있었을 것으로 보인다(李弘稙, 「日本書紀所載 高句麗關係記事考」 『韓國古代史의 研究』, 新丘文化社, 1971, 157~162쪽).

67) 壺杅塚銘文에는 "國罡上廣開土地好太王", 모두루 묘지에는 "國罡上□□土地好太聖王"으로 나온다.

68) 鄭早苗, 「高句麗王系小考」 『旗田巍先生古稀記念 朝鮮歷史論集』 上, 龍溪書舍.

비문에 보이는 '은택흡우황천恩澤洽于皇天 위무진피사해威武振被四
海 소제□□掃除□□ 서령기업庶寧其業 국부민은國富民殷 오곡풍숙五
穀豊熟'이란 표현은 이와 같은 왕권의 강화에 따라 이루어진 업적의 전
반적인 찬양임에 틀림없다. 그리고 또 호태왕은 비문에 의하면 특히 생
시에 '영락태왕'이라 칭하여 졌는데 왕의 뛰어난 지휘력과 빛나는 업적
이 태왕[69]이라는 새로운 왕호를 필요로 할 만큼 전대에 비하여 발군하
였음을 보여주는 것이며 상대적으로 귀족 내지 신료들의 지위는 예속도
가 커져서 모두루 묘지에 보이는 것처럼 '노객奴客'이라 표현될 정도가
되었다. 나아가 이러한 주종적 관계는 대백제·신라왕과의 사이에도 적
용된 사례가 호태왕비나 중원고구려비에 보이니 당시 고구려의 비약적
성장을 짐작할 수 있게 하는 것이다.

한편 ④의 호태왕이란 미칭[70]은 위와 같은 태왕호太王號로 상징되는
왕권의 강화 모습을 더없이 찬미하는 것이기도 하거니와 동시에 미천왕
을 혹은 호양왕好讓王이라 했다는 것과 통하는 것으로 미천왕보다 더
큰 남진성과를 올린데서 호양태왕으로 찬양한데 연유한 것이 아닌가?
추정해 본다. 그 후 호태왕의 계승적 칭호는 후대 왕들에게도 사용되어
전술한 바와 같이 명치호왕, 양강상호왕, 평강상호왕 등으로 나타났지만
태왕이라고는 하지 않는 것이 선대와 구별된다.

---

69) 광개토왕비와 모두루묘지에 '太王', 중원고구려비에 '大王'이란 칭호가 보이거니와
'太'와 '大'는 흔히 넘나들며 이 무렵의 '太王'의 시대는 이미 동아시아에 널리 통
용되고 있었던 것이다(坂元義種, 『古代東アジアの日本と朝鮮』, 吉川弘文館, 1978).
70) 또 위 묘지에 나오는 '호태성왕', '성태왕'이란 표현은 그 극치인 바 이로써 보아
도 정상수웅의 '반보통명사' 운운은 맞지 않으며, '호왕+태왕'이라는 집합미칭일
수는 있는 것이다.(정상수웅, 『호태왕비탐방기』, 동경, 1984, p.55와 p.225 참조)

(5) 입비제立碑制와 수묘인연호제烟戶制의 개편

고구려 사회에서는 생전의 업적을 무덤 속의 벽화에 남기는 것은 크게 발달하였지만 이를 비석에 새겨 후세에 전하는 단계로는 별로 나가지 못하여 오늘날 1, 2기의 비 외에는 거의 발달한 흔적을 보기 어려운 상태에 있다. 이 점에서도 호태왕비는 독보적이고 독특한 것이지만, 혹자는 고구려 문화가 백제나 신라문화 만큼 세련되지 못하여 비문같이 더 발전한 형태로의 전화轉化가 이루어지지 못한 것으로 보기도 하였다.[71] 어쨌든 비가 희귀한 사정은 호태왕비에서도 "자상조선왕이래自上祖先王以來 묘상불안석비墓上不安石碑"라고 특별히 말하고 이에 호태왕은 "진위조선왕묘상입비盡爲祖先王墓上立碑"한 것으로 되어 있으나 그것 역시 차질이 생겼는지 남아 내려온 것이 하나도 없이 사라졌는지 알 길이 없다.

또 호태왕비는 고래의 형식상 대좌臺座 귀부龜趺 등과 관冠 이수螭首 등이 없는 '특립지석特立之石'이므로 비갈碑碣 중 갈에 속하는 것으로 보겠는데,[72] 또한 동북아에 많이 남아 내려오는 거석문화의 입석立石 (menhir)과 흡사하여 그 전통적 맥이 흐르고 있음을 확인할 수 있다. 그러므로 호태왕비는 입석이 비갈로 정립된 최초의 예가 되는 것이라고도 하겠다. 그리고 능비에 보이는 것처럼 태왕 이전에는 비를 하나도 안치하지 못했던 것으로 미루어 묘비의 최고 예가 될 수밖에 없는 것이다. 다만 각석기공刻石紀功의 예는 기록상 태조왕 때에도 보이지만[73] 기공비(후대의 신도송덕묘비神道頌德墓碑를 겸한 성격의)로 남아 내려 온 것은 역시 호태왕비가 최초의 것이다.[74] 동시에 그 형상이 거대하고 독특

71) 水谷悌二郞, 『好太王碑考』, 開明書院, 1977, 106쪽.

72) 『アジア歷史事典』 卷8 碑碣項.

73) 『三國史記』 卷15, 太祖大王 46年 春3月.

74) 본래 능비인 만큼 기공비나 송비만은 당연히 아니겠지만 그렇다고 이것을 수묘인

하며 또 비의 글과 글씨 등등 모두가 태왕시의 고구려 문화의 독자적인
수준을 유감없이 발휘하고 있는 금자탑임에 틀림없는 것이다.[75]

이제 가장 핵심 문제의 하나인 수묘인에 관하여 알아 볼 계제가 되었
다. 호태왕비 3·4면에는 이 왕릉의 수묘인연호에 관한 내용이 새겨져 있
는데 비문 전체의 3분의 1의 분량(637여 자)에 달하는 큰 비중을 차지하
고 있다. 이 부분은 종래에는 큰 주목을 받지 못하였으나 근래에 들어
당시 고구려의 사회, 경제, 기타 제반 구조 및 영역지배의 여러 형태를
알려주는 자료로서 큰 관심이 집중되기 시작하였다.[76] 그러나 앞으로
해결되어야 할 과제는 하나, 둘이 아니니, 연호의 사회, 경제적 존재형태
및 수묘역守墓役의 성격, 국연國烟과 간연看烟의 차이 등등 일일이 들
겨를이 없을 정도인 것이다. 이제 이러한 문제들에 대해서는 후고를 기
약하고 여기서는 단지 호태왕대에 이루어진 수묘제 정비의 배경 및 그
내용 내지는 역사적 의미를 검토하여 내정정비와 결부시켜 보는데 그치
려 한다.

수묘제는 호태왕 이전에도 있었던 것이 확실하다. 이는 국상國相 명
임답부明臨答夫의 묘에 수묘호守墓戶 20호를 둔 기록으로 보아 당시 왕
실, 귀족 내지는 족장층들에게 있어서 수묘제가 시행되고 있었음을 짐작
할 수 있는 것이다. 이러한 초기의 수묘제는 그 후에도 계속되었음이 호
태왕비문에서도 확인된다. 그리고 그 전통적인 수묘제가 어떤 내용의 것
인지 구체적으로 알 수 없으나 왕릉의 수묘제는 능비에 의하면 호태왕대
에 크게 정비되고 있음을 직감할 수 있다.

여기에서 특히 주목되는 점은 수묘인이 왕의 생시에 교언敎言으로 정

연호용의 비로 보려는 견해는 중심 내용을 경시한데서 나온 곡해로밖에 볼 수
없다.

75) 水谷悌二郎, 『好太王碑考』, 開明書院, 1977, 78쪽.
76) 武田幸男, 『高句麗史と東アジア-廣開土王碑研究序說-』, 岩波書店, 1979.

해지고,[77] 그 대상도 여러 지역에서 차출될 뿐 아니라, 구민舊民으로부터 신래한예新來韓穢로 대체되고 있는 사실이다. 또 조선왕묘祖先王墓에의 입비는 이미 언급한 바 있지만 수묘인 매매금지의 강력한 규정 등이 등장하고 있는 점은 특이한 것이다.

먼저 첫째로 비문에는 호태왕의 생시에 수묘인을 신래한예로 정하는 교언을 내리면서[78] 선왕들은 '원근구민遠近舊民'으로 수묘인을 삼았는데, 구민이 점점 빈약해질 것이 걱정되므로 자신이 데려 온 한예민韓穢民(신민)으로 수묘인을 삼으라고 하였다. 여기서 구민이란 곧 호태왕의 정복민이 아닌 그 이전부터의 북쪽 지역민을 가리키는 것으로 생각된다. 그런데 이 신, 구민은 시간적인 선후 뿐 아니라 지역이 남북으로 달라서 생산과 처지 등 여러 가지 조건이 판이하였을 것으로 짐작되는데, 문제는 신분부터 노예인지 농노인지 학설이 구구하다. 또 '원근구민'도 수묘역의 동원이 어떤 형태로 된 것인지 현재로서는 추측할 길이 없는 형편이다.

그러나 본고에서 우선 궁금한 것은 구민이 왜 점점 약해질 것이 염려되었으며 또 왜 신래한예로써 수묘인을 삼았겠는가 하는 문제이다. 이는 우리가 알아내야 할 호태왕기 내정변화와 깊은 관계가 있기 때문이기도 하다. 이에 대해 필자는 앞서 우선 남진 발전론적 차원에서 고구려 주민의 전체적 비중이 남으로 기울일 것이 예견된 데에서 나온 것으로 본 바 있거니와, 다음에 먼저 그동안의 분분한 추측론을 정리해 보자.

① 구민은 과중한 국역부담과 혹사로 인하여 육체적으로나 경제적으로 매우 빈약해졌을 것이고, 이들 비자유민인 수묘인을 다시 구민 중에서

---

77) 趙仁成,「慕本人 杜魯-高句麗의 殉葬과 守墓制에 관한 一檢討-」『歷史學報』87, 1980.

78) "教言 祖王先王 但教取遠近舊民 守墓洒掃 吾慮舊民轉當羸劣 若吾萬年之後安守墓者 但取吾躬巡 所略來韓穢 令備酒掃".

충당할 만큼 당시 국가는 비자유민을 확보하지 못하였기 때문에 신래
한예로 대체한 것이라는 견해가 있다(박시형)

② 당시에는 수묘인들의 매매가 성행하여 육체적으로 건장한 남녀수묘인
들은 매매되고 어린 자녀들만이 남아 구민이 약해졌을 것이므로 신민
으로 대체하고 또 이러한 약화를 막기 위해 수묘인의 매매를 금지하는
법제가 이루어졌을 것이라는 주장이 있다(王健群).

③ 이와는 다른 각도에서 구민에서 신래한예로의 대체는 오족五族의 충성
심이 부족하고 그 정치적 개입을 싫어한 호태왕이 피침략 지역의 세력
과 손잡고 오족 세력과 대항하려는 것이 아니었을까 하는 추측이 있다
(井上秀雄).

④ 이에 대해서는 구민이 점차 약해져서 그들을 연호로 삼는다는 비문 해
석 자체에 잘못이 있고 충성심 운운도 과도한 억측으로서 정복민을 자
기 수묘인으로 삼는 것은 정복왕의 강한 권력의 명증이라고 하는 반론
도 있다(佐伯有淸).

이렇듯 의론이 분분하므로 이제 올바른 해답을 모색하기 위해서는 먼
저 호태왕의 수묘제 정비의 전모를 파악할 필요가 있다. 비문에 보이는
호태왕대의 수묘제 정비의 내용은 다음과 같다.

A. (가) 吾慮舊民轉當羸劣 若吾萬年之後 安守墓者
   (나) 但取吾躬巡 所略來韓穢 令備 洒掃
B. (가) 祖先王以來 墓上不安石碑 致使守墓人烟戶差錯…
   (나) 盡爲祖先王 墓上立碑 銘其烟戶 不令差錯
C. (나) 又制 守墓人 自今以後 不得更相轉賣 雖有富足之者 亦
C. (나) 得擅買 其有違令 賣者刑之 買人制令守墓之
        (이상의 사료 중 (가)는 정비의 원인, (나)는 정비의 내용을 보여주
        는 것임)

사료 A의 교敎는 호태왕 자신의 수묘인에 관한 내용이며 B의 교는
선왕의 수묘비에 관한 것인데 사실 호태왕비 그 자체가 B의 교를 집행
한 대표적인 예인 것이다. 사료 C는 A, B와는 달리 항구적인 법률로 '제

制'해지고 또 엄격한 벌칙까지 정해진 것으로 보아 A·B보다는 그 중요성이 컸던 것으로 보인다.

위 사료에 의하면 비문에는 C의 수묘인매매를 금지하게 되는 원인이 기록되지 않았다. 그러나 사료 A·B의 (가)에 보이는 현상이 사료 C의 중요한 원인이었을 것은 충분히 짐작되는 것이다. 이상의 사료 A·B·C의 개혁은 서로 독립적인 것이 아니라 적어도 호태왕의 수묘인의 경우에 있어서는 왕의 "만년지후萬年之後 안수묘자安守墓者"를 위한 일련의 유기적인 개혁인 것이다. 그러면 이 시기 호태왕이 수묘제를 일대 정비할 만큼, 또 그들의 매매금지를 법제화할 만큼 수묘인제가 크게 혼란되었던 이유는 어디에 있었을까?

먼저 생각해 볼 수 있는 것은 사료 C에 보이는 '부족지자富足之者'의 출현 때문이겠는데 그러나 부족자의 실체부터가 애매하여 난점이 많다. 혹은 수묘인 중에서 새로 나타나게 될 것으로 보는가하면 혹은 국내성에 거주하는 중앙귀족들로 추측하기도 한다. 특히 전자는 수묘인을 자기경리自己經理의 양인농민과 다름없는 것으로 치고 역역의 대립자代立者를 살려는 사람 정도로 본다(김석형). 그런데 어쨌든 부족지자는 상당한 자기 기반을 구축한 세력임에는 틀림없겠지만 이것이 신·구 어느 쪽, 어느 층이 된 것인지도 검토의 여지가 많다. 또 비문의 "여구민전당리열慮舊民轉當羸劣"의 의미는 전언前言한 바와 같이 기본적으로 남진발전에 따른 북민의 전체적 약화를 예상한데서 나온 듯하거니와 그리하여 광개토왕은 새로운 정복지에 대한 지배체제를 정비하고 이를 통하여 신래한예들을 통제하면서 이들 신래한예로 하여금 왕릉의 수묘역을 부담케 한 것이 아닐가 추측된다.

한편 우리는 수묘인연호를 통해서 또 전술한 바 호태왕대 일생 활동의 남진적 성격을 파악할 수 있다. 비문에 보이는 호태왕의 정복활동은 대개 패려稗麗·백제(왜 연합)·백신토곡帛愼土谷·동부여 순으로 되어 있는데 이 중 수묘인연호의 동원이 대백제전에서 획득한 신래한예에 한정되고 있는 사실은 곧 호태왕의 정복활동의 주 대상이 바로 이 지역에 있었음을 말해 주는 증거가 되는 것이다. 능비의 강하고 자세한 표현이나 분량의 중점적 안배가 더욱 그것을 직감케 한다.

즉 패려는 부락과 영을 파하고 우마를 획득하는 데 그치고 또 숙신토곡이나 동부여는 조공·속민집단의 관계를 재확인하는 데 그친 반면 백제의 경우는 신래한예를 직접적인 지배 기구 내에 편제하여 구민과 더불어 수묘인연호를 동원한 점에서도 곧 이 지역이 인구 밀집지역, 농경안정 지대로서 호태왕대 정복활동의 주 목적지임을 반영하는 것이다.

이와 더불어 위에서 이미 논한 바 있는 호태왕기 지방통치체제의 정비를 주목할 필요가 있다. 이는 당시까지 고구려의 중앙세력이 크게 미치지 못했던 평양·안악 일대를 비롯한 낙랑 옛 땅에 대하여 본격적인 경영이 추진되었는가 하면, 또 호태왕 3년(394)과 18년(409)에 각각 국남國南에 7성, 국동에 독산성 등 6성을 축조하는 등 적극적인 지방지배가 이루어졌던 사실에서 그 내용을 짐작할 수 있다.

한걸음 나아가 추측을 한다면 호태왕 때에 대백제전에서 상대적으로 군사력의 우위를 확보할 수 있었던 것도 상기한 바와 같이 전대와는 다른 군사력의 동원 체제를 확립한 데에서 가능했던 것이 아닐까 생각된다.

그리하여 위의 여러 성의 신축 등은 호태왕기에 광개된 신래영역의 한 새로운 모습인 바 이는 곧 앞에서 언급한 대로 호태왕대에 지방통치체제가 상당히 정비되어 신래한예도 예전 각기의 성을 새 단위로 통치하는 체제가 이루어졌을 것이 예상된다. 사실 이러한 객관적인 행정기준이 설정됨으로써 이들 중에서 수묘인연호를 동원할 수 있었으며, 따라서 입비·명호銘戸라는 수묘인체제의 강화 등 개혁 시책도 실현되기에 이르렀다고 생각된다.79)

이렇게 보아 오면 북방의 구민에 의해 충당되었던 수묘인연호가 빈약화 될 것이 염려되었다고 한 것은 호태왕 자신이 강력히 추진하고 있던 남진정책에 의하여 나라의 중심이 남쪽으로 옮겨질 가능성을 예견하고 한 말이라고 할 수밖에 없는 것이다. 그리고 당시 실정으로 고구려 북방에 거주하던 주민의 생활상은 그만큼 매우 저열했던 것이 아닐까. 그리하여 이러한 북방에서의 생활고를 타개하고 생활의 안정을 얻기 위해서도 호태왕의 정책이 남진책으로 나타나게 된 것은 필연적이었을 것이다. 이 때문에 남진의 결과로서 얻어진 황해도와 경기도 등 이남 지역의 민호에 전적으로 의지하여 신래한예가 수묘인연호에 그토록 많이 충당된 것으로 보아야 하겠다.

물론 여기에는 지금 아직 연호煙戶에 대한 신분적 구성이나 형태 등의 구명이 애매한 터이므로 어떤 전망을 내리기에는 문제가 따르지만 그러나 수묘인이 적어도 전쟁포로 같은 식으로 지연성을 무시하고 끌어 모은 사람들이 아닌 이상 우리가 문제 삼는 범위 내에서 전체적으로 남민과 북민의 비중의 차는 큰 것이라고 할 수 있을 것 같다. 그것은 더욱 호태왕 남진 이후 장수왕 23년(439) 당시에 인구가 전에 비하여 세 배가 되고 3경京이 둘은 한반도 안에 있으며 또 당초 주현州縣 60이 말기에는 176성으로 3배나 늘고 있는 점 등등의 실정을 감안할 때 적어도 훨씬 많은 인구가 남녘에 편재해 있었던 사실은 틀림없는 것으로 짐작되기 때문이다. 그리고 그런 인구면의 남북의 비중은 여러 경우에도 대체로 비슷할 것이 예상되는 것이다. 그리하여 수묘인의 배정에도 그런 상황이 어느 정도 반영되어 호태왕 자신의 교언으로 나타난 것이 아닌가 한다.

요컨대 남녘과 남민의 비중이 호태왕기의 남진으로 훨씬 커진 것만은 내세워도 좋을 듯하다. 그것은 동시에 호태왕기에 내적인 충실이 얼마나 성사되었는가를 보여주는 단적인 예가 되는 것이라 하겠다. 따라서 이후

---

79) 武田幸男, 『高句麗史と東アジア-廣開土王碑研究序說-』, 岩波書店, 1979, 147~152쪽.

고구려는 한반도에서 군림하면서 대륙에도 웅비하는 방향을 취하게 되었던 것이라 할 것이다.

4. 정비의 실효와 의의

이상에서 본 바와 같이 고구려는 호태왕기에 빛나는 외정과 거기에 걸 맞는 내정의 정비를 성취하여 다음 대의 전성全盛을 이끌어 나가기에 이르렀다. 이리하여 종래 외정의 성과를 질적으로 파악하는 노력이 부족한 것이었음을 거듭 느끼게 하거니와 이제 우리가 보다 주목해야 할 것은 호태왕기의 내치가 외정과도 짝하여 고구려사에서 어떠한 의의를 갖느냐 하는 사실이다.

왕비는 시조의 탄생 및 남하입국의 신성한 과정부터 시작하여 호태왕기에 이르러 '국부민은하고 오곡풍숙'하게 되었음을 찬양하면서 산릉에 천장遷葬하고 비를 세워 훈적을 기리게 된 것을 서단序段으로 삼았다. 여기 '서녕기업庶寧其業하고 국부민은하며 오곡풍숙'이란 생활상태는 이전에 "무양전無良田 수력전작雖力佃作 부족이실구복不足以實口腹"이라던 형편과 크게 비교되는 것으로 이는 바로 호태왕이 고구려와 고구려민에게 안겨 준 결정적인 업적이었으며 또한 제2단에 열거한 외정의 가장 중점 핵심을 대백제전에 두고 그 전과인 58~64성의 공취를 일일이 나열하게 된 것이라고 이해된다.

이 때 700~1,400촌은 장황한 이름보다 농경생산지대요 인구밀집지역이라는 그 실이 총체적으로 문제되기 때문에 그 중추 구역이 성城 속에 포괄시킨 것으로 보아도 무리가 없을 듯하다.[80]

---

80) 武田幸男은 700호를 1400촌 속에 포함시키고 있는데(『高句麗史と東アジア-廣開土

이렇게 보면 당시 호태왕비를 세운 고구려인의 본의가 그 중에도 '광개토경'의 성격이 새롭게 부각되는바 그것은 우리가 후대적인 상식과 억측으로 생각하는 외형적 넓이에 머무는 것이 아니었다. 가령 당시의 영역개념을 두고 보더라도 그 질에 따라 직할지역인 토경, 복속 내지 조공을 받는 군사 행정상의 지배지대, 그 과도지역인 이른바 귀왕歸王지역 등으로 구분된다고 할 수 있다. 게다가 그 때 많은 고구려 사람들은 보다 절실한 것이 대백제 설욕과 남진실리의 욕구충족에 있었다고 보여 진다. 이 점이 강조되지 않을 수 없는 것은 『삼국사기』에 나오는 것으로도 후연과의 상쟁에서 승리하여 고조선 이래 600~700년간 상실한 지역(요동)을 완점한 것임에도 불구하고 왜 그러한 광대한 영토의 확보가 거의 무언급이 되고 말았느냐는 점이다. 당시도 만주 땅은 왕 이하 고구려인에게는 조상의 땅이요 원고향인데도 이렇게 소홀히 취급한 것[81]은 아마 그들이 만주의 입지조건을 잘 알고 있는 처지에서 현실적으로 5족 세력을 누르면서 집권적인 전제왕권을 추진해 나가는 형편에 있어서는 남녘보다 비중을 적게 둔 당시 나름의 실정을 반영한 것으로 본다.

여기에서 호태왕의 훈적평가는 단순히 외정 성과에만 머무는 것이 아니라 당시 고구려가 안고 있었던 내적 문제를 해결하는 과정으로 파악하여야 하며 그러자면 호태왕기 외정 자체가 내정정비와 짝해서 추진된 고구려의 내적 발전면에 새롭게 주목할 필요성이 있는 것이다.

요컨대 호태왕기의 광개한 토경이 동은 동해에 이르고, 서는 요하선에 접하며 남은 경기도, 북은 중만주에 걸치는 대영역인 것은 주지하는 바다. 그럼에도 불구하고 왕비는 이러한 사위식四圍式 강역의 과시가 아니라 "범소공파성육십사 촌천사백凡所攻破城六十四村千四百"이라는 것

王碑硏究序說-』, 岩波書店, 1979, 105~114쪽), 이는 영과 촌을 동일시하는 것으로, 재고의 여지가 있다고 본다.

81) 李丙燾도 이 점에 관하여 언급한 바가 있다(『韓國古代史硏究』, 朴英社, 1976, 385쪽).

으로 내세우고 있는 것에 착목할 필요가 있는 것이라 하겠다.

따라서 그것이 당시의 실상인 것이며 당시와 후대의 영역 개념에는 상당한 거리가 있음을 알 수 있는 것이다. 그리하여 제3단의 수묘인연호제를 통한 지견知見까지 통합해 보면 호태왕은 다만 군사적으로 대승리를 거둔 것뿐만이 아니라 정치적으로 전제왕권의 강화와 국제적 실력확인, 그리고 경제적으로 농경생산지대를 확보함으로써 민의 큰 호응 속에 다음 대에 걸쳐 고구려를 농경문화민족으로 정착시키게 한 것이다. 이는 우리의 민족사적 동질성을 제고시킨 점에서 매우 의미가 있는 것이며, 또 북방에서 남으로의 대거 이동이 이후 거의 없게 되어 호태왕기 남진의 성공과 정비의 성취는 민족사적 의의가 큰 것이라 하겠다.

이런 면에서 다음 장수왕대의 평양천도와 백제제압으로 이어지는 실제적이고도 실리적인 남진발전은 부왕 호태왕과 그대로 맥을 같이 하는 것이며 이리하여 마침내 전성의 5세기 고구려의 발전을 가져 온 것은 더없이 인상적인 결과이며 빛나는 한 세기였다고 할 것이다.

5. 맺음말

고구려 광개토호태왕은 그 토경광개와 왕비로 하여 동아시아에 너무나 많이 알려져 있지만 그 호태왕의 연구는 실상 고대 한일관계 기타 외적 팽창면만이 번다할 뿐 그 질적 파악은 매우 희소한 것이 지금의 실정이다. 또 당사자인 한인이 주체가 되지 못하고 일·중인이 열을 올리고 있어 정상적인 공동조사 연구가 시급하다. 본고는 이러한 방향감각 아래 고구려사의 자체 발전을 검토하는 면에서 호태왕기의 내정정비 문제를 살핀 결과 대략 다음과 같은 결론과 전망을 얻을 수 있었다.

호태왕기의 결론적인 성과는 '서녕기업하고 국부민은하며 오곡풍숙'
한 터전으로서의 남쪽 토경을 광개한데 있었다. 이것은 고구려인의 현실
적인 대백제 설욕과 국제적 위신회복, 그리고 남쪽 곡창지대를 확보하는
실리추구 때문에 대백제 등 남정에서 공취한 지명을 제2·3단(비1~4면)
에 걸쳐 거의 절대적 비중으로 특필하였다. 이는 그동안의 상식화된 북
진발전론과는 달리 이 무렵 고구려가 연·백제 등에 자극되어 집권적 전
제왕권의 강화에 힘쓰면서 알찬 내정정비에 전념하였던 증거가 되는 것
이다.

이제 그 내적성과를 몇 조목으로 살피면,

1. 일반적 상황과 불교 진전에 있어서 호태왕기는 선대 소수림왕기
   이래의 문화적 국책전환을 실질적으로 발전시켜 화려한 외정에 짝
   하는 전반적 제도, 문물의 성취를 보였다. 그리하여 불교의 경우도
   즉위 초부터 숭신하교에 입사수묘와 창사 등 관념체계를 정비하였
   으며 담시 등 고승이 장기적으로 포교하여 고구려 불법의 차원을
   높였다.

2. 중앙과 지방의 통치체제 정비로 장사長史·사마司馬·참군參軍 등
   관직을 신설하고 형·사자계의 관등체계 및 다양한 지방통치방식의
   일원화를 일단락 시켰다. 또 왕권 중심의 군사체계와 병법체계를
   정연하게 갖추었으며 수군활용과 거기에 따른 조선·항해술도 주목
   할 만하였다.

3. 역법과 연호제는 능비 간지로 보아 진 태시력의 도입을 알 수 있
   고, 영락 연호는 그 이전의 독자적 연호 활용의 가능성을 배제할
   수 없으나 현재 우리나라와 중국 주변국의 최고의 예이다. 당시 연
   호제의 특징은 즉위년부터 건원하고 개원없이 일대를 마쳐 일세일
   원인 셈이었다. 또 생시에 영락 태왕으로 호칭되어 왕권의 비약적

성장을 직감케 하며 그 후 왕들의 칭호는 이에 준하였을 것이 예상된다.

4. 시호제는 먼저 3년 정상의 후례厚禮가 이미 있었던 것을 알 수 있으며 호태왕의 독자적이고도 특별한 시호로 보아 예전의 장지명식에서 일대 변화가 생긴 것이 주목되었다. 특히 시호상의 태왕의 업적 과시와 미칭 찬양은 그만큼 강화된 왕권의 성취를 명증하는 것이었다.

5. 입비제와 수묘인연호제는 첫째, 호태왕비가 고구려에서 발달하지 못한 기공묘비의 최초의 예이며 입석의 전통을 이은 특립적 갈에 속하는 것임을 알 수 있었다. 또 비의 모양과 크기, 글과 글씨 등등 여러 면에서 당시 고구려 문화의 독보적인 금자탑임에 틀림없다. 둘째, 수묘인제는 전통적 제도를 크게 바꾼 특별하고 중대한 개혁을 뜻하였다. 우선 생시에 교령으로 수묘제를 정함에 있어 구민 대신 신래한예의 교체와 선왕들의 묘비 건립 및 수묘인연호의 매매 금지가 명기되었다.

여기서 이 제도의 복잡다기한 내면적 여러 문제는 그만두고라도 구민의 약화우려와 신민에 대한 전폭적 의지, 부족자의 출현경계와 강력한 벌칙법제는 당시 고구려 사회의 중심 남녁 이전 등 일대변혁을 반영한 것이며 이로써 호태왕기 남진이 그 후의 반도 중심적, 문화 치중적 발전을 촉구하여 결국 민족사적 동질성을 제고시킨 점에 큰 의의가 있었다. 이리하여 호태왕기는 일대에 공파한 성이 64, 촌이 1,400에 달했다. 이 성촌을 중심으로 새 고구려는 전성의 5세기를 이루게 되었던 것이다. 특히 양적 팽창만이 아니라 내정의 알찬 정비 속에 실리를 성취시킨 빛나는 성과였음이 주목된다.

부: 광개토호태왕廣開土好太王 왕호에 대하여

가. 머리말

『삼국사기』 고구려본기에 19대왕의 휘는 담덕談德, 시호는 광개토왕 혹은 개토왕이라 하고 『삼국유사』 왕력에서는 광개(토土)왕이라 기록하고 있다. 「광개토호태왕비문」에 보이는 정식 시호는 「국강상광개토경평안호태왕國岡上廣開土境平安好太王」이며, 동 비문에는 종종 「국강상광개토경호태왕國岡上廣開土境好太王」 「영락태왕永樂太王」 「태왕太王」 「왕王」 등으로 표기한 대목도 발견된다. 또 5세기 당시 금석문과 묘지에는 「국강상광개토지호태왕國岡上廣開土地好太王」, 「국강상광개(?)토지호태성왕國岡上廣開(?)土地好太聖王」으로 왕의 시호를 전하고 있다.

한편, 9세기 일본 고기록(『新撰姓氏錄』)에는 '호태왕好太王'으로 줄여서 나타나고, 이 약칭은 오늘날 중국에서 널리 통용되고 있다. 집안 현지 비각 현판을 비롯해서 중국인 저술에도 흔히 보이며, 일본에서도 저명 연구서나 역사사전의 항목 명으로 채택되기까지 하고 있다.

이리하여 고구려 19대왕의 왕호는 정식명 외에 『삼국사기』의 왕호, 중국과 일본의 약칭 등이 별다른 원칙 없이 통용되고 있다. 그러므로 여기서 왕호에 대한 일단의 정리와 검토를 거쳐 재정립할 필요를 느끼게 된다. 우리가 다 아는 바와 같이 '광개토왕'이라는 칭호는 『삼국사기』 때문에 관행적인 호칭으로 굳어졌다. 그런데 이 왕호는 절대 필수적인 상기 태왕릉비나 금석문, 묘지, 고기록 등을 보지 못하여 당시 고구려인의 본의와 거리가 있는 듯하며 후대에 곡해의 소지가 많았던 데에 문제가 있었다. 즉 삼국사기식은 정식 왕호에서 '광개토경'의 부분만 떼어져 전해진 것으로, 이는 마치 일반적 전설이 무용武勇적 특종의 면만 부각되는 것과 같은 유형이라고 보겠다. 작금에 우리가 이 왕호를 선호하는 경향도 실은 마찬가지일 것이다. 여기서 호태왕대 기년의 경우 진작부터 비문에 따라 영락 기년법으로 바꾸어 쓰고 있는 선례를 주목할 필요가 있다.

또 왕이 광개한 토경을 열거하는 데 있어 비문은 엄연히 개연적으로 넓은 북쪽보다 알찬 남녘에 더 무게를 둔 점을 그냥 보아 넘길 수 없는 것이다. 그렇다면 왕호 중 '평안호태왕'이란 부분이 갖는 의미의 중요성과 더불어 왕호의 재정립은 불가결한 것이다. 이에 중·일에서 쓰이고 있는 현행 약칭까지 감안하여 '광개토'에 '호태왕'을 더하여 통칭은 광개토호태왕이라 하고, 흔히는 '호태왕'이란 약칭을 쓰는 것이 한결 마땅할 줄 믿는다.

한편 비문에서는 추모왕을 천제天帝의 자子로 모시고 그 뒤 고구려왕을 '태왕太王'으로 표기하고 있는 반면에, 백제왕을 '잔주殘主'로, 신라왕을 신라매금寐錦으로 기록하고 있다. 이러한 표현들은 고구려인의 천하세계관을 반영한 것으로 생각된다.

따라서 본고는 고구려 19대 왕호에서 '국강상광개토경평안호태왕'이라는 정식 시호이하 여러 가지에 대하여 그 역사적 의미를 살펴보고 당시 고구려의 대외관계 인식과 독자적 세계관, 그리고 정복사업의 성격 등을 더듬어 '광개토호태왕'이라는 왕호 정립의 타당성을 상고해 보려고 한다.

나. 「국강상」과 장지명

'국강상광개토경평안호태왕國岡上廣開土境平安好太王'이라는 시호에 대해 일 관官학자는 일찍이 '국강상'은 장지 시호이며, '광개토경'은 공업功業을 찬양한 미호로서 훈적을 집약적으로 표현한 것이라 하였다.[82] 또 '평안호태왕平安好太王'에서 「호好」자가 미칭이라는 것은 21대 명치호왕明治好王, 24대 양강상호왕陽崗上好王, 25대 평강평강상호왕 등의 시호에서 알 수 있는데, 최근 일인 학자는 광개토왕이 생전에 '안安'이라 불렸을 것으로 추정되는 중국 역사서의 기록에 근거하여 '평안平安'은 생시 사용한 왕명인 듯하다고 하였다.[83]

그런데 다음 <표 4>을 통해서 알 수 있는 것처럼 고구려 왕호는 장지명과 밀접한 관련이 있다. 4대 민중왕, 5대 모본왕, 9대 고국천왕, 10대 산상왕 그리고 12대 중천왕에서 18대 고국양왕 까지는 왕의 시호와 장지명이 완전히 일치한다. 시조 동명왕에서 18대 고국양왕에 이르는 18인의 왕 가운데 11인의 왕호가 장지명과 일치하고 있는 것이다.[84]

3대 대무신왕은 『삼국사기』에 대해주류왕大解朱留王이라고도 하는데 대수촌원大獸村原에 장사하고 시호를 대무신왕이라고 하였다 한다. 이러한 기록만을 통해서 보면 대무신왕의 왕호는 장지명과 관련이 없는 듯하나, 17대 소수림왕은 소해주류왕小解朱留王이라고 하는데 소수림小獸林에 장사하고 소수림왕이라 하였다는 사실에서 보면 대무신왕의 일명인 대해주류왕이 장지 대수촌원과 관련된 시호였다고 할 것이다.[85]

『삼국사기』 고구려본기에 따르면 민중왕은 동왕 4년 4월 민중원에 전렵하였다. 그리고 7월에 또 민중원에 전렵을 갔다가 한 석굴이 있음을 보고 좌우 신하에게 부탁하되, 내가 죽거든 반드시 여기다 장사해주고 달리 능묘는 만들지 말라고 하였다. 5년에 왕이 죽자 왕후와 군신이 유

---

82) 那珂通世.「高句麗古碑考」『史學雜誌』 4-47~49, 1893.
83) 武田幸男,『高句麗史と東アジア-廣開土王碑研究序說-』, 岩波書店, 1989.
84) 鄭早苗,「高句麗王系小考」『旗田巍先生古稀記念 朝鮮歷史論集』上, 龍溪書舍, 96쪽.
85) 鄭早苗,「高句麗王系小考」『旗田巍先生古稀記念 朝鮮歷史論集』上, 龍溪書舍, 99쪽.

명을 어기기 어려워 석굴에 장사하고 묘호를 민중왕이라 하였다고
한다.[86]

<표 4> 고구려왕호와 장지명

	시	일명	장지명
1	東明聖王		龍山
2	琉璃明王		豆谷東原
3	大武神王	大解朱留王	大獸村原
4	閔中王		閔中原
5	慕本王		慕本原
6	太祖大王	國祖王(大祖王)	
7	次大王		
8	新大王		故國谷
9	故國川王	國襄	故國川原
10	山上王		山上陵
11	東川王	東襄	柴原
12	中川王	中壤	中川之原
13	西川王	西壤	西川之原
14	烽上王	雉葛	烽山之原
15	美川王	好壤	美川之原
16	故國原王	國岡上王,(國原王)	故國之原
17	小獸林王	小解朱留王	小獸林
18	故國壤王	(國壤王)	故國壤
19	廣開土王	<好壤太王?>	
20	長壽王		
21	文咨明王	明治好王,(明理好王)	
22	安藏王		
23	安原王		
24	陽原王	陽崗上好王,(陽崗)	
25	平原王	平崗上好王,(平崗)	
26	嬰陽王	平陽	
27	榮留王		
28	寶藏王		

---

86) 鄭早苗, 「高句麗王系小考」 『旗田巍先生古稀記念 朝鮮歷史論集』 上, 龍溪書舍, 98~99쪽.

6대 태조대왕과 7대 차대왕은 장지명이 전하지 않고 8대 신대왕은 왕릉지를 고국곡이라 전하나 왕호와 일치하지 않는다. 『삼국유사』 왕력王曆에 국조왕國祖王과 차대왕이 신왕新王에게 함께 살해되었다는 기록이 전하는 것을 보면 이들은 생시에 태조왕, 차대왕으로 불렸을 가능성이 높다. 다만 『삼국유사』 왕력에 신대왕을 신왕이라 기록하고 있는 것을 보면, 태조대왕, 차대왕, 신대왕의 왕명에 「대大」자가 들어가 대왕이라고 불린 것은 후대의 일이 아닐까 한다.

9대 고국천왕은 『삼국사기』에 고국천원故國川原에 장사하고 고국천왕이라고 호하였다고 하며, 국양國襄이라고 하기도 한다고 하고, 『삼국유사』 왕력에서는 국천 혹은 국양이라고 하며 이를 장지명이라 전한다. 이는 고구려에서 '천川' '양襄' '양壤'이 같은 발음과 같은 의미로 쓰였다는 뜻으로 해석할 수 있어서 '내' '노' 등과도 음이 통한다고 할 것으로 국내성의 '내內'와도 같은 의미로 보여 진다. 그렇다면 고국천왕의 장지는 국내성에 있었던 것이 된다.

18대 고국양왕 역시 고국양에 장사하고 고국양왕이라 하였다고 한다. 양壤이 천川으로 표기되기도 하며, 내內로 발음된다면 고국양왕 역시 고국천왕이라고 불렸을 수도 있다. 그런데 『삼국유사』 왕력에서는 고국양왕이라 기록하지 않고 국양왕이라고만 표기하였다. 이러한 사실을 통해서 보면, 같은 지역을 장지명으로 한 경우에 동명의 선대 왕호에는 '고故'자를 붙이고 후대왕에게는 '고故'자 없이 불렸던 것을 알 수 있다.

10대 산상왕은 산상릉에 장사하고 산상왕이라고 호하였으며, 11대 동천왕은 시원柴原에 장사하고 묘호를 동천東川이라 했다고 하나, 그를 동양東襄이라고도 한다는 사실을 참고하면 시원이 동천에 있었던 모양이다.[87] 12대 중천왕은 중천원에 장사하고 묘호를 중천왕이라 하였으며, 13대 서천왕은 서천원에 장사하고 서천왕이라 불렀다고 하니, 이들은 모

87) 鄭早苗, 「高句麗王系小考」 『旗田巍先生古稀記念 朝鮮歷史論集』 上, 龍溪書舍, 99쪽.

두 전형적으로 왕호와 장지명이 일치하는 사례에 해당한다.

14대 봉상왕은 봉상원에 장사하고 호를 봉상왕이라 하였으며, 15대 미천왕은 호양왕好壤王이라고도 하는데 미천원에 장사하고 호를 미천왕이라 하였다. 16대 고국원왕은 국강상왕國岡上王이라고도 하는데 『삼국사기』에 평양성 전투에서 백제군의 화살에 맞아 전사하니 고국원에 장사하였다고 한다. 그러나 『삼국유사』에서는 국원왕國原王으로 왕호가 전하고 강상왕이라고도 한다고 하였다. 광개토호태왕의 정식시호가 '국강상광개토경평안호태왕'이었던 점을 감안하면 고국원왕이 국강상왕國岡上王이라 불린 사실도 자연스럽다고 할 것이다. 하지만 일부의 주장처럼 안악3호분이 고국원왕릉이라면[88] 호태왕비문에서 말하는 국강상과 고국원왕의 장지로 전하는 국원國原(강상岡上)은 다른 곳을 가리키게 된다. 자연히 고구려 16대왕은 고국원왕이 아니라 『삼국유사』 왕력에서 전하는 것처럼 국원왕이라고 해야 할 것이다. 24대 양원왕의 일명이 양강상호왕陽岡上好王이고, 25대 평원왕平原王의 일명이 평강상호왕이니 결국 광개토호태왕의 정식시호 가운데 국강상은 고구려시대의 대다수 왕명과 마찬가지로 장지명을 따서 지어진 시호 부분이었다고 하겠다.[89] 다만, 『삼국사기』나 『삼국유사』에 국강상왕 혹은 국원왕으로 왕호가 전하지 않고 '광개토왕廣開土王'으로 전하고 있음은 아마도 장수왕대에 와서 통상적인 왕의 시호를 장지명 보다는 왕의 업적이나 성격을 따서 짓게 되고 그중에서도 특출하게 인상적인 면이 부각되었기 때문일 것이다.

---

88) 박진욱, 「안악3호무덤은 고국원왕의 무덤」 『조선고대 및 중세초기사연구』, 1992, 142~153쪽.

89) 鄭早苗, 「高句麗王系小考」 『旗田巍先生古稀記念 朝鮮歷史論集』 上, 龍溪書舍, 100쪽 ; 武田幸男, 『高句麗史と東アジア-廣開土王碑研究序說-』, 岩波書店, 1989, 249쪽.

다. 「광개토廣開土」와 왕의 업적

광개토호태왕비문에는 누언한 바와 같이 '국강상광개토경평안호태왕' 혹은 '국강상광개토경호태왕'이라 하여 왕의 업적을 「광개토경」으로 표현하고 있고, 「호우총호우명」(415)에서는 '국강상광개토지호태왕', 「모두루 묘지명」(장수왕대, 5세기전반 경)에는 '국강상광개토지호태성왕'이라 하여 왕의 업적을 '광개토지'로 표현하여 약간의 차이가 있기는 하지만 광개토호태왕이 생전에 영토를 크게 확장한 공로를 세웠다는 의미에서는 상호 일치한다.

이제 비문을 중심으로 그의 정복사업을 대강 살펴보기로 한다. 맨 처음은 영락 5년(395)에 비려를 공파한 사실이 나온다. 왕은 친히 병력을 이끌고 염수 등지 부락 6, 7백 영營을 부순 다음 땅이 아닌 우마 군양을 무수히 붙잡아 북풍 등 여러 곳를 거쳐 돌아왔다. 여기 북풍을 심양 서북으로 볼 경우, 비려는 심양에서도 훨씬 서북지역이 되어야 하므로 오늘날 시라무렌강江 유역의 유목민인 거란으로 봄이 옳을 듯하다.[90]

이어 영락 6년(396)에는 수군을 이끌고 해로로 백제를 친히 쳐나가 임진강방면으로 진출해서, 관미성(강화 교동)·아단성阿旦城(서울 성동) 등 58개성과 700촌을 공취한 뒤, 한강을 건너 백제 수도 한성에 육박하여 아신왕의 항복을 받고 왕제와 대신 10명을 인질로 삼아 개선하였다. 『삼국사기』에는 이 당시 대백제 공벌이 몇 차례에 걸쳐 이루어진 것으로 기록하고 있다. 여하튼 영락 6년의 전투로 고구려의 영향력이 크게 확대되어 경기도를 중심으로 황해도 충청도 일부 지역의 도합 58성이 공취된 것으로 보인다.[91]

영락 8년(398)에는 백신帛愼을 정벌하였는데, 이때 영토가 목단강 동

---

90) 千寬宇, 「廣開土王의 征服活動」 『韓國史 市民講座』 3, 一潮閣, 1988, 49쪽.

91) 朴性鳳, 「廣開土好太王期 高句麗 南進의 性格」 『韓國史研究』 27, 1979.

쪽부터 연해주에 이르렀다는 설이 있다. 그러나 『삼국사기』에는 이에 관한 기록이 전혀 없고, 행방도 남쪽 북쪽의 양론이 있어 불분명하다.[92]

영락 10년(400)에는 신라의 구원 요청에 따라 보기步騎 5만으로 신라 국경 내에 침입한 왜를 격파·섬멸하였다. 이 당시 신라에 출동한 고구려 군이 계속해서 주둔하였을 것이라고 생각하기는 어렵다. 비문에는 기록 이 없지만 『삼국사기』를 통해서 보면 영락 10년에 후연이 군사 3만으로 고구려의 신성·남소성을 함락하고 700여리의 영토를 빼앗아 갔기 때문 이다. 아마도 신라에 출동한 고구려 병력은 곧 철수하여 영락 12년 경 후연의 숙군성을 정복하는데 동원되었던 것으로 보인다. 다만 『중원고 구려비』의 내용으로 볼 때, 영락 9년 신라·가야지방에 출동한 고구려군 은 철수한 후에도 신라에 대한 영향력을 계속 행사할 수 있었던 것 같다.

한편 비문에 따르면, 영락 14년(404)에는 대방지역에 침입한 왜를 격 퇴하였다. 이 무렵을 두고 『삼국사기』는 영락 14년에 고구려가 후연을 침략하고 같은 해 양쪽에서 전투가 일어났으며, 영락 15년에는 후연이 고구려의 요동성을 침략해왔으나 물리치고, 16년에도 침입했으나 역시 격퇴한 기록을 전하고 있다. 이로써 보면 고구려는 요동을 차지하고 후 연과의 전쟁을 종결시켰으며, 나·당에게 망할 때까지 요동은 고구려 영 토가 되었는 바, 『송서』·『양서』 등에도 그런 언급이 있다.[93]

영락 17년(407)에도 보기 5만으로 대규모 원정을 단행하였는데, 보이 지 않는 글자가 있어서 정확한 원정 대상을 파악하기 어렵다. 정복한 성 가운데 사구성·누성이 있는 점으로 보아, 백제원정을 단행한 듯하다. 그 러나 문장 가운데 돌아와 사구성·누성 등을 격파하였다고 하는 구절이 있어 영락 17년 조의 전반부 기록은 후연과의 전쟁에 관한 것이라 하기

---

92) 王健群은 이때 획득한 帛愼土谷, 莫斯羅城, 加太羅谷 등이 모두 한강부근에 있었 다고 추정하였다.

93) 『宋書』 高句麗에 "東夷 高句驪國 今治漢之遼東郡", 『梁書』 高句麗에 "安始置長 史·司馬·參軍官 後略有遼東郡"이라고 하였다.

도 하고,94) 후반부 기록은 백제원정을 단행한 기록으로 볼 수도 있다는 등 여러 견해가 있어 논의의 여지가 많다.

끝으로 영락 20년(410)에는 두만강 하류 훈춘일대에 있는 동부여를 공략하였다. 비문에는 광개토호태왕대에 공파한 성이 64, 촌이 1,400개였다고 기록하고 있는데, 고구려는 이로써 요동을 완전히 차지하고 숙신 땅도 복속시켜 만주대륙의 주인공임이 확인되었음은 물론, 백제의 한강유역까지 제압하였던 것으로 풀이된다.

이러한 호태왕의 외정 업적은 그의 시호에 '광개토경' 혹은 '광개토지'라는 표현이 들어가기에 일단 충분하다고 할 것이다. 그런데 태왕의 결론적인 업적은 비문 서단序段의 '서녕기업 국부민은 오곡풍숙庶寧其業 國富民殷 五穀豊熟'했다는 찬사로 집약되는바, 이는 그의 정식 왕호를 가늠하는 데도 많은 시사를 준다. 사실 비문의 앞뒤를 잘 살펴보면 광개토호태왕은 외정만이 아니라 내치內治에도 힘을 기우려 큰 성과를 올렸으며, 외정이라는 것도 북쪽 넓은 대륙 석권보다 남쪽 실속 있는 토경土境의 광개廣開에 훨씬 주목하고 있는 점에 놀라움과 감탄을 거듭하게 되는 것이다. 이것은 당시 고구려인의 현실적인 대對 백제 설욕과 국제적 위신 회복, 그리고 남쪽 곡창지대를 확보하는 실리추구 때문에 대 백제 등 남정에서 공취한 지명을 제2단과 3단(비 1~4면)에 걸쳐 거의 절대적 비중으로 특필하였던 것 같다. 이에 이 무렵 고구려가 연·백제 등에 자극되어 집권적 전제 왕권의 강화에 힘쓰면서 알찬 내정정비에 전념한 태왕기 내정성과를 몇 조목 들어보자.

첫째, 일반적 상황과 불교 진전에 있어서 호태왕기는 선대 소수림왕기 이래의 문화적 국책 전환을 실질적으로 발전시켜 화려한 외정에 짝하는 전반적 제도·문물의 성취를 보였다. 그리하여 불교의 경우도 즉위 초

---

94) 千寬宇는 영락 17년의 전투를 후연과의 전쟁으로 보고 있다(1988, 「廣開土王의 征服活動」『韓國史 市民講座』 3, 一潮閣, 1988, 54~55쪽).

부터 숭신하교崇信下教에 입사수묘立社修廟와 창사創寺 등 관념체계를
정비하였으며 담시曇始등 고승이 장기적으로 포교하여 고구려 불법의
차원을 높였다.

둘째, 중앙과 지방의 통치체제 정비로 장사長史 사마司馬 참군參軍
등 관직을 신설하고 형兄·사자계使者系의 관등체계 및 다양한 지방통치
방식의 일원화를 일단락 지었다. 또 왕권중심의 군사·병법체계를 정연
하게 갖추었으며 수군활용과 거기에 따른 조선·항해술도 주목할 만하
였다.

셋째, 역법曆法과 연호제年號制는 능비 간지로 보아 진晉 태시력泰始
曆의 도입을 알 수 있고, 영락 연호는 그 이전의 독자적 연호 활용의 가
능성을 배제할 수 없으나 현재 우리나라와 중국 주변국의 최고最古의
예이다. 당시 연호제의 특징은 즉위년부터 건원하고 개원改元없이 일대
를 마쳐 일세일원一世一元인 셈이었다. 또 생시에 영락 대왕으로 호칭되
어 왕권의 비약적 성장을 직감케 하며 그 후 왕들의 칭호는 이에 준하였
을 것이 예상된다.

넷째, 시호제諡號制는 먼저 3년 정상停喪의 후례가 이미 있었던 것을
알 수 있으며 호태왕의 독자적이고 특별한 시호로 보아 예전의 장지명식
에서 일대 변화가 생긴 것이 주목된다. 특히 시호상의 태왕의 업적 과시
와 미칭찬양은 그만큼 강화된 왕권의 성취를 명증한다.

다섯째, 입비제立碑制와 수묘인연호제守墓人烟戶制는 먼저 호태왕비
가 고구려에서 발달하지 못한 기공 묘비의 최초의 예이며 입석의 전통을
이은 특립적特立的 갈碣에 속하는 것임을 알 수 있다. 또 비의 모양과
크기, 글과 글씨 등등 여러 면에서 당시 고구려 문화의 독보적인 금자탑
임에 틀림없다.

다음 수묘인제守墓人制는 전통적 제도를 크게 바꾼 특별하고 중대한
개혁을 뜻하였다. 우선 생시에 교령으로 수묘제를 정함에 있어 구민舊民

대신 신래한예新來韓穢의 교체와 선왕들의 묘비 건립 및 수묘인연호의 매매 금지가 명기되었다.

여기서 태왕 일대 업적의 민족사적 의의를 일별하면 우선 수묘 제도에서 구민의 약화 우려와 신민에 대한 전폭적 의지, 부족자富足者의 출현 경계와 강력한 벌칙 법제는 당시 고구려 사회의 중심이 크게 남으로 옮겨진 일대 변혁을 반영한 것이며 이로써 호태왕기 남진이 그 후의 반도 중심적 문화 치중적 발전을 촉구하여 결국 민족사적 동질성을 제고시킨 점에 주목이 가는 것이다.

또 호태왕기 일대에 공취한 성촌이 중심이 되어 새 고구려는 전성의 5세기를 이루게 되는데 이로써 보면 고구려는 다만 량적 팽창만이 아니라 내정의 알찬 정비속에 실리를 성취시킨 성과를 재삼 주목할 일이었다.

한편『삼국사기』는 실제 비문을 보지 못한 탓도 거들어 고구려 당시의 실정을 비교적 저조하게 다루고 왕호도 광개토왕으로만 기록하고 있는 듯하거니와, 근대에 이르러 특히 고조된 구토 북진의식으로 말미암아 전혀 다른 방향으로 이해되는 폐단이 적지 않으므로 이 점에서도 능비를 조사하거나 내용을 깊이 살펴본 사람들의 공통된 견해를 잠시 상기시킬 필요가 있겠다. 즉, 일찍이 최남선은『삼국유사』부록 해설에서 호태왕이 "특히 반도 안에 있는 강토를 크게 확장하였다"[95]고 지적한 바 있으며, 김광진은 "이러한 정복전은…, 먼저 주로 중부 및 남부조선을 향해 진행되고 성공을 거두었다."[96]고 한 것을 볼 수 있다. 또 60년대에 현지를 본격적으로 답사 연구한 몇몇 학자들도 "특히 광개토왕은 백제를 주로 공격하였고…, 사실 비문은 그렇게 되어 있는 것이다."[97]라고 적시하

---

95) 崔南善,『新訂 三國遺事』附錄3.

96) 金洸鎭,「高句麗社會の生産樣式-國家の形成過程を中心として-」『普專學會論集』3, 1937.

97) 朴時亨 著, 全浩天 譯,『廣開土王陵碑』, そしえて, 1985.

기도 하고 혹은 "고구려의 남하정책은 광개토왕 통치기간 '광개토' 즉 영토 확장 정책의 주된 내용이었다."[98] 라고 하여 비문의 내용을 바로 파악한 것을 확인할 수 있다.

요컨대 특히 村은 군사요지인 성이나 이동적인 북쪽 영과는 달리 당시로서는 농경 안정지대에 인구밀집지역임을 감안해야 할 것이다. 따라서 수묘인연호의 동원에 있어서도 북녘 구민은 쇠약해질 것을 염려하여 남녘 신민新民 220호의 반수인 110호만 배정한 것으로 보아도 북녘의 어떤 실정을 짐작할 수 있는 것이다. 즉, 남녘의 신 개척에 따라 장차 나라의 중심이 남으로 기울고 북민北民의 필연적 이동이 예상된 데서 이와 같은 조치를 취한 것이 아닌가 보여 지는 것이다. 평면적 넓이는 단연 북쪽이 광대하여 종래 대륙지향적인 면을 크게 내세우는 경향이 많았지만, 실질적인 농업지역과 인구 분포상황으로는 남녘에 훨씬 큰 비중이 있었던 것은 인정해도 좋을 것이다. 그만큼 남진의 전개는 '민개토착民皆土着'을 가능하게 하는 소중한 농토의 확대 확보를 뜻하며 사실로서의 발전이었던 것이다. 거기에 호태왕의 경우는 더욱 실지와 선왕대의 치욕을 씻은 피맺힌 승전이었으며, 신라나 가야·왜도 제압하여 국제질서를 잡아나가게 되었으니 토경土境 광개廣開와 더불어 평안호태왕平安好太王으로 추앙될 당위성과 필요성이 있었던 것이다.

라.「호태왕好太王」호號가 갖는 의미

그렇다면 호태왕의 시호 가운데 '광개토'에 이어 '평안호태왕'부분을 알아볼 계제가 되었다. 우선 '평안'은 치세의 표현 또는 생전에 사용한 왕명일 것이라고도 한다.[99] 이들 설을 받아들일 때 그렇다면 '호태왕'의

---

98) 金錫亨 著, 朝鮮史研究會 譯,『古代朝日關係史-大和政權と日本-』, 勁草書房, 1969.
99) 鄭早苗,「高句麗王系小考」『旗田巍先生古稀記念 朝鮮歷史論集』上, 龍溪書舍,

의미가 무엇인지 궁금해진다. 그런데 비문에는 또 '영락태왕'이라는 칭
호가 있는바, 여기 영락 이 생전에 사용한 연호가 아닐 것으로 생각하는
견해도 없지 않았으나,[100] '덕흥리벽화고분묵서명'에 '영락 십팔년태세
무신십이월신유삭입오일을유永樂十八年太歲戊申十二月辛酉朔卄五日乙
酉'라는 기록이 보여 영락은 생전 실제 사용된 연호로 판명되었다. 즉,
영락태왕 호는 광개토호태왕이 생전에 독자적으로 건원하여 실용한 연
호에 기초한 태왕호였던 것이다. 연호의 일반적 성격에 따라 '영락' 연
호도 고구려 군주의 권위·권력을 체현하고 영락 태왕의 신성한 주권을
선양한 것인바, 구체적으로는 「비문」에 열거된 훈적과 연결된다고 하겠
다.[101]

영락 태왕의 칭호는, 군사적 군주로서 적을 공파하고 무사적 맹위를
떨친 면보다는 고구려 세계의 새 평화와 은자가 넘치는 면모를 느끼게
한다. 유교적 정치사상의 수용과 그 전개를 전제로 하여 '은恩'을 매개
로 한 도의적 우월성이 군주가 되는 필수적 요건으로 생각된 결과의 산
물이라 하겠다. 고구려 군주가 발휘한 군사적 성격과 도의적 성격은 대
조적이지만 상호대립적인 것이 아니라 군주의 인격이 내부적으로 승화
되어 영락 태왕으로서 일체화된 것임에 틀림없었다.[102]

'태왕'의 용례는 태왕릉에서 발견된 「전명문塼銘文」에 '원태왕지묘
안여산고여악願太王之墓 安如山固如岳'이라 양각된 것을 들 수 있다. 장
군총이 광개토호태왕묘라는 설에 따른다면 태왕릉은 그 앞대의 왕묘일

102쪽 ; 武田幸男,『高句麗史と東アジア-廣開土王碑研究序說-』, 岩波書店, 1989,
251쪽.

100) 王健群,『好太王碑の研究』, 雄渾社, 1984.

101) 武田幸男,『高句麗史と東アジア-廣開土王碑研究序說-』, 岩波書店, 1979. 252~
253쪽.

102) 武田幸男,『高句麗史と東アジア-廣開土王碑研究序說-』, 岩波書店, 1979, 254~
255쪽.

가능성이 있고 이 경우 '태왕'호 출현의 하한은 고국양왕까지 소급될 수
있다. 모두루 묘지명으로 추적하건데 태왕의 칭호는 미천왕·고국원왕
때 등장하였을 가능성도 있다. 집안일대를 차지한 소국 고구려가 낙랑
대방지역을 차지하여 대국으로 성장할 즈음에 태왕 호를 사용할 수도 있
다는 생각에서이다.103)

태왕의 칭호는 「중원고구려비」에서도 드러난다. 동 비문에 기재된 '고
려태왕高麗太王' '태왕국토太王國土' 등의 표기가 그것이다. 호태왕비문
에서 신라왕을 신라매금新羅寐錦으로 표현한데 이어 이 비문에서도 신
라매금이라는 표현이 보이고 신라의 영토를 '신라토내新羅土內', '매금
토내寐錦土內'로 표현하고 있다. 고구려 영역이 국토로 표현된데 대하여
신라의 그것은 「토내」라 하여 양자 간에 격차가 있는 것은 고구려 태왕
과 신라 매금의 격차를 직접 반영하고 있는 것으로 보인다. 이는 고구려
중심의 세계의식에 의해 상념된 고구려 「대왕의 국토」에 대하여 동이인
신라 「매금의 토내」라고 하는 차별적 대립적 국제인식을 나타내고 있다.
신라에 대한 고구려의 우위는 매금에 대한 태왕의 우월성으로서 이는 중
국적 중화사상에 의해 분식된 주장이었다. 여하튼 중원고구려비의 건립
연대를 장수왕대로 보면 비문의 고려태왕은 장수왕일 가능성이 커서 광
개토호태왕 이외의 고구려 '태왕'의 존재가 확인된다. 「서봉총출토 은합
우명」에도 '태왕'이 나타난다. 거기에 '연수延壽'라는 연호가 보이는데
장수왕이 스스로 장수하기를 원하여 연수라 개원하였을 가능성이 있다
고 보면 장수왕도 태왕을 칭하였다고 하겠다.104)

그리고 '호태왕'에서 '호好'가 갖는 의미는 15대 미천왕을 호양왕好
壤王이라고도 했다는 기록을 통해서 보면 '양壤'이 '천川'과 통하므로

---

103) 武田幸男, 『高句麗史と東アジア-廣開土王碑研究序說-』, 岩波書店, 1979, 257쪽.
104) 武田幸男, 『高句麗史と東アジア-廣開土王碑研究序說-』, 岩波書店, 1979, 259~
261쪽.

자연히 '호好'자는 '미美'자와 통한다고 할 수 있다. 그럴 경우 '미'자를 문자명왕의 일명인 '명치호왕明治好王'에 대입하면 '명치미왕明治美王'이 되어 문자명왕과 발음상 유사해짐을 발견하게 된다. 전자에 필자는 호태왕 칭호를 미천왕의 경우와 관련시켜 혹 호양태왕을 줄여 부르게 된 것 아닌가? 추측한 적도 있었지만, 결국 '미'자와 '호'자가 고구려에서 통용되었다고 본다면 태왕 앞에 붙은 '호'자의 의미는 '아름답다' 혹은 '좋다'는 의미로 태왕을 꾸미는 미칭이라 하겠다.

한편 고구려 '태왕'의 특색 중의 하나는 한자漢字문화권을 전제로 하여 중국을 중심으로 한 국제사회를 이해하고 통용되는 범위내의 칭호였다는 점이 강조되고[105] 또 중국의 황제를 초월적인 지상의 정점으로 하여 관작 수여를 매개로 형성된 국제적 체계질서 즉 책봉체제로 풀이하려고도 한다. 이어 고구려를 포함한 주변제국의 군주는 외신으로서 그 책봉체제에 포섭되었으며 그것을 주로 하여 왕王·작爵 수수에 의해 참가하여 체제내의 지위를 보증 받았다. 광개토호태왕은 396년경 모용보로부터 왕 작, 즉 '요동대방이국왕遼東帶方二國王'을 받았다고 지적하기도 한다.[106]

물론 문헌 기록을 통하여 외견상 위와 같은 행론은 가능하다. 그리하여 특히 일본 학계와 그 영향권에서는 탁론으로 여겨지고 있다. 그러나 이러한 체계 구상은 처음부터 고구려 등 한반도의 실정을 일부러 무시하거나 건너 뛰어 자신들의 처지를 확대 설명코자 하는 저의가 있어 큰 한계성이 보인다. 즉 위의 중국자료는 본원적으로 군사·외교면이 주종을 이루고 그 대부분은 거의 일방적인 외교서류 묶음에서 취한 것이어서 극히 형식적이고 과장되어 있음은 널리 알려진 사실이다. 그리하여 예컨대 광개토호태왕비가 웅변으로 보여준 것처럼 고구려의 독자적 성격의

---

105) 武田幸男, 『高句麗史と東アジア-廣開土王碑研究序說-』, 岩波書店, 1979, 266쪽.
106) 武田幸男, 『高句麗史と東アジア-廣開土王碑研究序說-』, 岩波書店, 1979, 266쪽.

면은 거의 버려지거나 왜곡의 대상이 되기 일쑤였다.

실제 고구려 군주는 중국 군주와 같은 황제호를 칭하거나 거기에 준하는 천왕을 칭한 흔적도 없다. 이는 외형상 중국황제를 정점으로 하는 소위 책봉적 국제관계를 의식하고 중국 군주의 황제호를 피하여, 그 한계 내에서 선택하여 사용한 칭호일 수도 있겠다. 그러나 이러한 논리는 상기한 바와 같이 일본 학계식式 발상법에 따르는 것으로 사실과 거리가 있어 따르기 어렵다. 고구려 왕호는 오히려 여느 민족과 다른 독특한 자주성의 발로라고 할 것이었다. 당시 고구려의 실력과 조건은 이미 외형을 넘어 중국이나 주변국을 내용적으로 활용 지배하는 단계에 들어선 것이 확실하기 때문이다.

태왕호는 왕작과 직접적으로 관계가 없으며, 본래 책봉 체제내에 통용되지도 않았다. 이것은 '왕'호를 토대로 한 다음에 파생 비약하여 '태왕'호가 등장한 것이다. 「중원고구려비」를 통해서보면 고구려태왕은 동이인 신라매금을 지배하는 군주이며, 「호우총 호우명」의 '광개토지호태왕'과 『서봉총 합우명』의 태왕은 신라와의 국제관계에서 등장하였고 신라 지배층에 군림하는 존재였다. 「광개토호태왕비문」에서 영락태왕은 성 64, 1,400촌을 공취한 훈적을 쌓은 '태왕'으로서 강조되지만 그 전형적인 모습은 무위를 떨치는 왕에서 은자에 넘치는 '태왕'으로 승화된 고구려 군주의 상像이다.[107]

결국, 고구려는 일정한 세력권을 형성하고 고구려중심의 독자적 세계관에 근거를 두고 '태왕'을 자칭하였다고 하겠다. '태왕'의 칭호가 왕보다 격을 스스로 높인 칭호임에도 그 앞에 '호'자를 붙여서 '호태왕'을 칭한 것은 '태왕'의 격을 더욱 높인다는 의미가 될 것이다.

일본에서 나온 「우전팔번신사장경명隅田八幡神社藏鏡銘」에 '계미년팔월일십대왕년남제왕재의시사가궁시癸未年八月日十大王年男弟王在意

---

107) 武田幸男, 『高句麗史と東アジア-廣開土王碑研究序說-』, 岩波書店, 1979, 269쪽.

柴沙加宮時'라 한 구절에서 계미년을 443년 혹은 503년으로 보는 견해
가 있는데, 443년은 장수왕 31년에 해당한다. 여기에서 일본학계는 예의
비약을 거듭하여 광개토호태왕비가 세워진 414년 경에 왜왕도 대왕을
칭한 듯하고, 그 대왕은 왜왕 무武로서 큰 세력권을 형성하면서 5세기
이래 송 황제를 정점으로 하는 책봉체제에 들어갔다고 하였다. 왜가 고
구려와 대립 대항하는 동아시아의 국제정세를 형성하였다는 주장은 전
후 사정으로 보아 애초에 불가능한 일이다. 그런데도 당시의 국제관계나
국제인식을 들먹거리고 나아가 6세기초두에 신라가 태왕을 칭하였다는
사실을 지목하면서, '태왕'호는 4세기에 고구려에서 등장하여 5세기에는
왜에서 나타났고 6세기에는 신라에 있었다고 내세우기도 하였다.[108]

그러나 호태왕이 태왕보다 높은 의미로 쓰인 것이고 보면, 상기 주장
은 적절한 것이 못된다. 설사 414년 전후에 왜왕이 대왕을 칭하였다고
가정하더라도 고구려는 이미 왜왕보다 격이 높은 '호태왕'을 모시는 단
계에 있었기 때문이다, '호태왕'은 바로 중국과 나란히 일본을 포함한
동북아시아 최대강국의 고구려왕이 자기세력권 내에서 자신의 지위를
격상시켜 부른 최상의 존칭이었던 것이다.

마. 고구려의 독자 세계관과 '호태왕好太王'

5세기 전반에 쓰여 진 모두루 묘지에는 다음과 같은 설화가 보인다. '하백
의 손자이며 일월의 아들인 추모鄒牟 성왕聖王이 북부여에서 태어나셨으니,
천하 사방이 이 나라 이 고을이 가장 성스러움을 알지니···'

이 기록에 보이는 '천하사방天下四方'이라는 표현은 고구려인의 독자
적 세계관을 상정하기에 충분하다. 고구려인의 천하세계관에 관련된 연

---

108) 武田幸男, 『高句麗史と東アジア-廣開土王碑研究序說-』, 岩波書店, 272~273쪽.

구 성과는 이래서 우리의 관심을 끈다.[109)

이들 연구자에 따르면 고구려인의 천하세계관은 기본적으로 중국에서 들어온 것이다. 중국에서 천하의 개념 성립은 주周나라 말기로, 서주西周의 정치는 천天의 간접지배 또는 천天에 가탁한 인간의 지배였다. 천자가 천명을 받아서 천하를 지배하는 것이며, 천은 천자를 통하여 인격신으로 되었다.[110)

천하는 협의로서는 국가를 지칭한다. 대체로 서주말기에서 춘추전기에 주周 왕실의 권위가 아직도 인정될 시기에는 왕실의 권위가 미치는 곳을 뜻하였다. 그러나 '수신제가평천하修身齊家治國平天下'라는 말에서 천하는 주실의 권위와는 거의 무관하여 춘추 전국기의 열국은 제후국을 지칭하는 것이 되었다. 따라서 이 시기에는 국國이 하나의 구체적 내용의 세계이며, 천하는 하나의 가상적 형식적인 세계에 지나지 않았다. 그러나 춘추말기로부터 전국기에 걸쳐서 여러 사상가들은 질서의 회복, 특히 통일된 질서를 갈구하여 천하는 실현을 위한 이념적 세계가 되었다. '범천하지전국칠凡天下之戰國七'(『전국책』 권29, 연燕 1)은 이러한 천하를 반영하는 것이다. 또한 동류의식 여부에 따라 중국 주변의 사이는 천하관념에 포함되기도 하고 제외되기도 하였다.[111)이 때 조선은 좁은 뜻에서 중국의 천하에 포함되지 않았으나 넓은 뜻으로는 중국인의 관념 상 중국적인 천하에 포함되었다. 그러나 광의의 천하에는 '사이四夷'도 포함되나 불복하는 사이는 이에서 제외되는 것이 일반적인 경향이었다.[112)

---

109) 梁起錫, 「4~5C 高句麗 王者의 天下觀에 對하여」『湖西史學』 11 ; 盧泰敦, 「5세기 金石文에 보이는 高句麗人의 天下觀」『韓國史論』 19, 서울대 국사학과, 1988.
110) 全海宗, 「中國人의 天下觀과 그 名實」, 尹乃鉉 外, 『中國의 天下思想』, 民音社, 1988, 187쪽.
111) 全海宗, 「中國人의 天下觀과 그 名實」, 尹乃鉉 外, 『中國의 天下思想』, 民音社, 1988, 190쪽.

고구려인의 천하세계는 세 단계로 구분되었다. 그 일차적 천하는 고구려왕의 '은택'이 직접 미치는 '대왕국토'였다.[113] 광개토호태왕비문에 '영락 대왕의 은택은 황천皇天이 민民을 어여삐 여김과 같이 넓고, 그 무위는 사해에 떨쳐서...'라고 한 구절에서 사해는 모두루 묘지명에 보이는 사방과 같은 의미이다. 사해와 사방은 황천이 영향을 미치는 곳이요, 또 그것은 영락 대왕의 은택이 미치는 곳이다. 비문의 첫머리에서는 추모왕을 천제天帝의 아들이라 하고, 1면 5행에서는 황천의 아들이라 하였다. 따라서 주몽의 자손인 고구려왕은 천손이 되며, 정치적으로는 온 세상을 지배하는 권력자이다. 또한 천상과 지상을 매개할 수 있는 최고의 사제司祭로서의 성격을 지니는 것이다. 이러한 왕이 지배하는 고구려국은 신성국이며, 고구려왕의 권위가 미치거나 또는 미쳐야 한다고 여기는 지역 공간이 곧 당시 고구려인들이 생각하고 있던 천하세계였다.[114]

이러한 관념은 5세기 전후에 고구려가 주변 세계를 완전히 장악한 자부심에서 나온 것으로, 호태왕비 및 중원비에 보이는 천제天帝·황천皇天·조공朝貢·연호·화이華夷 등의 개념과 제도는 물론 중국에서 비롯된 것일 것이다. 하지만 5세기 고구려인의 천하세계관은 중국식의 자연 현상이나 이법理法으로서 보다 인격신인 천제, 즉 어디까지나 왕실의 조상신으로서의 천제 관념에서 우러나온 것이다. 실제적으로 이러한 의식은 대내적으로는 왕권의 강대화와 대외적으로는 국제사회에서의 현실적인 위치 내지 인접국과의 관계에서 뒷받침되었다.

광개토호태왕 비문에서는 이와 같은 관계를 조공 면에서 설명하여,

---

112) 全海宗, 「中國人의 天下觀과 그 名實」, 尹乃鉉 外, 『中國의 天下思想』, 民音社, 1988, 197~198쪽.

113) 盧泰敦, 「5세기 金石文에 보이는 高句麗人의 天下觀」『韓國史論』19, 서울대 국사학과, 1988.

114) 盧泰敦, 「5세기 金石文에 보이는 高句麗人의 天下觀」『韓國史論』19, 서울대 국사학과, 1988.

'백제와 신라는 옛 부터 속민으로 고구려에 조공해왔다'라고 하였고, '동부여는 추모왕의 신민이었는데 중간에 배반하여 조공치 않아' 이를 응징한다는 식으로 표현하였다. 이 기사는 물론 일방적인 과장으로 보이 지만 당시 천손국인 자기나라와 인접국을 조공국으로 간주하는 의식을 잘 나타낸 것이라 하겠다.

원래 백제와 고구려는 뿌리가 가까웠지만 한반도의 주도권 싸움에서 맞수가 되어 조공관계는 있을 수 없었다. 또 고구려는 동부여와는 단기 간일 뿐이고, 북부여와는 4세기 후반에서 5세기 말에 이르는 동안 일종 의 조공관계를 맺어 상당한 규제력을 가지고 상하관계를 유지한 듯하다.

신라와는 392년 실성實聖의 인질 이후 영락 10년(400)에 보기 5만으 로 신라를 도와 고구려의 영향력이 더욱 커지게 되고, 이에 신라왕이 직 접 조공하는 등 상당한 기간 조공관계가 지속된 것으로 보인다. 중원비 를 통해서 보면 고구려는 신라왕과 그 신하들에게 의복을 내려주기도 하 였다. 이처럼 관복을 주고받는 의식을 갖는 것은 신라가 고구려세계의 질서 체계에 귀속되어 있는 조공국임을 재확인한 것이다. 이런 상하관계 의식은 중국왕조에서도 널리 정형화된 것이었다.

한편 「중원고구려비」에 "5월에 고려대왕과 상왕공이 신라 매금과 더 불어 대대로 형제처럼 상하가 화합하여 수천守天하기를 원했다."고 한 표현에서 수천이란 천도 또는 천제의 뜻을 지켜나가자는 의미이다. 이 때 수천의 일차적인 주체는 고구려왕이고 신라왕은 이 천의 질서에 참여 하는 것이 되겠다. 곧 천손국인 고구려를 중심으로 그 주변국들이 하나 의 위계화 된 국제질서를 이루어 공존하자는 것이다. 5세기 고구려인은 이러한 공간을 자신들의 천하세계로 인식하고, 이 세계 내에서 조공관계 만이 아니라 화이華夷관계도 상정하였다. 중원비에서 신라를 동이라 부 르고 있는 것은 중국의 화이 개념까지 빌려서 자기 나라가 천하 사방의 중심임을 과시한 것이다.115)

화華와 이夷의 구분기준은 「중원비」의 대왕국토와 '매금토'라는 표현에서 잘 짐작되거니와 황천과 같은 대왕의 은택이 직접 미치는 지역을 중화로 보고 그 바깥 지역의 주민을 이夷로 잡아 고려대왕의 지배력이 간접적으로 미치는 존재로 여겼던 것이다. 이러한 화와 이를 아우른 공간이 고구려의 2차적 천하세계였다.[116]

참고로 고구려의 천하관과 한초 화친론에 근거한 중국의 천하관을 비교해보면, 고구려에서는 조공관계를 설정하고 화이를 아우른 공간을 설정하고 있다는 점에서 화이가 평면적으로 공존하는 한초의 천하관과는 다소 차이가 있다고 하겠다. 그러나 고구려가 태왕이라 칭하고 황제를 칭하지 않은 사실은 중국 황제의 천하와는 상관없이 고구려 태왕이 지배하는 천하세계를 설정하였음을 의미하는 것이어서 고구려의 세계관이 한초의 천하관과 일맥 통한 점도 있다고 할 것이다.

고구려인들은 자기 나라를 천손국으로 자부하고, 그 시조에 대해서는 '천제지자天帝之子', '황천지자皇天之子', '일월지자日月之子' 등 최고 최상의 수식어를 동원해 그 존엄성을 기렸음에도 그 임금에 대해서는 시종 왕이라고 표현하였다. 그 위엄을 과시하기 위해 대왕·성왕·태왕이라 하여 접두사를 덧붙였으나, 어디까지나 왕이라고 하였을 뿐이다. 중국적 천하관에 따른 조공·연호 등의 제도와 관념을, 심지어는 화이관 까지도 차용하여 자기 나라의 위엄과 독자성을 과시하려 하였으면서도, 가장 상징적인 의미를 지니는 그 임금의 칭호에 대해서는 황제를 칭하지 않고 시종 왕이라 하였다.

고구려가 제帝를 칭하지 않은 이유는 여러 측면에서 생각해 볼 수 있겠다. 하나는 중국왕조와의 관계에서 황제국 밑에 제후로서 왕이라고만

---

115) 盧泰敦, 「5세기 金石文에 보이는 高句麗人의 天下觀」 『韓國史論』 19, 서울대 국사학과, 1988. 74~75쪽.

116) 盧泰敦, 「5세기 金石文에 보이는 高句麗人의 天下觀」 『韓國史論』 19, 서울대 국사학과, 1988, 76쪽.

칭한 것이 아닐까 하는 것이다. 그러나 당시 국제정세의 성격과 실상을
고려할 때, 대 중국 관계에서도 아닌 고구려 국내에서 사용하는 그 군주
의 칭호에 까지 중국의 왕조가 어떠한 간섭과 규제력을 미칠 수 있었으
리라고 생각될 여지는 없다. 또한 실제적인 간섭은 받았지만, 고구려인
들이 관념상 중국을 천하의 중심으로 여겨서, 스스로 그 군주의 칭호를
하위의 왕호로 칭했다고 보는 것도 무리이다. 5세기 고구려인은 자국을
천하의 중심이라 자부하고 있었다. 더욱이 미천왕 원년부터 광개토호태
왕 말년까지 100년 동안 고구려는 중국방면의 왕조와는 단 한차례 343
년 전연과 조공 책봉 관계를 맺었을 뿐이다.

  4세기이후 비한족非漢族 출신의 왕조에서 칭제한 경우를 보면, 장성
밖에 있을 때는 그들의 전통적 칭호인 선우單于나 가한可汗 등을 칭하
다가 북중국에 진출하여 그 일부를 지배케 된 후에 칭제하였다. 반대로
한족이 유목민들을 지배하게 될 경우에는 선우나 가한을 칭하였다. 당
태종이 돌궐 제 1국을 멸한 뒤 북아시아 유목민의 제 족장들로부터 탱그
리-가칸天可汗으로 추대된 예가 이에 해당한다. 따라서 황제호는 중국
그 자체를 지배함과 직결되어 있으며, 비 중국지역에 바로 쉽게 이식될
수는 없었던 것이다.[117]

  고구려는 4세기에 접어들어 낙랑·대방·요동·현도 등을 병합하고 한
대이래의 중국적 세계의 일부분을 점령하였지만, 이 지역은 원래 고조선
의 지역이었고, 그 주민 또한 고조선계 토착민이 다수였다. 그런데 고구
려는 5세기에도 서쪽으로 나가 적극적으로 북중국에 진출할 의도를 나
타내지 않았다. 평양천도는 그 단적인 표현이다. 이에 새삼 황제라는 칭
호를 꼭 필요로 하는 배경이 없었으며 일로 남진 발전에 전념한 듯하다.
그러므로 5세기 금석문에서 고구려 군주의 칭호가 왕이었던 사실을, 중

---

117) 盧泰敦, 「5세기 金石文에 보이는 高句麗人의 天下觀」 『韓國史論』 19, 서울대 국
    사학과, 1988, 81~83쪽.

국왕조와의 상관관계에서 하위존재로서 왕이라 칭했다고 볼 것이 아니라, B.C. 4세기 무렵 고조선 이래로 왕호가 최상의 군주의 칭호로 쓰여져 왔다는 역사적 배경위에서 이해되어야 하겠다.[118] 결국 광개토호태왕비가 세워질 당시 고구려인의 천하세계관은 중국 황제의 천하를 인정한 바탕위에 고구려태왕의 천하세계를 설정한 것이었다고 하겠다.

그래서 고구려인의 삼차적 천하는 당시인의 세계로서 동아시아 전역을 뜻한다. 그 세계는 병존적인 몇 개의 천하로 구성되는데, 그 중 하나가 당시 사람들은 고구려를 중심으로 한 천하세계라고 여겼다. 이러한 더 넓은 동아시아 세계 속에서 자기들의 세계 내에 속한다고 여긴 나제와 동북 부여에 대해서는 다른 천하권의 주민에 비해 구별되는 의식을 지니게 되었다.[119]

이리하여 시기적으로 보면 한대에 발생한 세 가지 유형의 천하관이 모두 고구려에 들어왔다고 말할 수 있다. 그런데 고구려는 왜 팽창일변도의 관념에만 매달렸을까 하는 것이 문제인데. 그 이유는 우선 고구려와 한나라의 지리적 상황이 달랐기 때문으로 생각된다. 한초의 천하관이나 후한대의 천하관에서는 '이적夷狄의 사람과 땅은 중국에 무용 무익하므로 병탄할 필요가 없었다. 이적은 정벌이나 통치의 대상이 되지 않을 뿐 아니라, 금수와 같은 본성으로 인해 약서約誓 즉 화친의 대상이 될 수 없었다.'

그러나 고구려의 경우 백제와 신라 땅은 무용무익한 땅이 아니라 오곡이 풍성한 매우 유용한 땅이었다.[120] 본래 고구려 땅은 매마른 편이었다. 따라서 고구려가 한초의 천하관이나 후한대 천하관의 입장에 서는

---

118) 盧泰敦,「5세기 金石文에 보이는 高句麗人의 天下觀」『韓國史論』19, 서울대 국사학과, 1988, 83~84쪽.

119) 盧泰敦,「5세기 金石文에 보이는 高句麗人의 天下觀」『韓國史論』19, 서울대 국사학과, 1988, 90쪽.

120) 朴性鳳,「廣開土好太王期 高句麗 南進의 性格」『韓國史研究』27, 1979.

한, 얻어지는 것이 별로 없고 이로울 것도 없다. 자연히 급진적인 팽창을 추구하는 한 무제대 천하관을 취하는 수밖에 없었다. 한 무제대의 '황제'의 개념 속에는 '유일무이한 권력'이라는 의미가 포함되어 있어 황제권력이 필연적으로 다른 권력을 분해하여 소멸시키는 방향으로 운동하였듯이,[121] 5세기 고구려 '대왕'의 개념 속에도 '유일무이한 권력'이라는 의미가 포함되어 있었다. 백제의 왕을 '잔주殘主'라 하고 신라의 왕을 「매금」이라 표현한 것이 바로 고구려 대왕의 세계에는 또 다른 대왕의 존재를 인정할 수 없다는 뜻이었다. 그리고 그러한 대왕의 권력은 필연적으로 다른 권력을 분해하여 소멸시키는 방향으로 운동하였기 때문에 주변세력에 대해 끊임없는 전쟁을 도발하였다. '익중광지益衆廣地'에 뜻을 둔 팽창정책은 부왕의 시호를 '국강상광개토경평안호태왕'으로 올린 장수왕대에도 그대로 계속 추구되었다.

요컨대, 고구려가 백제·신라·동부여를 속민屬民으로 기술한 것이나 고구려왕을 태왕으로 표현한 것은 고구려 중심의 천하세계관에 바탕을 둔 것이었다. 그러한 고구려인의 세계관에서는 대왕의 권력에 맞먹는 다른 권력의 존재를 인정할 수 없었기 때문에 고구려는 그 주변세력에 대한 침략을 끝없이 감행했다. 이로써 고구려는 광개토호태왕대의 정복사업으로 인하여 '외래의 침요를 제거하고 백성들로 하여금 평안히 그 업에 종사할 수 있게 했으며, 국가는 부유하고 백성도 은실 했으며 오곡이 풍숙하게 되었다.'는 것이다.

바. 맺음말

이상에서 논의한 바를 대강 정리해 보면 다음과 같다.

---

121) 金翰奎,「漢代의 天下思想과 <羈縻之義>」, 尹乃鉉 外,『中國의 天下思想』, 民音社, 1988, 69쪽.

첫째, 광개토호태왕의 정식 시호 가운데 「국강상」은 고구려시대의 대다수 왕호에 보이는 장지 능호를 나타낸 부분이다.

둘째 『삼국사기』나 『삼국유사』에 왕호가 국강상왕 혹은 국원왕으로 되어 있지 않고 '광개토왕'으로 전하고 있음은 대략 장수왕대에 와서 종래의 통상적인 장지명보다 왕의 업적이나 성격을 따서 지은 변혁의 결과인 듯하다. 영락 대왕이라는 왕호도 그러하지만 이후 시호는 모두 그런 면을 반영하고 있다.

셋째, 고구려는 일정한 세력권을 형성하고 고구려중심의 세계관에 근거를 두어 「태왕」을 자칭하였다. '태왕'의 칭호가 왕보다 격이 높아진 것임에도, 19대 광개토왕에게는 다시 '호'자를 더 붙여서 '호태왕'을 칭하게 된 것은 「태왕」의 격을 더욱 높이는 최상의 존호로 생각된 때문이었다.

넷째, 고구려는 그들 자신의 세계관에 입각하여 백제·신라·동부여 등 주변국을 속민으로 치고 자신들의 왕을 '대大', '태太'왕이라 하였다. 원래 자신들의 삶의 터전을 확대 확보하고자 끝없는 전쟁을 벌려 영토를 넓혀 나간 고구려는 결국 '태'왕 내지 호태왕의 '유일무이한 권력'에 걸맞는 세계를 구축하기에 이르렀다. 이에 고구려는 광대한 영역에다 문물제도와 체제 정비를 성공적으로 이루어 동북아의 가장 대표적인 문무 선진 강국이 되었다.

장수왕이 부왕을 위해 지어 올린 '국강상광개토경평안호태왕'이라는 시호는 그러한 전후 사실을 집약적으로 표현한 것이라 생각된다. 그러므로 통상적으로는 '광개토'에 '호태왕'을 더 붙여서 광개토호태왕이라 함이 좋겠고, 아주 약칭으로는 호태왕이라 하는 것이 마땅하리라고 본다. 이는 중·일에서 예전부터 오늘날까지 널리 '호태왕' 호칭이 실용되고 있는 사실을 감안하면서, 우리도 영락 기년과 똑같이 비문중심으로 왕호를 재정립해야 할 것으로 믿어 마지않는다.

제5부 고구려의 한강유역진출과 의의

1. 한국사 및 고구려사의 특성과 한강유역의 조건

옛날 무통일 상태로 남북 각지에 흩어져 살던 때에도 그러하였지만 그 후 통일되었다가 다시 깨져 남북으로 대립투쟁하고 있을 때에 한강유역은 으레 서로 패권을 다투는 중요한 지역이었다. 이를 손안에 오래 지니는 자는 성하고, 강하고, 또 통일을 달성할 힘을 축적하였으며, 반대로 이를 잃은 쪽은 쇠약과 혹은 패멸을 면치 못하였다. 즉 한강유역의 득실은 국가의 흥망성쇠와 지대한 관계를 가졌던 것이다.

그러면 한강유역의 득실이 왜 이처럼 나라의 운명과 밀접한 관계를 가지는 것일까. 그 이유는 크게 두 가지 관점에서 볼 수 있다.[1] 첫째, 지정학적인 측면에서 한반도 중 한강유역이 차지하는 성격을 통하여 살필 수 있고, 둘째, 한강유역의 문화적 잠재력에서 표출되는 특성으로 짐작할 수 있다.

먼저 한강유역의 핵심지대는 북으로 양주일대에서 남으로 남양만지경까지를 포괄하는 오늘의 경기도 서부지방으로, 이는 또 한반도의 중서

---

1) 한강유역의 역사적 성격에 대해서는 아래의 업적이 참고된다. 李丙燾,「漢江流域의 歷史的 意義」『斗溪雜筆』 1956 ; 金元龍,「百濟建國地로서의 漢江流域地域」『百濟文化』 7·8, 1975 ;「先史時代의 서울地方」『서울六百年史』 제1권, 서울特別市史編纂委員會, 1977 ; 方東仁,「三國時代와 三國統一期 前後의 서울」『서울六百年史』 제1권, 서울特別市史編纂委員會, 1977 ; 申瀅植,「韓國古代에 있어서의 漢江流域의 政治·軍事的 性格」『韓國古代史의 新研究』, 一潮閣, 1984.

부 평야지역이자 고금에 인문의 왕래가 끊이지 않았던 곳이다. 이 지방
은 원래 넓고 기름진 들에다가 수량이 풍부하여 배 길에 편리한 하천을
종횡으로 끼고 있어 농경 기타 일반생활에 적합한 자연환경을 가졌다.
그 중에서도 한반도의 중앙부에 위치하여 북위 37~38도선에 걸치고 연
평균 기온 11.1°C, 강우량 1,250mm 정도로서 비교적 쾌적한 천부적 조
건을 구비하였다. 강 길이 514km, 유역면적 26,279km2에 달하는 한강
의 하류 충적평야지대에는 일찍이 선사시대부터 농경정착생활이 이루어
져 왔다. 따라서 한강유역은 산과 들, 강과 바다가 하나의 지역적 공감대
를 형성하며 남북이 교차하는 지정학적인 성격 때문에 항상 남북세력의
충돌과 완충역할이 가능했다. 그러기에 이곳의 지리적 중요성이 정치적
으로 직접 연결되어 국가의 흥망성쇠를 좌우하기도 한 것이다.

　두 번째로 한강유역은 지리적으로 서해를 통해 일찍부터 중국문물을
접할 수 있었기 때문에 선진문화에 대한 이해와 수용이 빨라서 문화적으
로 발전적 토대를 형성하고 있었다. 또한 한강유역의 풍부한 생산력과
인적자원은 정치적 발전과 더불어 농경문화의 융성을 예고하였다. 이러
한 지리적인 성격에 연유하는 문화적 잠재력은 한강유역의 중요성을 더
욱 심화시키는 요건이 되었다.

　그러나 종전까지는 이와 같은 한강유역에 대한 정치·문화적 의미를
찾아내는데 있어 너무 백제에 치우쳐 생각하는 경향이 많았다. 그것은
한강유역에 대한 의미를 왜곡시킬 수도 있는 것이기에 고구려나 신라의
입장에서도 한강유역은 더 연구되어야 한다고 믿는다. 그러므로 고구려
의 남진적 발전에 따른 한강유역의 점유과정과 중요성 내지 의의는 더더
욱 새롭게 인식되어야 할 필요가 큰 것이다.

　오늘날 우리 민족은 대체로 북방에서 남하 이동하여 한반도에 정착하
면서 농경문화민족으로 성장해 온 것이라 이해되고 있다. 그렇다면 고구
려는 이러한 유형의 마지막 대표자가 되는 것이고, 가장 큰 세력이 되었

다고 할 수 있다. 이는 무엇보다 5세기에 고구려가 한강유역을 차지해 들어온 후로는 그 방향의 장구한 민족적 이동이 다시없게 되고, 이 무렵부터 반도의 분점 쟁탈전이 본격화하게 되었기 때문이다.

그리하여 이 점탈과정에서 특히 고구려와 백제는 상호 견제도 겸하여 경쟁적으로 서북 대륙진출에 더 열을 올리게 되고, 신라·가야와 함께 남으로 왜국에도 손을 뻗쳐 각기 세력 확보에 부심 하였다. 이에 우리 민족은 한·만·중·일 땅을 넘나들면서 바야흐로 반도가 중심이 된 큰 발전기를 맞이하게 되었으며 그만큼 민족역량의 활성화와 민족사의 특성화가 두드러지게 되었던 것이다.

그 후 수·당의 중국통일과 신라의 삼국통일, 그리고 일본의 고대국가 형성으로 이어지면서 동아시아의 국제질서는 새 단계에 들어서거니와, 한편으로 제각기 민족문화의 고전적 원형을 구축하기에 이르렀다. 그러므로 예맥족 한족은 물론 그 이전부터의, 가령 단군족과 기자족 또는 위만 등으로 대표되는 세력의 왕래도 크게 보면 동이족의 이동정착과정에 포괄되는 대열임에 틀림없었다. 따라서 5세기 당시 동아시아의 최강자로 보이는 고구려족이 반도중심적인 정착과 문화발전을 꾀한 것은 당연한 설정이었으며 서상의 이동 대열과 그대로 일치되는 움직임이라고 할 것이다. 이렇게 보면 고려나 조선왕조 때의 북진표방·문화제일주의도 모두 위의 유구한 전통을 슬기롭게 계승하려는 노력이라고 풀이된다.

이리하여 고구려의 남진 발전과 거기에 따른 필연의 귀결인 한반도 중심적 정착은 바로 민족사적의 발전적 터전과 그 방향 내지 성격을 더욱 두드러지게 파악할 수 있는 사실史實이 되는 것이다. 그리고 상기한 한국적 국토·문화의 특성은 고구려사 자체에도 5세기 전후에 상당히 작용한 듯 고구려 문화의 농경정착화적 변화를 많이 엿볼 수 있다.

그런데 우리는 그 동안 민족사 교육이나 기타 갖가지 기회에 거의 맹목적으로 북진적 발전론이 무조건 강조되어 상식화의 지경에 이르렀고,

남진적 발전은 아예 무시되고 있는 것이 작금의 실정이다. 그러므로 서북으로 고구려·백제 등의 대륙진출의 의미가 사실과 다르게 파악 주장되는 듯하고, 동남으로 삼한·삼국 이래의 일본 땅 개척의 의의는 별로 주목되지 못하는 폐단을 자아냄으로써 민족사의 영광과 특징이 자칫 위축 왜소화로 그릇 인식되기 쉽게 되어 있는 것이다.

이러한 일반적인 자국사 인식의 영향은 하루빨리 시정되어야 할 중대한 과제라고 생각한다. 필자는 여기게 민족사의 주체적 발전과 장차 발전방향을 정립시켜 나가기 위한 일단의 작업으로 고구려의 한강유역 진출에서 볼 수 있는 남진 발전적 사실을 고찰해 보고자 한다. 따라서 본고에서는 고구려 초기부터 5세기 경 한강유역 진출까지 이어지는 고구려의 남진과정과 그에 따른 제반 문제를 살피고, 또 그 후의 상실요인을 내적으로 보면서 고구려사의 새로운 의미와 그것이 민족사에서 차지하는 의의까지 새롭게 알아보려고 한다.

2. 백제의 한강유역 선점과 고구려의 초기 남진 경위

삼국 중 가장 먼저 한강유역을 점거한 나라는 백제였다. 백제는 부여족의 이동과 분파과정에서 형성된 부여계 유이민 집단이 남하하여 한강유역 각지에 정착함으로써 이루어졌다. 이들 유이민계 집단들은 인근 정치세력과 상쟁하면서 연맹체를 형성하고 발전해 나갔는데, 농경정착생활에 적합한 한강의 자연환경을 십분 이용하여 생산면의 풍족을 가져올 뿐 아니라 주위세력과의 관계를 조정하고 압도하게 되었던 것이다.[2]

---

2) 노태돈, 「삼국의 성립과 발전」『한국사 2』국사편찬위원회, 1978 ; 이병도, 「백제의 건국문제와 마한중심세력의 변동」『한국고대사연구』, 박영사, 1976 ; 천관우,

특히 이 지역 정치세력의 성장에 가장 큰 저해작용을 한 것은 이웃에 근거하고 있는 낙랑·대방군의 압력이었다. 사실 한군현이 한반도 지역의 문화적 발전에 큰 영향을 주었을 것은 상정되지만 정치적으로 역작용을 많이 한 결과 군현과 가깝게 있는 한강유역의 백제의 성장은 가령 낙랑군 등 세력의 소장과 함수관계를 갖게 된 것이다.

이러한 상황 하에서 3세기 중엽 고이왕대를 고비로 백제는 고대국가로서의 새 기반을 확립하기 시작한 듯하다. 즉 대내적으로 6좌평을 두어 직무를 분담케 하고 관등제로 대표되는 체제의 정비를 진전시켰는데 이러한 중앙관계의 형성은 곧 상당한 정도의 집권적인 지배질서와 권력정치가 정비되었음을 보여주며 이와 같은 대내적인 토대 위에 대외적으로도 낙랑군과의 상쟁에서 수세의 입장을 벗어나게 된 것이다.[3]

백제의 전성시대는 근초고 근구수의 부자왕대(346~384)로 맹렬한 정복사업이 진행되었다. 즉 남으로는 마한(충청·전라)을 완전히 병합하고(369) 북으로는 중국군현의 잔여세력을 놓고 고구려와 쟁투하여 371년 평양싸움에서 고국원왕을 전사시키는 승리를 거둠으로써 남진하는 고구려세력을 저지시키고, 대방군의 대부분을 확보하여 비옥한 반도의 서반부를 통괄하였다. 이는 경제적인 여러 자원과 함께 낙랑·대방의 잔여민의 일부를 흡수하여 그들의 기예와 지식을 더 확보하는 계기가 되고 따라서 문화적으로도 더욱 발전할 수 있는 토대가 되었다.[4]

이때의 백제의 수도는 바로 한산성漢山城(남한산성)과 그 북문 밖 일대의 땅이었다. 한강유역에 있어 옛날 이 지대의 군사상의 중요성은 강북의 북한산성 및 그 일대의 땅과 백중하였다.[5] 북방으로부터의 위협과

「삼한의 국가형성(하)」 『한국학보』 3, 일지사, 1976.

3) 천관우, 「목지국고」 『한국사연구』 24, 1979 ; 이병도, 「백제의 건국문제와 마한중심세력의 변동」 『한국고대사연구』, 박영사, 1976.

4) 이병도, 「근초고왕접경고」 『백제연구』 1, 1970.

5) 이병도, 「북한산주 치폐문제」 『향토서울』 6, 1959.

압력이 가하여질 때에는 북한산성은 남한산성의 비교가 되지 못하였지만, 그러나 이 두 곳은 한강유역을 제패하는데 있어서 그 중 어느 하나도 결할 수 없는 그러한 중요 지대였다. 다시 말하면, 반도를 제패하는데 있어서 한강유역의 소유가 필요함과 같이 이 지방을 장악하는 데는 남북한산의 땅이 절대적으로 필요했다. 이는 백제가 이 두 곳을 중심으로 하여 전 한강유역을 차지하고 있었을 때는 전성시대를 이루었지만 이것을 고구려에 빼앗긴 후로는 크게 후퇴하게 된 사실을 보아도 알 수 있다.

고구려족의 건국발전은 처음부터 남진방향이 주가 되어 전개되었다. 그것은 주몽이 남하 입국立國한 시조설화나 오곡종자를 주었다는 신모설화를 통해 짐작할 수 있다.6) 또한 예맥 선주민사회가 큰 집단을 이루고 대규모 이동을 하고 있는 사실로서나 유리瑠璃 세력의 남하 교체 후에는 국내 위나엄성에의 신도 책정 등 동남진의 방향설정이 두드러졌던 것 등에서 알 수 있다. 그리하여 대무신왕기(A.D. 18~44)에 이르면 부여를 누르고 일대에서 우위적 입장을 차지하는 것은 기실 남하세력이 그만큼 성장한 명증이다. 고구려가 이처럼 남진을 일삼은 것은 북방계족의 공통적 발전방향에 따른 것이기도 하지만 단적으로 농경에 치중하는 것이 당시 나름의 상책이요, 그럴수록 남녘땅이 훨씬 생산성이 크기 때문이었다. 고구려의 기동성은 여타 북방족보다 한발 앞서 안전지대에 파고들어 그들의 어지러운 소용돌이 속에 휘말리지 않은 기본대책을 강구하기 시작한 것으로도 보여 지는 것이다. 이리하여 원래 동가강 유역만으로는 전작에 힘써도 구복을 채우기 어려워 일찍부터 한반도 쪽에 터전을 키워나간 것은 당연하고도 슬기로운 설정이었다고 볼 수밖에 없다. 그러면 고구려 초기의 생산조건은 어떠했을까.7)

---

6) 김철준, 「동명왕편에 보이는 신모의 성격」『한국고대사회연구』, 지식산업사, 1975.
7) 金洸鎭, 「高句麗社會の生産樣式-國家の形成過程を中心として-」『普專學會論集』3,

『삼국지』동이전에 A.D. 3세기까지의 모습은 나타나는데, 고구려의
초기 생산 활동은 화전경작에 목축과 수렵이 주였다. 이에 따라 기동적
적극성이 조장되고 호전적 성격의 생활이 계속되었다고 보인다. 원줄기
라 할 수 있는 부여와는 그 나라가 평탄한 토지에 나름대로의 오곡이
잘 되는 조건임과 대조적으로 언어 등이 상통하면서도 성기性氣와 의복
에 차이가 생겼다. 그러나 다른 편으로 고구려는 금속문화의 통로에 위
치하여 일찍부터 제철술을 익히고 무역활동에 종사하여 한군현에 능동
적으로 대처하는 등 공수攻守에 호조건을 이루었다.8)

그런데 고구려가 처음 근거한 만주 땅은 오늘처럼 광공업 조건이 활용
되지 못하는 당시에 있어서는 한반도의 6배가되는 광활한 면적에 비해
그 실용성이 크게 낮을 수밖에 없었다. 극단의 대륙성 기후와 황량하고
혼탁한 산수로 말미암아 몇 지역을 제외하고는 유목 수렵적 초기생활에
수응될 뿐이었다. 고구려뿐만 아니라 요·금·청 등이 대충 남만주에 의거
하고 강성해지면 곧 남하에만 힘쓴 연유도 여기에 기인하였을 것이다.

그리고 그 중에 조건이 조금 좋은 곳에는 고래로 부여 등이 근거하여
있고 요동 일대는 일찍부터 한족漢族 등의 침공이 잦은 격쟁지역이 되
어 역시 고구려의 중심 터전이 될 수는 없었다. 이때문에 무슨 수를 쓰
든지 기회가 잡히는 대로 농경 선진지역인 남쪽 땅에 화살을 돌리게 된
것은 거의 필연의 추세가 되었다.

이러한 입지와 생산의 종합적인 조건을 성공적으로 구축한 바탕 위에
5부족 나집단那集團의 성장과 발전이 기약된 것이며, 실제 그 실효의 정
도 차로 부족 상호 간의 연합과 균형관계도 변화하였을 것으로 생각된
다.9) 계루부에 의한 고구려의 새 출발은 특히 원래의 기동성을 제고시킴

普成專門學校普專學會, 1937.

8) 이용범, 「고구려의 성장과 철」 『백산학보』 1, 1966.

9) 三品彰英, 「高句麗五族について」 『朝鮮學報』 6, 1954 ; 李基白, 「高句麗 王妃族考」

과 동시에 서상의 생산성이 새 활력소가 되어 이루어진 것이라고 할 만
하다. 우선 이때에 주동세력이 역시 남하한 부여계의 새 부족으로서 주
역 태조대왕은 그런 배경 속에 왕권행사를 강화시켜 나간 것으로 보인
다. 즉 오늘의 함남 일대 등 곡창을 확보하는 가운데 쌀 등 곡식, 어염
등을 공급하는 하호下戶와 좌식자坐食者 만여 명을 거느리는 실력자로
서 군림하게 된 점을 무엇보다 중시해야 할 것이다. 그 후 차차 왕위의
부자상속제가 굳어지고 오부족 세력의 연맹제가 무너져 5부部로서의 개
편이 이루어지게 되거니와 산상왕 때의 형사처수제兄死妻嫂制는[10] 위의
부여세력이 남진한 하나의 표징으로 삼을 수 있다.

태조왕대(53~146) 고구려는 요동 방면을 적극적으로 공격해『후한서』
에 보이는 것처럼 전과를 많이 올렸다. 그런데 이러한 서진이 동옥저를
병합하는 등 상기한 바와 같은 실리적인 남진이 바탕이 되었던 것을 간
과해서는 안 된다. 이때 속민제屬民制를 통하여 막대한 물자동원과 함께
내적인 왕권강화가 크게 발전된 결과로 볼 수 있기 때문이다. 다시 말하
면, 전략적인 대비 등 군사적 성격이 앞선 서진은 남진이라는 실질적인
영역확보와 체제정비 등 경제적 정치적 성과의 반영이라 할 수 있다.

4세기 미천왕대(300~330) 이후부터 고구려는 대내외적으로 큰 변화
에 직면했다. 3세기 말엽 북반구 기후의 한랭건조화로 북방족의 남하가
두드러졌는데, 유럽에서는 훈족의 서진과 함께 그에 따른 게르만민족의
남하이동이 진행되고 있었다. 중국에서는 오호십육국 시대(304~439)가
현출되었다. 장차 고구려사에 큰 파문을 던지는 선비족 모용씨의 전연은
바로 이 오호의 하나였다.

『震檀學報』20, 1959 ; 鄭早苗,「高句麗王系小考」, 旗田巍先生古稀記念會,『朝鮮歷
史論集』上, 龍溪書舍, 1979 ; 盧泰敦,「三國時代의 '部'에 關한 研究」『韓國史論』
2, 서울大 國史學科, 1975.
10) 盧泰敦,「高句麗 초기의 娶嫂婚에 관한 一考察」『金哲埈博士 華甲紀念 史學論叢』,
1983.

이미 3세기 말 봉상왕 때부터 이들의 잇따른 공격을 입게 되자 미천왕 때에는 자주 요동에 대응출격을 하여 위세를 떨치기도 하였다. 그런데 이러한 힘의 과시는 창조리倉助利 등의 쿠데타 이후 내정쇄신이 더욱 촉진된 데 있으며 거기에는 또 남진정책의 확고한 추진이 서상의 북방족 남하 대세를 순리적으로 받아넘기는 선후책이 되었기 때문이라 하겠다. 당시 내부제도를 보면 이 무렵 전후에 가령 "남부南部 대사자大使者 창조리倉助利"와 같이 방위명의 부가 부족 출신명 대신 이름 위에 쓰여 지는 등 부족제의 내용이 바뀌어 나간 듯 하고 그에 따른 새 관제도 등장하는 가운데 전대 이래의 국상제國相制도 변화하여 결국 소멸하기에 이른 것으로 짐작된다.[11]

이리하여 한편으로는 중국과의 대결도 적극화하여 위력을 떨치게도 된 것으로 보이는데 벌써 왕 3년(302)에는 현토군을 쳐서 무찌르고 포로 8,000명을 평양에 투입하였다고 한다. 이것은 그 동안의 상황변동이 상당히 있었던 것을 짐작케 하는 것이다. 여기 평양이 바로 지금의 평양이기는 어렵다.[12] 다만 남쪽의 새 터임에는 틀림없고, 포로의 남방이송은 새로운 남진정책이 세워져 농경 기타 남부개척을 위한 노동노예의 필요가 생겨 취해진 조처였을 것이다. 그러므로 현토공격도 실은 남진의 본격화와 표리를 이루면서 진행된 것으로 생각할 수 있다.

또한 미천왕 12년(311)에는 서안평을 공취하였는데, 이는 고구려가 서남해안지역을 장악하고자 한 길목 확보 작전의 성과였다. 서안평은 압록강하구 서편에 위치하여 원래 태조왕 때를 비롯 동천왕 때 이래 공격을 해 나온 곳이었다. 그 기도의 근본은 중국세력과의 대결이라는 대외적 면만이 아니라 고구려로서는 대내적 남진에 뜻이 컸던 다른 면도 있

11) 盧重國,「高句麗國相考(上)-初期의 政治體制와 關聯하여-」『韓國學報』16·17, 一志社 ; 李鍾旭,「高句麗初期의 左·右輔와 國相」『全海宗博士 華甲紀念 史學論叢』, 一潮閣, 1979.
12) 金映遂,「高句麗 國都考」『全北大學校 論文集』2, 1958.

었음을 간과해서는 안 된다. 그 이유는 전출한 포로의 평양 투입에서도 곧 짐작이 가는 것이지만, 무엇보다 서안평 습취 후 313년 낙랑군을 공격하여 남녀 2,000여 명을 또 사로잡고 군을 없앤 역사적 사실이 성취된 것으로 보아 더욱 그런 것이다. 다시 그 이듬해 314년에는 백제와 합세하여 남북으로 대방군을 공략함으로써 400여 년이나 명맥을 유지해 온 중국 군현이 완전히 소멸되기에 이른 것은 너무나 알려진 사실이다.

이리하여 낙랑·대방군의 장악은 여러 점에 있어 매우 의의 깊은 일이라고 하지 않을 수 없다. 첫째 고구려가 서해안의 농경지대를 갖게 되었다는 것, 또 바다를 통하여 국제적 활동을 활발히 할 수 있는 기반을 마련하였다는 것, 그리고 낙랑 대방의 중국인이 오랫동안 심어 놓은 문화의 유산을 이어받았다는 것, 또는 정치 군사적으로 현토와 요동을 고립시키게 하였다는 것 등을 꼽을 수 있다.

미천왕대의 이 남진적 노력과 적절한 방향설정은 서상의 북반구 일반 추세로 보아 그것을 옳게 반영한 것이었다. 그러므로 4세기 중엽말기~5세기로 내려오면서 고구려는 더욱 적극적으로 남진정책을 추진하였다. 그리고 이처럼 한반도 중심부에 파고들면 들수록 거기에서 이미 강국을 이루고 있는 백제와 피나는 대결을 전개하지 않을 수 없었다.

4세기 초엽 양국의 국경 맞댐과 함께 그러한 사태는 벌어지기 시작하였는데 다음 고국원왕대(331~371)에는 일대 비극으로 끝났다. 서북으로 전연(모용씨慕容氏)의 대침략(342)을 받아 국도가 함락되었고, 왕모와 왕비를 비롯한 다수가 포로로 잡혀갔다. 선왕(미천왕美川王) 무덤까지 파이는 곤욕까지 치렀다. 이후 고구려는 평양 동황성에 이도하고[13] 중국에 조공외교를 펴는 외에는 서진 남진할 것 없이 맥을 추지 못하고 있었는데 얼마 후 전연이 전진에게 망하는 사태의 변화가 보이자, 고국원왕의 부대는 곧 남쪽으로 백제공격을 시도하였다(369). 그러나 백제는

---

13) 金映遂, 「高句麗 國都考」『全北大學校 論文集』 2, 1958.

이 해에 마한을 이미 병탄하고 기세가 등등하여 고구려군 2만을 패퇴시
킬 뿐 아니라 이어 근초고왕 친솔의 3만군으로 일대 공세를 취하여 평양
에 쳐들어갔다(371). 고국원왕은 어이없게 유시流矢에 맞아 사망하였다.
이로써 고구려는 남북 양면에서 크나큰 시련과 차질을 보게 되어 새 근
본적인 대책이 불가결하게 되었던 것이다.

3. 소수림왕·광개토호태왕기의 국정정비와 한강 진출

고구려사에 있어서 소수림왕기(371~384)는 광개토호태왕·장수왕 등
극성기에 이어지는 전환점을 마련하는 데서도 매우 역사적인 의미가 컸
다. 동왕은『삼국사기』에 의하면 또 하나의 왕호를 소해주류왕小解朱留
王이라 하여, 앞에 언급한 대무신왕의 일명인 대해주류왕大解朱留王이
나 광개토호태왕릉비에 나오는 대주류왕大朱留王과 그대로 연관되는
왕명임을 알게 되는바, 두 왕은 모두 전환기의 왕자로서의 공통점이 있
었다.14)

사실 소수림왕은 부왕의 전사뿐 아니라 근본적인 정책 수정이 안팎
여러 면에서 무르익은 조건 속에 즉위하였다. 무엇보다 고구려의 대내외
사업은 점점 규모가 커지고 변화가 생겼다. 즉 높은 수준의 전연이나 백
제 등과 국가상대의 전쟁을 전개함에 따라 내면적으로 고급문화이론을
통한 부족 간의 정신적 결합이 긴요하고, 현실적으로 강력한 초부족적
편제를 위하여 차원 높은 국가조직이 불가결하게 된 것이다. 큰 곤욕을
치르는 가운데 전연이나 백제의 선진적 모습을 익히 알게 될수록 더욱

---

14) 井上秀雄,「神話に現われた高句麗王の性格」『朝鮮學報』81, 1976.

급박해졌다. 전연은 벌써부터 유교적 정치 이념을 활용하여 학교를 개설하고 고시제를 마련하여 정치체제를 짜고 있었던 것이다. 백제도 이 무렵 중국 남조와 손잡고 그 문물제도를 정비하면서 전성기에 들어서고 있었다.

당시 고구려는 남진에 매우 열을 올리고 있는 터였으므로 더욱 백제를 앞지르는 대책을 위해서는 북조와의 긴밀한 연계가 필요하였는데 때마침 전진前秦이 일어나 연을 치자(370) 도망쳐 온 연왕을 잡아 넘김으로써 결정적인 기회를 마련하였다. 그리하여 고구려는 안팎의 조건을 서둘러 이용코자, 소수림왕 즉위 겨우 2년(372)에 진왕 부견苻堅으로 하여금 중 순도順道와 불상, 경문을 보내오게 하였다. 왕은 곧 회사의 사절을 보내는 한편, 같은 해에 태학을 설립하여 자제교육에 나섰다. 다시 이듬해 3년(373)에는 율령까지 반포하였다.

이때에 세워진 태학은 새 관원의 확보와 중국문화의 조직적인 수입을 위해 귀족자제를 교육하는 곳으로 마련된 것이지만, 중국문화의 적극적 수입은 일반교양을 위한 것이라기보다는 중국식 관료체계의 도입과 밀접히 관련되었을 것으로 보인다. 그것은 태학 설립 이듬해에 율령이 반포되고 있는 것으로도 짐작이 간다.

중국의 전통적인 법체계는 형벌법인 율律과 행정법규인 영令을 기본으로 하고 여기에 율령의 개폐, 보정인 격格과 또 율·영·격의 시행세칙인 식式을 합하여 율령격식이라고 하는 것이어서 율령의 반포란 반드시 법률만이 아니라 신분제, 관료제, 지방통치제도, 토지제, 재정제, 군사제 등 국가제도 전반에 걸친 정비를 전제로 한다고 보아야 한다. 다만 소수림왕대의 율령반포는 그 내용이 전혀 전해져 있지 않는 것이 유감이나, 중국의 율령은 위진 시대에 벌써 상당히 정비되어 있었던 만큼 그 체제가 바탕으로 되어 있었을 것은 의심할 바 없을 듯하다.[15]

---

15) 盧重國,「高句麗律令에 關한 一試論」『東方學志』21, 1979.

또한 소수림왕 4년(374)에는 승려 아도阿道를 맞고, 5년에는 성문사省門寺·이불란사伊弗蘭寺를 지어 이들을 중심으로 불법을 일으켰는데 이 당시에 수용된 불교는 아직 사리신앙舍利信仰의 단계로서 왕권의 강화에 얼마만큼 기여할 수 있었는지 알기 어렵지만 초부족적 편제에 적절한 처방제가 되었을 것은 넉넉히 짐작이 간다. 하여간 이런 것을 종합해 보면 이미 말한바와 같이 율령의 구체적인 내용을 알 길이 없으나 안팎의 곤경을 모면하기 위해서라도 체제개편은 매우 절실했던 것을 알 수 있다.

말하자면, 문화국가로서의 발돋움이 여기 전개된 셈인데 차근차근 내면적 실현은 다음다음 대인 호태왕기까지에 걸쳐 이루어지고 장수왕 때 가서 결국 반도중심 문화치중의 면으로 치닫게 된 듯하지만, 이때 소수림왕기의 개혁은 무엇보다 국가적으로 초유의 문화 정책적 전환이 강력하게 추진된 데 의미가 있는 것이다. 고구려는 이제 반농반목적 상황을 내면적으로도 벗어나 경제나 정치가 문화적 차원에서 설계되는 새 단계의 왕권국가가 되기에 이른 것이기 때문이다. 그리고 불교의 고구려 유입은 이미 오래 전 일로 추측되고 있지만, 그 국가적 수용은 한국사상 이때가 최초라는 점에서 의미가 큰 것이며, 이로써 한족韓族의 문화사상 사면으로는 토속문화가 아닌 고급문화이론이 새로 큰 작용을 일으키는 불교문화기의 시발을 본 것이기도 하였다.

한편, 이 소수림왕기의 정책전환은 내정의 정비를 가져 왔고, 국가적 안정을 초래하게 되었다. 고구려는 이러한 국가적 안정을 바탕으로 하여 새 외정外征을 실행에 옮길 수 있었다. 즉 소수림왕 6년(376)과 7년에는 남쪽으로 백제(황해도 지경)를 공벌하였으며, 다음 왕인 고국양왕 2년(385)에는 군사 4만을 휘몰아 요동을 습격하여 남녀 1만구를 포로로 잡아 귀환하기도 하였던 것이다. 또한 동왕 3년(386)에는 군사를 일으켜 남쪽으로 백제를 징벌하기도 하여 다음의 호태왕에 의한 한강진출 등 남진의 기틀이 더욱 확실히 마련되었다.

고구려는 A.D. 5세기 광개토호태왕기(391~412)의 후반에서 장수왕대(413~491)를 거쳐 문자명왕기(492~518)의 초기에 이르는 한 세기에 전성기를 맞았다. 이 기간이 우리에게 주목되는 것은 그 동안의 남진사업이 이때 가장 철저하게 추진되어 한강유역 남북을 장악함으로써 '민개토착民皆土着'이 되어 마침내 안정과 번영을 누리게 된 사실이다.

위에서 본 바와 같은 제반 조건의 성숙은 먼저 광개토호태왕을 맞아 그의 내치외정에 유감없이 발휘되었던 것이니 특히 상기한 남진이 크게 성사된 것이다.

오늘날 호태왕기에 광개한 토경의 범위가 동은 동해에 이르고, 서는 요하선을 넘어 홍안령 서쪽에 다다르며 남은 경기도 땅에다가 북은 멀리 중만주에 걸치는 대령역인 것은 잘 알려져 있는 편이다.[16]

그런데 호태왕의 일생 사업은 능비 위주로 보면 백제 등을 상대한 남진이 절대 우세하고, 『삼국사기』의 기록을 채용해도 남진과 북진은 2 : 1의 비율인 것을 알 수 있다.

호태왕의 남진노력은 즉위년부터 시작되었다. 태왕은 391년 7월 백제를 공격하여 10성을 빼앗고 관미성關彌城을 공격한 것을 필두로 계속적으로 백제와 상쟁하다가 왕 6년(396) 5만의 수륙 대군을 이끌고 백제를 친정하였다. 해로로 임진강 방면에 진출하여 관미성과 아단성 등 58개의 성과 700개의 촌을 취하였는데 이때 한강을 건너 백제 수도인 한성도 함락되었다. 백제 아신왕은 도리 없이 항복하고, 그가 인질로 보낸 왕제와 대신 10명을 끌고 본국으로 개선하였다. 그 후 영락 14년(404)에 백제가 왜군과 합세하여 옛 대방군지역인 황해도 방면으로 진출하려 하자 호태왕은 군대를 보내어 이를 격파하였다.

---

16) 李丙燾,「廣開土王의 雄略」『韓國古代史研究』, 朴英社, 1976. ※ 보주: 근래 徐榮洙, 孔錫龜 등의 연구가 나왔다.

여기서 무릇 공파한 성이 1,400이었다고 하는바, 비문에 명기된 호태왕의 전 성과의 절대 다수가 한반도 안 대백제 등 전과에서 찾아지는 사실은 재삼 주목할 필요가 있다. 비문 서단에서도 원래 남하 입국한 사실부터 시작하여 호태왕대에는 '국부민은國富民殷 오곡풍숙五穀豊熟'했다고 되어 있는데, 이것은 분명 한강 남북 등 농경 집약지대에서의 남진 성과를 반영한 찬사라 할 것이다. 광개토경의 실효는 그 핵심적 터전이 새로 남하해서 확보한 황해·평안 양도에서 연유한 것이라 해도 과언은 아닐 것이다.

그리고 비문 중단에서 남으로 대백제·왜전 등이 영락 6년(396)에서 동 17년(407)까지 가장 중요한 중심시기에 전후 7·8회에 걸쳐 절대적인 큰 비중으로 다루어지고 있는 사실은 당시의 실정이 제대로 잘 반영된 소치로 볼 것이다. 그 중에서도 정기精騎 5,000, 보기步騎 50,000 그리고 수군 왕당王幢 등 대군을 동원하여 몰아 부치는 남정 대작전은 일일이 성명城名까지 열거하면서 비문속에 확실하게 담은 것이라든가, 특히 백제와 왜만은 유별나게 '백잔百殘. 왜적'으로 거듭 8·9곳에서나 규탄해 마지않는 것을 보면 호태왕기 고구려의 남진의도와 그 강도를 짐작하고 남음이 있는 것이다.

또 비문 종단의 수묘인 연호조烟戶條에는 이때의 '신래한예新來韓穢'를 특별히 내세워 "단취오궁순소략래한에 령비쇄소 언교여차但取吾躬巡所略來韓穢 令備洒掃 言敎如此"라 하고서 그들만으로는 그 동안의 법을 모를까봐 구민舊民 3분지 1과 이들 3분지 2를 함께 징발 거용擧用했다고 나오는 것까지 아울러 생각하면, 수묘인 조처의 정치적 또는 사회경제적 성격은 우선 두고 당시의 남진 치중의 방향은 더 강조할 것이 없게 함이었다.

한편, 백제와 한 통이 되어 돌아온 왜병(북구주北九州의 이른바 백제계 분국병分國兵 추정)을 쫓아 남으로 신라 땅과 임나任那지경까지 손을 뻗쳐 낙동강 서안일대를 제압하고 영락 17년(407)에는 끝까지 항거하는 제왜 연합군을 참살 탕진하여 매듭을 짓고 직할 토경권에 편입한 것으로 보이는데 이해의 해석에 있어 당시 남진과 오늘의 북진이 엇갈리게 강조되는 것은 아직 문젯거리로 남아 있다.

이처럼 역대의 남진과 북진의 의식은 상당한 차가 보여 그 역사 해석과 서술은 자연 일치하지 않은 점이 있게 마련이지만, 어쨌든 가장 존중해야 할 당시의 금석문을 본위로 볼 때, 남진의 적극 추진상은 너무나 뚜렷한 것이다. 그러기에 호태왕비문의 탁본 내지 현물을 정사한 학자들(최남선, 박시형 등)도 모두 남진적 견해의 언급이 있는 것을 볼 수 있는 바, 입론의 출발이나 재해석의 관점은 달라도 위에서 누언한 바와 같은 남진 방향의 성격과 파악에 일치점이 보이는 것은 어찌할 수 없는 사실 그 자체에 연유하는 것이라 할 것이다.

여기서 비려나 동부여 땅 등은 광활한 지역이고, 오늘로 보면 의미가 큰 지대이겠지만 당시는 반목반농지역이고 우마군양의 현물소득 외에는 일과적 경략 상대밖에 안된 실태가 그대로 비문에 반영된 것이라 할 것이다.

그리고 후연과의 대결이 『삼국사기』에는 보이는데 비문에는 전혀 나오지 아니하여 문제점이 될 만하지만 고조선 이래 600~700년간 잃었던 요동 땅을 호태왕 때 완점한 것인데도 무언급인 것은 당시 냉화된 기후·풍토에다 정치 외교적 회복 이외에 실소득이 적었던 탓도 있었던 게 아닌가? 의심된다. 그렇다면 우리가 근자 생각하는 것과는 달리 그만큼 의미가 적었던 게 사실로 입증된 것이라 할 것이며, 당시는 남진에 치중하고 그 방향으로만 전심하고 있었던 또 하나의 확실한 방증이 되는 것이라 하겠다.

우리는 항용 호태왕기 '광개토경'의 성과를 태왕의 초인적 동토서략 東討西略 남정북벌南征北伐의 활동면에서만 파악하려 하고 그 양적인 확대를 찬양하면서 만주대륙의 주인이 된 것에 과중한 의미를 부여하려고 해왔다. 이러한 역사인식의 경향은 이미『삼국사기』편찬 당시에도 어느 정도 있었던 모양으로 광개토왕호나 대요동관계 서술에서 능비와 차이가 보이지만, 조선후기로 내려오면서 점점 강세를 보여 일제하 망국 전후에 절정을 이루고 지금에도 그런 관점은 지배적인 것을 볼 수 있다.

그런데 무엇이든 양적인 헤아림이 일차적이고 상식적인 것이기는 하지만, 우리의 역사 연구나 교육에서는 질적인 평가가 아쉬운 터이니, 광개토경에서 민의 실생활지대와 군관軍官의 전략지역은 성질상 비중을 달리해야 할 것으로 생각된다. 농경 집약지대의 질적 의미와 황막한 지역의 양적 비교평가는 아무리 해도 전혀 의미가 달라지는 것이기 때문이다.

이렇게 보노라면 호태왕 일대의 한강남북장악 등 남진사업의 소이연을 역으로 알아차릴 수 있으며, 공파의 성촌이나 수묘인연호의 남쪽 편향을 통하여 어렴풋이 고구려국가의 어떤 내면적 비중 내지 중심重心의 새로운 남쪽 이동을 엿볼 수 있게도 한다. 사실 뒷날의 고분분포 기타 조운조직 등으로 보아 대강이나마 만주지역보다 한반도 안에 인구분포상의 편재가 확실한 것으로 짐작된다.

이렇듯 호태왕기의 적극 남진은 한반도에 나라의 중심이 옮겨지는 계기였고, 그야말로 반도를 중심으로 한 범 대륙적 전개가 시작되었다. 이것이 장수왕의 남진정착으로 이어지며, 이 방향의 민족적 발전을 일단락 짓도록 했던 것이다.

4. 장수왕기의 적극남진과 한강 완점

장수왕은 5세기의 대부분을 차지하는 장기집권(413~492)의 왕으로 등장하여 고구려사의 가장 두드러진 특징으로 꼽을 수 있는 남진과 정착을 성취시켰다. 약관으로 광개토호태왕의 뒤를 이었지만 지기가 당당하여 재위 80년 동안 전무한 극성기를 이루고 고구려의 남진적 의의와 성격을 가장 잘 발현시켰던 것이다. 평양천도의 단행은 바로 그 결정적 성과라 할 것이지만 이로써 나라의 중심이 반도중심으로 설정된 것을 볼 수 있으며 특히 한강 남북지역이라고 할 황해도 경기 충청도 개발에 힘쓴 것은 한성에 별도를 두어 3경의 하나로 삼은 것에 단적으로 드러난다. 「중원고구려비」도 그런 과정의 산물이었을 것이다.

그러면 평양천도부터 다시 생각해보자. 원래 고구려의 수도는 대체로 환인桓仁 100년과 국내성 400년 그리고 평양이 240년간 지속되었다. 따라서 기간으로는 평양시대가 전체의 3분지 1밖에 안되지만 본고의 소위 민족사적 의미는 오히려 더 큰 것이어서, 평양천도는 고구려사를 전기와 후기로 획하는 역사적 계기가 되었다고 할 수 있다.

즉, 환인기(약 B.C. 100~A.D. 3)의 국초는 황황한 시기였고, 통구기(A.D. 3~427)는 가장 장기간의 발전기에 속하지만, 주변 기후·풍토와 생산조건이 썩 좋지 못한 위에 금속문물의 통로에 위치한 이점이 있는 반면, 한족 북방족 등 강적에 둘러 싸여 외침 방위상 국내성, 환도성을 왔다갔다하고 중간에 평양 동황성 등 압록강 건너에도 잠깐 이동을 거듭하여 안정된 조건을 누리지 못하였다.

이에 비하면 평양기(427~668)는 고조선과 한군현 이래의 역사적 문화적 중심지이며, 대동강유역 평야의 풍요로움과 특히 서해 및 남쪽 곡창지대에 직결된 정치적 경제적 호조건을 살펴 마음껏 국제 활동과 남진 발전을 계속한 전성기와 수성기에 해당하였다.

이 천도는 고구려가 북위의 강성 때문에 더 이상의 서방 진출이 어렵다고 판단, 그 진출의 방향을 남쪽으로 돌려야 했던 데에도 일부 원인이 있는 것이지만, 그러나 고조선과 낙랑군의 상당한 중심지였던 대동강유역 진출은 처음부터 고구려가 바라던 바로 보이며, 결국 천도는 이 지역을 손에 넣은 지 1세기만에 실현된 것이었다. 그런데 평양천도가 이처럼 지체된 까닭은 이 지방에 대한 고구려의 불철저한 지배 때문이었다는 설도 있다. 즉, 낙랑·대방 양군 멸망 후 이 지역에, 특히 자비령이남의 옛 대방군 지역에 한인 집단이 잔류하면서 고구려의 묵인 아래 일종 자치권을 행사해 왔다는 것인데,[17] 1949년 황해도 안악군 용순면 유순리에서 발견된 안악3호분에 등장하는 이른바 동수冬壽같은 존재가 그 실례로 지적되고 있다.[18] 즉 336년에 모용인慕容仁이 그 형 모용황慕容皝에게 반기를 들다가 실패함에 따라 그 부장이던 동수冬(佟)壽는 고구려에 망명해 왔는데, 357년 죽을 당시의 그의 관직이라든지, 그 석실묘의 벽화 내용 등으로 미루어 그는 죽을 때까지 이 지방에서 독자적인 세력가로 군림한 것을 짐작할 수 있다는 것이다. 그러나 여기 피장자에 대해서는 엇갈림이 있어 한때 미천왕설이 유력하다가 새로 고국원왕설로 정착된 듯하다.[19]

평양천도의 배경이나 그 자체의 이유가 어떠하든 간에 고구려의 수도가 협착한 산골짜기의 야영도시로부터 넓은 평야에 자리 잡은 정치도시·경제도시·문화도시로 발전한 것은 주목해야 할 사실이다. 일반적으로 천도는 국가의 성격에 커다란 변화를 초래하기 마련이지만 특히 고구려의 경우는 그것이 뚜렷하였다고 생각된다.

천도 후 고구려는 한반도 중북부의 확보 개발에 힘쓰면서 중국의 오호십육국과 남북조의 혼란에 말려들지 않고 그들을 조종 활용한 가운데 당대 최상급의 국제적 지위를 누리게 되었으니, 이것이 바로 한반도 중

---

17) 三上次男, 「樂浪郡社會の支配構造」 『朝鮮學報』 30, 1964.

18) 金貞培, 「安岳3號墳 被葬者 논쟁에 대하여-冬壽墓說과 美川王陵說을 中心으로-」 『古文化』 16, 1978.

19) 金貞培, 「安岳3號墳 被葬者 논쟁에 대하여-冬壽墓說과 美川王陵說을 中心으로-」 『古文化』 16, 1978.

심적 발전방식임을 주체적으로 재인식·재평가해야 할 줄 믿는다.

이리하여 장수왕의 평양천도는 먼저 그 만큼 현실적으로 절실하고 발전적 의미를 지닌 결단임을 알고 들어가야 할 듯하다. 고구려가 정치 경제 등 가장 완비된 제도를 갖추면서 일종 전제왕권을 구축한 것도 이 시기의 일이었다. 국왕 자신에 의해서 주도되었다고 생각되는 평양천도로 종래 통구 일대에 뿌리 깊게 자리 잡은 5부족의 세력 기반이 흔들리지 않을 수 없었을 것이며, 이는 상대적으로 왕권강화에 이바지한 요인이 되었을 것이다. 장수왕이 그의 긴 재위기간 중에 꾸준히 왕권을 확립해 간 것은 백제 개로왕이 북위 효문제孝文帝에게 보낸 국서에 어렴풋이나마 나타나 있다.

즉, 이에 의하면 장수왕은 대신大臣·강족疆族을 마구 죽이는 등 나라 전체가 어육이 되고, 죄악이 천지에 가득 차게 되었다고 했다. 물론 이 국서는 어디까지나 고구려를 비방할 목적에서 쓰여 진 것이므로 이를 사실 그대로 믿기는 어려울 것이지만, 그러나 이에 대한 효문제의 답서에서도 과거에 여례餘禮 등을 평양에 보내어 고구려의 내정을 조사하게 하였다는 것으로 미루어 볼 때 귀족세력에 대한 대규모의 숙청은 어느 정도 사실 이었던 듯하다.

그러므로 평양천도는 백성의 안일무사는 물론 귀족의 억압도 불사하면서[20] 원대한 남진발전책을 추진할 수 있는 왕권강화가 선대이래 성공적으로 수행된 결과였던 것이다. 이리하여 한강남북지역에의 진출은 적극화되고 본격화되었음은 더 말할 것도 없는 일이다.

그러면 그 한강유역에의 진출과정을 살펴보자. 고구려가 한강유역 전체와 한반도 중부지역을 장악하는 일은 장수왕대의 적극적인 남진정책이 절정을 이룬 총결산으로 가능하였다. 그러나 그것은 여간 어려운 일

---

20) 徐永大, 「高句麗 平壤遷都의 動機-王權 및 中央集權的 支配體制의 强化과정과 관련하여-」『韓國文化』3, 1981.

이 아닐 수 없었다. 왜냐하면 그곳은 이미 백제가 오랫동안 그들의 중심 터전으로 삼아 위세를 떨치던 지대였기 때문이다. 고구려가 호태왕 이래 긴 세월 동안 온갖 수단을 써서 평양천도를 단행하여 백제축출에 성공한 사실이 그런 사정을 잘 보여준다. 흔히 고구려의 통일 가능성을 가장 당연하고 기대가 컸던 것으로 내세우는 경향이 과거나 현재에 꽤 많은 것을 볼 수 있지만 그러기에는 백제가 너무나 맞수였고, 여기에 신라가 뒤받쳐 주는 구실을 하여 역시 만만치 않았으므로 애초에 고구려 단독의 통일실현 가능성은 적을 수밖에 없었다.

이런 데서도 역사상 한강 내지 그 이남지역의 본색과 지위, 그리고 저력이 새삼 재평가되어야 하는 이유가 있는 것이지만, 상기한바 호태왕 20여년 장수왕 50~60년 공략에도 별로 구애되지 않고 반격을 되풀이 시도한 백제의 국력을 경시할 수 없는 일이었다.

그리하여 결국 승 도림道琳에 의한 간접침략전술까지 동원되고, 전후 80여 년의 공작 끝에 백제 수도 한산성을 공략하고, 숙원의 한강유역을 장악하기에 이르렀던 것이다.

이 과정을 보면 고구려가 장수왕 때 평양천도를 단행하자 고구려의 남하정책에 위협을 느끼고 백제와 신라는 472년에 동맹을 맺었다. 그러나 고구려의 남침위협에 보다 절박감을 느낀 것은 백제였다. 백제는 고구려의 숙적이었을 뿐 아니라 신라의 소백산맥(백두대간)과 같은 천연적인 방어선을 갖고 있지 못하였다. 백제의 개로왕은 이러한 절박한 상황 속에서 472년 8월 북위에 사신을 보내어 고구려의 남침대비를 호소하면서 군사원조를 요청하였으나 이는 아무런 효과를 얻지 못하였고, 오히려 고구려의 침략을 유발시키는 도화선이 되었다. 즉 장수왕은 63년(475) 9월 3만 병력을 동원하여 백제를 치기에 이른 것이다.

고구려군은 백제의 서울 한산漢山을 포위하여 함락 직전 성문 밖으로 탈출한 개로왕을 붙잡아 목을 베었다. 이때 고구려는 전대처럼 한강유역을 일시적으로 점령하는데 그치지 않고 이를 영유하고자 하였으므로 백제는 하는 수 없이 한산지방을 포기하고 서울을 남쪽 웅진熊津(공주)으로 옮겼다. 그 결과 고구려의 영토는 죽령과 조령 일대로부터 남양만을 연결시키는 선까지 뻗치게 되었다.

이리하여 한강유역을 완점한 장수왕 말년에 고구려는 만주와 반도에 걸친 광대한 영토를 웅위하고 안팎으로 제도가 완비되어 중국과 자웅을 겨루는 일대제국一大帝國을 형성하였다. 그러므로 최근에 발견된 「중원고구려비」의 비문에 고구려가 5세기 중에 신라를 동이東夷라고 지칭할 뿐 아니라 신라왕 및 그 신료들에게 의복을 주고 있는 것은 그 단적인 표출로 볼 수 있는 것이다. 이는 결국 고구려가 스스로를 중국과 같은 위치에 놓고 신라를 자기 주변에 있는 저급한 국가로 보고 있었던 명증이기도 한다.[21] 요컨대 중국이 동이 여러 나라에 대해서 그러했듯이 고구려는 신라에 대해서 종주국으로 자처한 것을 알 수 있는데 이는 당시 고구려의 국제적 지위를 고려할 때 하등 이상할 것이 없었다.

또 장수왕이 북연왕 풍홍馮弘을 용성왕龍城王 풍군馮君이라 불러 후왕侯王의 예로 대하였는데, 물론 이때 풍홍이 후위의 압력을 받아 고구려의 보호 아래 있었긴 하지만, 한 때 중국 북조의 지배자였던 점을 생각해 볼 때, 고구려의 자주적 국가의식의 높이를 알 수 있는 것이다. 고구려의 이와 같은 형세는 전기 「중원고구려비」 외에 신라지역에서 나오는 유물에서도 짐작되거니와 1963년 경남 의령군에서 출토된 연가 7년명 금동여래입상은 애매한 점이 많아 그만 두고라도,[22] 경주 호우총壺杅塚에서 1946년에 발견된 청동호靑銅壺는 밑에 "을묘년국강상광개토지호태왕호우십乙卯年國岡上廣開土地好太王壺杅十"이라는 명문이 있어

---

21) 李丙燾, 「中原高句麗碑에 대하여」 『史學志』 13, 1979 外 李基白과 邊太燮의 연구 참조.

22) 이는 539년, 599년 또는 479년에 고구려에서 만든 것인데 남전의 경위가 모호하다. 秦弘燮, 「三國時代의 美術文化」 『同和藝術選集』, 同和出版公社 참조.

당시의 사정을 여실하게 보여준다. 또 여러 금관의 머리장식, 영주 등지의 석불, 기타 각종 조형미술, 회화 그리고 가람배치迦藍配置 등에도 영향은 역력한 바 있으니 이런 점을 고려하면 당시 고구려는 신라와 종주적 우세 속에서 양자의 친선관계가 깊었음을 익히 알게 한다.

5. 신라의 진출과 고구려의 한강유역 상실

고구려의 남진은 백제뿐만 아니라 신라에 대해서도 마찬가지의 압박감을 주어 나제의 양국은 저절로 친밀한 관계를 맺게 되었고, 결국 결혼동맹으로까지 발전하면서 고구려에 대항하였다.

백제는 개로왕 다음 문주왕 때 국가의 재건을 위하여 웅진에 천도하였지만 그 후 60여 년이 지나서는 또 국도를 그 서남쪽인 사비泗沘(지금의 부여)로 옮기에 되었다. 이 천도는 말할 것도 없이 고구려의 압력을 피하기 위함보다 그간 길러온 새 여력을 가지고 규모가 큰 웅도를 건설하려 함이었다. 이때 백제 성왕聖王(523~554)은 중흥의 치를 행하려 한 것이 천도의 진정한 의도였다.[23]

사비천도 후 왕은 더욱 정사에 힘을 기울여 밖으로는 한강유역의 고토를 회복하고자 북벌의 기회를 엿보고 있었다. 마침 고구려의 귀족사회에는 내홍이 일어나 참담한 혈전을 연출한 대사건이 있었다. 즉 안원왕(531~545) 말년에 왕위계승을 둘러싸고 왕의 중부인측中夫人側(추군麤群)과 소부인측小夫人側(세군細群)이 각각 자파의 왕자를 내세워 상쟁하였던 것이다.[24] 이러한 중앙귀족사회의 분규는 지방에도 영향을 미쳤을

---

23) 盧重國, 「百濟王室의 南遷과 支配勢力의 變遷」 『韓國史論』 4, 서울大 國史學科 ; 李基白, 「雄鎭時代 百濟의 貴族勢力」 『百濟研究』 9, 1978.

24) 李弘稙, 「日本書紀所載 高句麗關係記事考」 『東方學志』 1, 1954.

것이고, 또 국방에 있어서도 어느 정도 해이가 있었을 것이다.

백제와 신라는 이를 호기로 삼고 마침내 공동작전 하에 북벌을 하여 고구려군을 물리치고 나아가 한강유역을 탈환하였다. 이때 제라濟羅 양 군은 각기 작전구역을 분담하여 백제는 주로 서부전선에서 밀고 올라가 먼저 한강하류 방면의 남·북한성 등 6군의 땅을 회복하고, 신라는 주로 지금의 중부전선을 분담하여 죽령을 넘어 한강상류 유역의 10군의 땅을 취하였다. 이리하여 고구려는 한강유역을 제라 양국에게 빼앗기고 말았 으니 고구려에 있어서는 더없는 큰 손실이었다.[25]

고구려가 6세기 중엽에 한강유역을 상실하게 된 원인은 이와 같이 대 내적인 내분이 커다란 요인이었지만, 대외적으로 서북부 국경에서의 돌 궐의 압박도 무시할 수 없었다. 돌궐은 6세기경 전연을 완파한 후 사방 으로 팽창을 해 나가다 서남으로는 거란에서, 북으로는 실위室韋·말갈 에 이르는 흥안령 동록 사면 여러 지역에서 고구려와 극렬한 대립 항쟁 을 벌이고, 나아가 고구려 영내에로의 침구까지 감행하였다. 이에 고구 려도 이들을 막으려 나서게 되므로 한강유역에 대한 방비는 자연 허점이 생기게 되었던 것이다.[26]

그런데 고구려의 한강유역 상실을 이처럼 내분과 돌궐에 의한 압박만 으로 본다는 것은 좀 미흡한 점이 있는 듯하다. 거기에는 고구려가 남진정 착 후 자체 내의 조건과 기질이 예전과는 달라져 그로 말미암아 왕실·귀 족의 내분도 생기고 방비태세도 상대적으로 안일해진 것이 아닐까 한다.

고구려는 원래 생산양식 면에서 농경기술이나 그 면의 습성을 가지지 못했다. 그러기에 호전족으로 주위 여러 국가에 인식되었다. 그런데 한 강유역의 완점 이후 점차 민호가 3배나 증가되고 그런 대로 '민개토착' 의 안정이 이루어져 그 본래의 기질에 상당한 변화가 생기게 되었을 것

---

25) 盧泰敦,「高句麗 漢水流域喪失의 原因에 대하여」『韓國史研究』13, 1976.
26) 盧泰敦,「高句麗 漢水流域喪失의 原因에 대하여」『韓國史研究』13, 1976.

으로 짐작된다. 한반도 문화유산을 통해서도 선주 남쪽 농경인과 관련성
이 매우 커진 것을 볼 수 있다. 물론 이러한 변화는 상층 귀족사회에 현
저할 뿐 일반민은 거친 농경생활을 계속한 부류가 많았을 것이고, 더욱
이 요동 등지의 여러 성과 군민은 여전한 상무적 조건과 기질을 견지하
여 앞으로 수와 당의 대군을 물리쳤지만, 안시성주의 경우처럼 중앙귀족
동태와는 전혀 별개의 독립세계를 걷고 있는 정황은 역으로 평양과 한성
등 남쪽의 고구려민이 그만큼 대조적인 변화를 일으키고 있었음을 보여
준다. 그리하여 전반적으로 안정기의 당연한 속성이 물들어 생산의 풍부
와 생활의 평안 속에 안일과 사치에 빠져버린 점이 많았던 것 같다. 이
리하여 그토록 막강했던 군사력이 적어도 한반도 중부 쪽에서는 신라군
의 맹렬한 투지 앞에 제구실을 못할 만큼 안으로부터 시들어 갔던 것으
로 보인다. 결국 고구려 자체의 물질적 안정으로 인한 정신적 안일은 특
히 지휘부의 기질을 변화시키고 왕권의 붕괴와 귀족사회의 분해를 촉진
하여 한강유역에 대한 방비도 내실을 잃음으로써 이 지역을 빼앗기고 만
것이다.[27]

  그런데 그 후 불과 2년 만에 신라는 돌연히 백제가 회복한 땅까지 마
저 취하여 자국의 군현으로 삼는 사태가 발생하였다. 오랫동안 맺어오던
나제 2국의 화친은 이로 인하여 깨어지고, 백제중흥의 기도도 이로써 좌
절되고 말았다. 환난에서 서로 의誼를 맺고 이득에서 의義를 저버리는
일은 고금을 통하여 흔히 보는 사실이지만, 이때 신라는 중앙집권적인
체제를 이룩한 법흥왕기(514~540)를 거처 진흥왕기(540~576)의 흥륭
단계에 있어 모든 방면에 진취의 가상을 띄우고 있던 때이며, 또 신라로
서 만일 한강의 하류유역을 아울러 가지지 못하는 경우에는 그 북진은
의의를 잃게 되므로 이렇게 배신행위를 한 것이라고 생각된다. 백제의
성왕은 보복책으로 친히 군사를 이끌고 신라의 관산성(지금의 옥천)을

---

27) 李基白·李基東, 『韓國史講座 古代篇』, 一潮閣, 1982.

치다가 도리어 패사의 욕을 당하니 나제 양국은 더욱 원수관계를 갖게 되었다.

신라의 한강유역 진출은 그 발전사에 있어 중대한 의의를 가진 것이다. 신라는 이 점유로 말미암아 고구려와 백제의 중간에 손발을 내밀어 2국의 진출을 억누르고, 서쪽으로 중국과 통하는 해로를 얻어 반도제패의 부동의 태세를 확립하였다. 이때, 신라는 한강유역 뿐 아니라 동북으로 함경도방면에까지 국토를 확대하였거니와 신라의 이 비약적인 발전은 여제 2국의 원한을 지게 되어 2국의 항쟁은 앞으로 끊일 틈이 없었다.

그 후 신라는 특히 고구려의 침입을 방어하기 위하여 남북한산을 중심으로 한강유역에 강력한 군단을 설치하고 이것을 유지하는 데 비상한 노력을 기울였다. 후일 수당의 대병을 여러 번 물리쳤던 고구려제국의 힘으로도 이 후 용이하게 이 유역을 탈환하지 못하고 오랫동안 신라의 수중에 있게 하여 마침내 그로 하여금 최후의 패업을 이루게 한 것을 보면, 당시 신라인의 이 방면 방비가 얼마나 엄중하고, 또 그 지리가 얼마나 전략상 중요한가를 다시금 느끼게 한다.

여제 2국을 상대로 격렬한 전쟁을 계속하게 된 신라는 자주 그 고립을 당나라에 호소하여 마침내 당과 힘을 합해서 백제를 쳐 멸하고, 또 다음에 고구려를 도모하여 이를 멸망시키게 되었다. 그 후 신라는 2국에 대신한 당의 새 세력을 마저 구축하고 반도통일의 대업을 달성하였거니와 신라가 이렇게 성공의 여러 계단을 밟아 소기의 목적을 달성할 수 있게 한 일차적인 기초는 역시 한강유역이란 중요지대를 반석과 같이 확고부동하게 점유·활용한 데 있었다고 하지 않을 수 없다. 만일 신라가 한강유역을 굳게 지키지 못하고 고구려나 백제에게 탈환을 당했던들 신라는 당과의 연합작전이 불가능하였을 뿐더러 연당聯唐의 길조차 얻기 어려웠을 것이고 그렇게 되면 자체의 존립까지도 위협받았을 것은 쉽게 예상되는 사실이다. 이로써 보면 한강유역의 득실이 삼국의 흥망성쇠에 참으로 지대한 관계를 가졌던 것을 알 수 있다.

한강유역은 이리하여 우선 정치 군사적인 면으로 볼 때는 백제의 초기 수도라는 것 이외에도 삼국간의 군사적 쟁탈지 내지는 삼국통일의 완수를 위한 당군 수출의 최후 거점이었다는 데 커다란 의미가 있는 것이다. 다음, 사회문화적인 면에서는 남북문화권의 경계지로서, 또는 중국문화의 접촉지로서 새로운 문화개발의 전초지가 된 사실이 중요한 점이다. 그러므로 한국사에서 이 지역이 갖는 의의는 더없이 막중함을 재삼 느끼게 한다.

6. 고구려의 한강점유 의의

이상으로 고구려가 한강유역까지 남진하게 된 경위와 거기에 따른 삼국의 얽힘, 그리고 그 필연성 내지는 의의 등을 살펴보았다.

이제 이것들을 종합하여 고구려가 한강유역을 점유하고 활용한 결과와 의의를 자세히 살펴야 하겠는데, 우선 그 점유기간은 한강하류를 두고 보면, 광개토호태왕 즉위년(391)과 영락 6년(396)의 관미성 공취 및 아리수 도하에 따른 아신왕 강복 때부터 시작하여 이곳을 상실한 551년까지, 160년의 장기간이다. 그러나 호태왕은 당시 대백제 설욕 응징과 황해도 확보에 치중하여 한강유역 개발에는 미처 손대지 않았던 것 같다. 이 무렵 고구려는 아직 수전 농경지대에 진출할 계제와 준비가 안된 시기로서 서부해안평야 및 기타 요지의 한예민韓濊民을 동원하여 수묘인으로 쓰는 정도에 그쳤던 것이다. 그러므로 고구려의 한강점유는 역시 장수왕기에 들어, 그것도 평양 천도 후 백제의 수도 한산성을 점령한 다음부터 본격화한 것으로 볼 수 있다. 그리하여 그 완점 기간은 475년부터 551년 백제가 신라에 다시 넘어갈 때까지 전후 77년이 된다.

이렇게 볼 때 고구려는 직접 한강유역에 발을 들인지 80여년에 걸쳐 갖은 노려 끝에 일대를 완전히 장악하기에 이르고, 그 후 80년 가까이 이 지방을 완점한 것이 되는 것이다. 따라서 전고구려사로 보아 한강과의 인연과 기간은 결코 긴 것이 못된다. 그러나 이것을 내면적인 질로 살펴보면 고구려사 후반의 제반변화에 지대한 작용과 영향을 끼친 것을 알 수 있으며, 무엇보다 이곳의 상실로 삼국통일의 관건이 신라에 넘어간 것만 보아도 그 중요성은 더 말할 필요가 없다.

누언한 바와 같이 한강유역은 청동기시대 이후 남북 두 문화권의 경계선이면서 한韓문화권의 북단이 되어 왔었고 초기에는 고구려계 주민이 전형적 적석총 그리고 석실분을 가지고 등장하기도 하였다. 따라서 북 문화권에서 남 문화권으로 넘어 오는 사람들이 제일 먼저 발을 붙이는 곳은 강이 있고 평야가 있는 한강유역이 될 것은 당연한 일이었으며, 여기가 백제의 최초의 근거지가 된 데에는 역사적·문화적 필연성이 있었다.

그러므로 고구려도 한강유역을 포함한 한반도 깊숙이 중부지역에 파고들어 우리 민족 특유의 한반도 중심적 국가발전에 큰 몫을 한 점은 강조되어 마땅하다. 어느 면 군사적 행정적 영역보다 경제적 실생활지대의 확보가 더 의미 있는 것으로 보아도 좋을 일인데 그런 관점에 선다면 한강유역의 진출전 미천왕 이래의 황해도 확보는 정치적 의의까지 가중되어 더욱 뜻있는 성과였던 것이다. 말하자면 예성강 임진강 이남의 경기평야 등에 걸치는 촌村의 점유는 실로 막대한 기여가 있었던 것으로 보이며 앞으로의 남진 발전에 큰 매력까지 불러 일으켰을 것이다. 나아가 장수왕일대 수십 년간의 정책결정에도 작용하고 농경정착의 고구려사로의 성격전환까지 크게 유도했던 것이다.

이리하여 남진의 첫째 목표는 물론 안정된 농경생활지대의 확보에 있었고 이것이 호태왕 때 확정된 셈이지만, 거기에 또 정치외교면의 큰 성공까지 가져온 것이 되었다. 즉, 선대의 설욕과 더불어 사기가 진작하여 연에 대해서도 당당한 외교를 하게 되고, 신라에도 실력을 보여 백제·신라를 조종할 수 있게 되는 실효까지 거두었던 것이다.

이렇게 보노라면 호태왕일대의 남진사업의 소이연을 역으로 알아차릴 수 있으며, 공파의 성촌이나 수묘인 연호烟戶의 남쪽 편향을 통하여 어렴풋이 고구려국가의 어떤 내면적 내지 중심의 새로운 남쪽 이동을 엿볼 수 있게도 한다. 사실 기후 풍토는 물론 뒷날의 고분분포 기타 조운조직 등으로 보아 대강이나마 만주지역보다 한반도 안에 그것도 남쪽일수록 인구분포상의 편재가 확실한 것은 넉넉히 짐작된다.

그러면 이와 같이 고구려가 수세기에 걸친 노력 끝에 5세기 전후 광개토호태왕 장수왕기에 한반도중심으로 남진정착을 이룬 다음, 고구려는 구체적으로 무엇이 어떻게 얼마만큼 달라졌을까? 그러나 이 문제에 대한 해답은 아직 만족하기 어렵다. 보다 많은 자료의 개발과 연구 성과의 축적을 기다려 해명되어야 할 과제이다.

그리고 고구려가 이미 한반도 북부에서 생활을 영위한 것은 평양천도보다 훨씬 전부터의 일이요, 또 천도 후에 있어서도 정치·경제·기타 제도면 외에 문화 사상적 변화의 추적까지는 그렇게 확연하지 못한 어려움이 따른다. 따라서 여기서는 통틀어 남진과 정착으로 말미암아 고구려의 제반 문화가 전체적으로 농경정착적 성숙성을 강하게 띤 양상과 의의를 살피는 문제제기에 그칠 수밖에 없다.

그리고 중국사에 있어서는 만리장성 밖과 안이 확연하여 문화요소도 구분되는 것은 잘 알려진 사실이지만 고구려는 사정이 달랐다. 북으로 새외민족과 밀접한 관계를 맺어 그 기마민족문화를 가져오고 독자적인 동이족문화에다 중국농경문화를 또한 소화 활용하면서 한반도중심으로 개화시킨 까닭에 이 점에서도 고구려 문화의 민족사적 의의는 매우 크다.

뿐만 아니라 고구려는 중국에 대하여 필요에 따라 칭신稱臣 수봉受封 등 조공외교를 적극적으로 하면서 항전과 극복을 임의로 하였으므로 다른 외족과 달리 사대를 강요당하지 않았다. 그리고 북연의 황제 풍홍을 후왕 대접하는 등의 봉군封君사실이라든가, 왜국 안에 이른바 분국을 거느리고 또 자주적인 연호를 쓰는 등의 위세를 부린 것은 삼국이 대동소이하게 누린 것이지만 이러한 독자성이 각각의 문화요소에 그대로 반영되고 결국 통일민족 문화 속에 용해되어 일체화를 이루게 된 것은 더욱 값진 특성이라고 할만하다.

이리하여 우리 민족은 기본적으로 한예맥계의 동이족이 동일한 농경 집약적 생산 활동을 하게 되고 그 결과 동일한 쌀 주식의 농경정착문화를 이룩함으로써 동족의식내지 같은 문화의식을 갖게 된 것으로 보인다. 이 점에서 삼국의 한반도 분점쟁탈은 실상 통합 지향의 과정이기도 하였으므로 이렇게 삼국이 일련의 관계성을 갖게 되는 경위의 해명은 매우 중요한 민족사적 과제가 되는 것이며, 앞에서 누언한 고구려사의 남진적 성격의 부각은 바로 그런 연관성과 그 내면적 계기를 살피는 것이 된다. 그리하여 고구려 문화의 발전상과 성격의 구명에 있어 본 한강유역 진출 등의 남진발전논의 관점은 그 기본적인 전제가 되는 것이며 거기서 도출된 내용 및 성격의 실증은 가장 쉽게 서상의 동일문화의식을 설명할 수 있을 것으로 전망된다.

제6부 고구려 남진정책의 성격과 그 영향
- 평양기 고구려 천하의 위상과 의의 -

1. 고구려의 남진과 평양기 고구려 천하 논의

고구려가 5세기에 요동까지 석권했으면서도 남으로 한반도의 3분의 2를 차지하여 온대 중앙농경핵심 지대에 중심 터전을 잡고 정착 발전한 것은 민족사상 의의 깊은 결단이었다고 할 만하다. 고구려는 5세기에 들어 나라의 중심을 남으로 잡아 그 후 역사 전개와 민족 정체성도 새로 정립되는 기연이 마련된 것이다. 바로 장수왕 초(414)에 건립된 광개토호태왕 비에서 '5곡이 풍숙한' 농업지역 진출을 서단序段 총평으로 다루고, 훈적으로는 유독 남정 58성을 특별 거명하고 있는 것으로도 당시 사정이 짐작된다. 그런데 이 비문의 남진 의의와 실상은 두어두고 근대 이래 온갖 수난과 곡절을 겪으면서 비문 연구가 다른 면으로만 기운 편이니 곰곰 재고가 요망된다 하겠다.[1]

또 평양천도(427)로 이어지고 고대高大하고 수려하다는 경지와 산수 찬양의 '고려'(원 고려)[2] 국호를 새로 중외에 내건 사실에[3] 이르면 고구

---

1) 朴性鳳,「廣開土好太王期 高句麗 南進의 性格」『韓國史研究』27, 1979. 일본 측에서는 이를 바로 거론한 데(田中俊明,「高句麗의 金石文-研究의 現狀と課題-」『朝鮮史研究會論文集』18, 1981, 114쪽 ; 鈴木靖民,「전근대의 대외관계사」, 朝鮮史研究會 역,『새로운 韓國史 入門』, 돌베개, 1981, 1983, 160쪽) 비해 우리 학계는 잠잠하다가 최근에야 관심을 보여 대조적이다.

2) '원고려'의 '고려'는 평양 천도와 함께 정립된 고구려의 새 국호이며 '원'을 붙이

려사 중의 획기적 대사건 임에도 본사 속의 독자적 의미는 발론도 제대로 되지 못하고 있는 실정이다. 즉『삼국사기』가 이 중대 사실을 무시하고 고구려 전, 후기를 민통으로 서술한 바람에 고구려 평양기의 독자 천하가 '고려'라는 이름으로 내외에 행세된 엄청난 상황이 특히 남진 정체성과 유리된 채 의미가 잊혀지고 있는 것이다. 조금만 주의하면 삼국사기에 빠져 있는 새 국호가 이전 유물 유적이나 사서에는 원래대로 있는 것을 보게 된다. 「중원고구려비」를 비롯한 당시 금석문 등 문물(연가 7년 금동불상 광배명 등)과『삼국유사』『고려도경』등의 기록, 그리고 중국 신, 구당서 등 동이 고려전 및 일본 측 사서와 유산들에 남아 있는 것이다. 사실이 이와 같음에도 무관심 속에 그냥 비껴두고, 고구려 내면에서 <원>고려 문제를 확실하게 다룬 적은 매우 드물었으니[4] 이제라도 바르게 챙겨야 할 일이 아니겠는가.

이제 아래에서 5~7세기, 즉 평양도읍기의 고구려 천하를 논하려면 먼저 고구려사를 어떻게 해석하고 성격 지우는가의 여부에서 문제가 출발된다고 본다.『가령 삼국사기』식으로 평양시절과 그 이전을 혼돈시켜 판이한 고장과 시간의 의미를 뺀다면 온전한 역사인식이 가능하겠는가. 사실 고구려사의 경우 그 동안 강역 확대와 그 영역화의 방식 연구 등에는 진전이 있었지만 성숙기의 내적 의의와 작용은 여전히 소홀해서

는 것은 왕건 고려(918~1392)의 原初國임을 뜻한다. '원고려'란 호칭이 사실에 부합하겠지만, 관례적인 서술을 좇아 평양기 고구려로 대체한다.

3) 정구복은 장수왕 11~23년(435) 사이에 새 국호를 칭한 것으로 보았으며(「고구려의 고려 국호에 대한 일고」『호서사학』19·20, 1992, 64쪽), 박용운은 427년 평양 천도 때로 잡았다(「국호 고구려 고려에 대한 일고찰」『북방사논총』창간호, 2004 46쪽).

4) 사상사에 관심 많은 이도학이 고구려의 정체성(『고구려연구』18, 2004)을 살피면서(『고구려 광개 토왕릉 비문연구』1장, 서경문화사, 2006) 원고려 국호에 논급한 것은 시사하는 바가 크다. 국호 관련 정보는 서길수, 「고구려와 고려의 소릿값에 관한 연구」『고구려연구』27, 2007 참조.

진실 파악이 종종 어긋난 듯 느껴지기도 했다. 당장 위의 호태왕비를 예로 들더라도 장수왕이 비를 그렇게 세운 경위나 의도를 중시해야 분위기가 겉돌지 않게 되고 비를 보는 시각이 내면화될 수 있을 것이란 말이다. 이 안팎의 인식 차이는 전후기 고구려사, 나아가 고대사 내지 민족사 전체와 맥락이 통하는 것으로, 그 동안 내적 성숙을 등한시한 것은 속히 시정되어야 하겠다. 고구려의 참여와 성취로 한반도의 중심성과 생산성은 진가를 발휘하기에 이르렀으며, 그 근원에 호태왕 등의 남진정책이 있고 호태왕비는 확고한 물증이 되는 것이다. 또 중원고구려비는 그 후 신라와 형제를 맹약하는 동이 질서 속의 독자천하를 잘 보여준다. 그런데도 특히 요동 공방의 기록이 중국 사서에 많이 나오는 것도 가세하여 쇠잔기의 북진 선호가 일반화함으로써 민족사의 정체성을 다잡는 알찬 발전의 면이 위축되는 부작용도 커진 듯하다.

그러므로 지금 우리가 궁극적으로 문제 삼을 것은 반도나 반도사관이 아니고 해륙海陸을 아우른 반도중심 독차 천하 사관의 적정성과 중요성을 제시하려는 것이다. 농경중심 정체성 공유를 생각할 때 한반도를 빼고는 논의의 출발도 될 수 없다고 거듭 강조할 수밖에 없기 때문이다. 이제 고구려사의 리듬을 바르게 중심 잡아 만주 땅 고구려만을 끌어안을 것이 아니라 문무겸전의 트인 면을 옳게 깨치고 나서야 한다는 것이다.[5] 평양기 고구려의 의미와 중요성은 그 가운데 제 자리를 차지하여 전체 고구려사의 핵심 본사가 다름 아닌 이 시기에 성숙된 것임을 직시하게 되리라고 본다.

다만 현재로서는 고구려 남진의 성격과 그 관점에서의 민족사 연구의 중요성을 강조하는데 치중하고, 바람직한 의식주 내지 정체성의 공유 문제 등의 실상 구명에는 매우 부진함을 면치 못하였다. 전반적으로 타국

---

5) 박성봉, 「동아시아사에서 광개토호태왕비 연구의 역사적 의미」『고구려연구』 21 ;
『광개토태왕과 동아시아세계』, 학연문화사, 2005, 13쪽.

사와의 비교나 벽화 등을 통한 천착 정리에 안팎으로 힘이 모자라 한계
가 있고, 대신라 문물 생활사 등의 광범 치밀한 성과는 장래에 기대해야
되는 형편이므로 이들을 종합한 의욕적인 연구는 다음 해결 과제로 남겨
둘 수밖에 없음이 유감이다

2. 평양기 고구려 천하의 발현

(1) 평양기의 준비와 천도 및 새 국호 정립

평양기 고구려의 새 천하 전개는 고구려 남진 정책과 뗄 수 없는 것이
다. 이에 남진문화를 다시 더듬어 그 의의를 되찾아 나서야 하겠다. 고구
려의 남진은 4세기부터 본격화하였다. 이미 태조왕 이래 동남진하여 농
수산의 실리를 취해온 터이지만, 일찍 동천왕 때 평양성을 건설하고
(247) 백성들과 종묘사직을 옮긴 적도 있었는데 이는 일시적인 천도로
짐작된다.[6] 그러나 4세기 미천(호양)왕부터는 남진정책을 적극 추진하여
현도군을 쳐서 얻은 포로 8,000을 평양에 투입하고, 서안평을 공략해 나
섰다. 이어 낙랑군과 대방군을 축출하는 데 성공하여(313, 314) 뒤에 호
양왕으로 불린 듯도 하지만 왕은 이 일대 실정에 비교적 밝았던 것 같다.
또 고국원왕은 요동 공방에 나서 곤욕을 치르면서 그곳 전연(문명제 시
기)의 선진 제도 문물을 목도하고, 평양 쪽 남진에 더욱 열을 올렸다. 평
양 동황성을 쌓고 상주하면서 이때 북상하는 백제와 일대 혈전을 벌리다

---

6) 李丙燾는 이때의 평양을 강계지역으로(「高句麗東黃城考」『韓國古代史硏究』, 朴
   英社, 1976, 370~373쪽), 서영대는 강계, 평양신중론을(「高句麗 平壤遷都의 動機」
   『韓國文化』 2, 1981), 車勇杰은 지금의 평양설(「高句麗 前期의 都城」『國史館論
   叢』 48, 1993)을 내세웠다.

가 전사하는 액을 만나기도 한 것이다. 이에 소수림왕대의 내정 대개혁
이 있게 되고, 전후하여 이 지역 지방 정비에 힘을 쏟았다. 일부 선진
중국 망명인 세력을 적극 활용하고 재지 전통세력을 조정 제휴하기에 공
을 들였다. 즉 동수, 진 등 망명 한인들을 후원하여 토착 한인세력을 재
편하는 데 이용하면서 이들에게 관위를 주는 등 고구려 중앙정부와 직결
시켜 나간 것이다.[7] 이런 가운데 평양 일대는 성·촌제로 편제되어 지방
관원이 주재하고 수묘인 역역力役 징발에도 참여하게 되니 광개토호태
왕대에는 천도 예정지로서 확실하게 자리 잡힌 듯 보인다.[8]

이처럼 호태왕대에 남진이 한층 적극화된 결과 장수왕대에 드디어 평
양 천도를 단행하기에 이른다. 그 사이 장수왕의 크나큰 결단이 있음을
보게 되는데, 호태왕비문을 통하여 내력을 짚으면 왕은 부왕의 '존시교
언存時敎言'(생존시의 교언)을 원용하여 강성 의지를 내세우면서 고구려
의 남진 발전을 꾀한 것으로 보인다. 즉 부왕을 받들고 앞세워 독자 천
하를 꿈꾸면서 중심에 호태왕을 추대하고 남쪽으로 중심지역을 지향하
는 목표를 제시한 것이다. 그러기에 자부심과 자신감을 가지고 시조 다
음의 상징을 조성코자 태왕릉 앞에,[9] 그것도 선왕들의 20가 수묘보다
10 수배 많은 신 수묘제를 천하 무류의 신성한 석물로[10] 천명한 것이

7) 李基東, 「高句麗史 劃期로서의 4世紀」『講座 美術史』 10, 1998, 15~32쪽 ; 임기
환, 「고구려 평양 도성의 정치적 성격」『한국사연구』 137, 2007 ; 윤상열, 「고구
려 중기 천하관의 추이」『고구려발해연구』 30, 2008.
8) 김미경은 광개토왕의 평양순하가 단순한 영역확인이기보다는 천도를 위한 순시였
을 것이라고 하면서 당대에 천도할 계획이 있었으나 이른 죽음 혹은 국내성 귀족
세력의 강력한 반발로 미루어지게 된 것이 아닐까 보고 장수왕대의 평양천도 단
행은 귀족사회의 재편과 왕권의 강화가 바탕이 되었으며, 거기에는 2군 재지세력
의 적극지원이 있었을 것이라 하였다(「고구려의 낙랑 대방지역 진출과 그 지배
형태」『학림』 17, 1996).
9) 집안 왕릉의 피장자 문제는 아직도 논란 중이므로 호태왕 등 전후 3대왕의 비정
결론은 우선 두고라도 어떤 비장결연한 분위기를 읽을 수 있지 않은가.
10) 이도학은 비의 건립배경을 평양천도의 준비로 보고(「광개토왕릉비의 건립 배경-

아닌가 한다. 이로써 보면 호태왕비는 선왕의 상징적 훈적비, 수묘제비
(능 경비와 구 귀족에 대한 세 과시를 겸한)인 동시에 장수왕 자신의 남
행 결단 선포 내지 고구려 후반의 유신을 내세운 장엄한 비였던 셈이다.
이후 얼마 안 가서 구 귀족 다수를 숙청하고 13년 만에 평양 천도를 단
행하고 새 국호를 고려로 내걸었으니, 종장에는 고구려 정체성 구축에
큰 계기가 되었다.

그런데『삼국사기』찬자인 김부식은 일찍 '고구려'의 명칭 내력을 알
고서도 한마디도 언급하지 않았다. 더구나 고구려본기의 책봉 기사 등도
'고려' 표기를 '고구려'로 바꾸어 놓아 국호 고구려가 처음부터 끝까지
사용된 듯 오해를 불러일으키게 하였다. 실은 구려句麗가 먼저 존재하였
고, 고구려현, 고구리, 고구려국 등으로 발전하였다가 다시 427년경부터
는 일신된 한자漢字 국호로 '고려高麗'가 쓰였던 것이라고 이해되는 것
이다.

한편 여기서 꼭 짚고 넘어가야 할 일은 '고려' 국호의 편의적 구분
문제이다. 박용운은 우리가 쓰고 있는 고구려를 전고려, 궁예의 것을 후
고려, 왕건의 고려를 그냥 고려로 칭하자고 하였다.[11] 현재 한국고대사
의 시대구분이 유동적이므로 일대 정리가 긴요하다 하겠거니와 이때
『삼국사기』의 작용으로 고착된 것이라도 재고하려면 필자는 고구려를
후기는 원고려로, 왕건의 통일고려는 위에서 말한 바와 같이 대고려로
칭함이 마땅하다고 본다. 고구려 결정체인 원고려를 기준으로 후속 고려
를 칭하고, 가령 신라의 경우도 대본이 되는 통일신라를 기준 삼아 고신

평양성 천도와 관련해서-」『백산학보』65, 2003), 이어 지배의 정당성을 위함이라
고 추가하였다(『다시 보는 고구려사』, 고구려연구재단, 2004). 또한 김현숙이 비
의 석재가 시조 유적지에서 취해온 것이라고 종교적 상징성을 강조한 것은 지질
학자의 고증과는 무관하게 사상사적 관조를 시도한 바람직한 접근이라 생각된다
(『고구려문명기행』, 고구려연구재단, 2005).

11) 박용운, 「국호 고구려 고려에 대한 일고찰」『북방사논총』창간호, 2004.

라, 대신라로 구분함은 좋지만 고구려를 전고려로 한다거나 대신라를 후기신라로 하는 등의 용례는 주객 경중이나 사실史實을 착란케 하는 우려가 큰 것이다.

어쨌든 고구려는 처음 부여에서 남하하여 대략 졸본기 100년, 집안기 400년 후 평양기 240년을 지나게 되는데, 평양시대는 그 이전의 3분의 1 기간이지만 역사적 의의는 몇 배 더 크다고 할 만하다. 특히 만주 본위에서 한반도 중심의 남북 큰 나라로 펴났기 때문이다.

또 평양 정도는 종래 400여 년 묵은 구 귀족 본거 지대에서 농경지가 많고 바다가 트인 하반도 새 평야지대로의 천도이다. 평안도, 황해도와 경기도 일대의 논밭 곡창지역을 점령하고 해양 진출도 달성하여 국가재정의 규모가 크게 확대 강화되었으며, 이에 따라 수취체계에도 일정한 변화를 가져왔다. 특히 고조선의 정통성을 계승하면서 동시에 중국 한漢 문화가 강하게 남아있는 낙랑·대방 지역의 중심지역으로의 이동이기 때문에 정치·경제만이 아니라 문화적으로도 매우 중요한 역사적 의미를 갖는다. 더욱이 광개토호태왕이 평양 일대에 다수의 불교 사원을 조성한 것은 남진과 더불어 이 지역을 새로운 문화적 중심지로 만들어가려는 의도로 보이고, 이미 망명세력들을 평양 지역에 배치한 것도 같은 맥락에서 했던 것으로 짐작 된다. 그리하여 4세기 후반 경부터 평양지역의 정치세력이 고구려 중앙 정치세력과 정치적으로 밀접하게 연관되고 있었음도 추측되었다.12) 또 5세기 이후 평양 지역의 벽화고분에서는 점차 고구려적 요소가 강화되는데 그 내용과 변천을 보면 평양권과 국내권의 양 문화가 결합되는 측면이 있다고 알려졌다.13)

---

12) 여호규는 태왕릉 연화문 와당의 화판 문양이 평양지역에서 영향했을 가능성이 높다고 판단하였는바(「집안지역 고구려 초대형적석묘의 전개과정과 피장자 문제」『한국고대사연구』41, 2006), 이는 남진의 진행상황을 반영한다고 생각된다.
13) 전호태는 이 시기 고구려의 문화적 양상을 고분벽화를 통해서, 국내 지역에서는 뒤늦은 5세기 전반의 다수의 벽화고분이 요양지역 아닌 평양 지역 벽화분의 영향

평양지역은 이처럼 이전부터 남진 주요 거점이었다. 이미 국내성 일 대는 귀족들의 집과 무덤으로 차서 비생산 지대가 되고, 따라서 수도지 역의 생산력과 수취기반의 한계를 극복하는 대책이 급해졌던 것으로 보 인다. 더욱 강과 바다를 통한 교역 중심지의 필요성이 커진 데다 기후도 온화한 평안·황해도 일대가 월등 조건이 좋았던 것이다. 그리하여 고구 려는 앞의 미천왕 이래 줄곧 천도를 위한 새 수도건설에 힘을 기울여 왔다. 새로운 왕궁과 성곽을 축조하고 평양 방어를 위한 도성 방위 체계 를 세워온 것이다.[14]

한편 고구려는 남진 시책으로 백제 신라와의 접근을 유발하고 그들과 의 빈번한 충돌을 일으키게 되었다. 이러한 사실은 광개토호태왕 초기 (394)에 국남 7성을 축성하여 백제침공이나 남진정책의 전진기지로 삼 고, 예성강 하류와 한강 어구의 고구려권 성곽의 축조로 이어졌다. 이에 오늘날 칠중성(파주)과 호로고루(연천)·오두산성(파주) 등이 주요 방어성 으로 남아있고 그밖에 서울의 아차산성이나 한강 중류의 설봉산성과 망 이산성을 거쳐 남한강 상류지역(충주)의 장미산성, 단양의 온달산성 등 에서 고구려와의 관련을 찾을 수 있다.

한반도 내의 고구려 산성은 크게 3방향으로 조성되어, 우선 압록강에 서부터 대동강 유역까지는 수도를 방위하는 성곽으로 내륙과 해양방어 성의 이중적 구조를 띠고 있으며 백마산성(의주)을 최전방으로 하여 안 주성과 청룡산성(평성)으로 이어진 후, 수도방어성인 북(청룡산성), 서(황 룡산성), 남(황주산성), 동(흘골산성)으로 연결되고, 다음으로 황해도와 경기 북부에 축조된 성곽은 고구려의 남진을 위한 군사적 거점으로서 장 수산성(신원)을 중심으로 내륙방향(태백산성·대현산성)과 해안방향(구월 산성·수양산성)으로 포진되었다.

을 받았다고 제시하였다(『고구려 고분벽화의 세계』, 서울대출판부, 2004).
14) 신형식 외, 『고구려 산성과 해양방어체제 연구』, 백산자료원, 2000.

이 당시 평양 유적은 산성과 왕궁 등이 있고 사찰 터와 벽화고분 등이 있다. 그 중 대성산성은 평양 북쪽 외곽 산허리에 축조되었는데 조영연대는 4세기말 또는 5세기 초로 추정된다.[15] 안학궁은 대성산성 남쪽에 자연지세의 이점을 살려 질서정연하게 꾸민 왕성인데 건축시기 등에는 아직 이론이 있다.[16]

그런데 고구려는 6세기 후반에 새로이 장안성을 또 마련했다. 내성 중성 외성 북성으로 나뉘어 왕궁과 관청, 주민가옥 등 신구 시설을 포괄하며 앞의 도성체제를 넘어 이방里坊제를 통한 새 수도방어체계로 일신되었다.[17] 566년 공사를 시작하여 594년에 끝났는데[18] 그렇다면 586년 천도 후에도 8년이나 더 공사가 진행된 것이다.[19]

고구려는 수많은 축성공사를 진행하였는데 특히 산성축조 기술이 크게 발달하였다. 원래 산이 많아 그 지리적 이점을 잘 이용하기 위해 산성 위주가 된 것인데, 고구려 문화는 곧 성의 문화로 상징될 만큼 북만주에서 한강 이남에 이르기까지 많은 성곽을 쌓았으며 국호를 성에서 따오는 '성의 나라'였다. 또 성은 적군을 막는 군사시설로서만이 아니라 행정구역을 나타내기도 했다.

지금까지 보고된 고구려 성곽만 해도 200여 개가 넘을 정도인데,[20]

---

15) 채희국,『대성산 일대의 고구려 유적 연구-유적발굴보고-』9, 사회과학출판사, 1964.

16) 대성산성과 안학궁은 집안 이래의 전통에 따라 짝지어 축조된 것으로 보고 있는데 근자 왕궁 연대 등에 대해 청암동토성을 내세우며 안학궁은 말기의 이궁이라는 이설이 제기되고 있다. 東潮·田中俊明,『高句麗の歷史と遺跡』, 中央公論社, 1995, 214~222쪽.

17) 손영종,『고구려사』2, 과학백과사전종합출판사, 1990.

18) 성벽 각자에 의함.『삼국사기』에서는 양원왕 8년(552)에 장안성을 쌓고 평원왕 28년(586)에 그 곳으로 옮겼다고 기록하고 있다.

19) 박진욱,『조선고고학전서』중세편 1(고구려), 과학백과사전종합출판사, 1991, 202~205쪽 ; 민덕식,「고구려 평양성의 축성과정에 관한 연구」『국사관논총』39, 1992.

고구려연구회의『고구려 산성 연구』(1999)는 남북한의 고구려성을 모두 정리한 것이다. 특히 서일범이 2년간 현장 조사하고 쓴『북한 내 고구려 산성의 현황과 특성』은 의미가 컸다. 한편 고구려 성의 특별한 시설로 성벽을 불쑥 내밀어 싼 치와 성문 옆에 치모양의 시설을 한 적대, 그리고 성문을 성벽으로 에워싼 옹성 등은 고구려 때에 처음 생겨난 것들이었다. 이런 산성 법은 백제에 전해져서[21] 고구려의 고로봉식은 그곳 산봉우리식 산성과 결합하여 복합식 산성을 출현시켰고, 신라에서도 고로봉식 산성이 축조되었다. 공산성(공주)·부소산성(부여)·삼년산성(보은)·상당산성(청주)과 여주의 파사성(매초성)이 바로 그것들이다.

또 고구려는 성을 잘 쌓기도 했지만 전술적 배치에 능했다. 특히 평양천도 이후에는 서북방과 남방방어체제가 수립되어 상호 연계된 방어망을 구축하였으므로 성곽들은 서로 공동전선을 취하게 되었다.

이처럼 고구려인은 산성을 비롯한 토목건축 문화에 탁월한 발자취를 남겼다. 즉 산에서 들에서 성곽과 궁전 관아 사원을 짓고 묘까지도 석축으로 거대하게 만들고, 도로에는 자갈 포장을 하여 수레 교통을 이롭게 하였다. 이리하여 도시를 큰 규모로 정연하게 꾸미면서 건축공학의 기술만이 아니라 지붕 곡선의 예술성도 갖추어 후세에 영향하였다. 이는 과학기술과 예술이 아울러 통한 경지를 보여주는 대목이다. 그러니 여기서도 평양기 고구려사에서 문화사적 종합 고찰이 필수임을 절감하게 된다.

(2) 독자 천하의 반도 중심성과 고구려사의 분기론

고구려는 평양천도 후 정치·군사 기타 여러 측면에서 변화 발전된 모

---

20)『조선전사』(구편·신편)을 비롯하여 손영종, 東潮, 田中俊明 등 학자에 따라 산성의 수적 파악은 구구하다. 이들을 종합해 보면 현존 고구려 산성은 대충 200~300기로 추정되나 흔히 200여 기로 알려진다.

21) 徐吉洙.「高句麗 壁畵에 나타난 高句麗의 城과 築城術」『高句麗研究會』17.

습을 보였다.

첫째 정치적으로 귀족세력의 신구 교대가 일어난 것이다. 즉 고국원왕 대에 전연의 침입으로 국내성 일대의 재래귀족 구민세력이 타격을 입고, 소수림왕 이후 확대된 중앙관료 체제의 운영과 영역관리를 위해 평양 일대 세력이 새로운 관료 집단으로 편제되었다. 이들은 광개토호태왕대 정복 활동이나 장수왕대 외교 무대에서 중요한 역할을 함으로써 신귀족세력으로 확고히 부상하게 되었다. 따라서 평양 천도 이후 이들의 정치적 성장은 당연한 것이었다.[22]

다음 군사 전술 면에서는 4세기 이후 일반민도 군대에 편입된 것으로 보인다. 때로는 5만의 군사도 동원되었는데 그 만큼 나라의 규모와 내용이 커진 것이다. 광개토호태왕 대에는 왕의 직할 군대인 왕당王幢이 있어 스스로 관군이라 불렀다. 고구려의 군사조직이 국가적 차원에서 관리되고 있는 것이다. 고구려는 요지에 성을 쌓고 방어 대치했으며 원거리 기동 습격전을 전개하면서 장기전을 유도하고 청야수성전술을 썼다. 살수대첩은 이 전술을 활용한 대표적인 예이다. 또 첩보작전을 펴기도 했는데 장수왕이 승 도림을 보내 한성 백제를 공략한 것이 그것이다.[23]

이런 가운데 고구려는 압록강가의 집안과 더불어 수도·부수도를 한반도 안에 두어 중심을 잡고, 대륙 해양을 아울러 장악한 대국을 이루었다. 가야에까지 출격하여 백제와 왜를 제압함은 물론, 신라도 동이東夷속에 편제하여 평양기 고구려 천하는 어느 면 삼국 통합을 넘어선 단계에까지 이르렀다. 따라서 넓이로 따질 때 고구려는 삼국 전체의 90%에 합 40만km² 이상을 영유했다는 설도 있지만,[24] 그보다는 남진 소득의

---

22) 임기환, 「고구려」, 한국고대사학회 편, 『한국고대사 연구의 새 동향』, 서경문화사, 2007.

23) 이지린·강인숙, 『고구려역사』, 사회과학출판사, 1976.

24) 손영종, 『고구려사』2, 1990 외, 신형식, 『고구려사』, 이화여자대학교출판부, 2003. p. 227

호구를 중시해야 하지 않을까 여겨진다. 즉 이오李敖의 현지 보고(장수
왕 23년(435)에 전(3만 호)보다 민호가 3배 증가했으며(『魏書』)25) '민개
토착'했다는 것을26) 의미 깊게 받아들여야 하겠다. 이래야 비로소 고구
려가 '고려'라는 독자 천하를 성취 운영하면서 쌀 주식 기타 의식주 등
의 민족생활 정체성을 공유하게 된 중요성이 인식될 것이기 때문이다.
전언한바 고구려가 이 무렵 국호를 새로 선포한 것은 평양 천도와 어울
려 크게 주목되어야 마땅한 것이다.

그런데 우리 민족의 서북면 진출 선호는 연구자의 경우 여러 사세 탓
도 커서 별문제로 치더라도, 일반인의 속 내면에 자리잡은 근대 쉬운 보
상 심리가 아직도 작용하여 사회적 성숙도를 그 만큼 더디게 하는 것이
아닌가 생각도 해본다. 이런 병폐는 먼저 고구려를 포함한 민족사가 실
은 한반도 중심으로 소신 있게 발전하였고, 특히 역대 전통문화가 최고
경지를 성취 공유케 된 독자 천하적 자존심이 회복되어야 극복될 것인
지 모를 일이다.

사실 고구려는 남진 후 농경 중심 국가가 되어 요서나 만리장성 이남
으로 진출할 필요가 적었다. 대릉하에서 한강에 이르는 지역을 중심으로
농경 지대를 확보하여 물질적 풍요를 누리고 있었기 때문에 굳이 서쪽으
로 가지 않은 것이다.

고구려는 5세기에 동방지역에서 독자적 문화를 지키면서 자신들 중심
의 새 세계를 이루고자 노력했다. 그래서 6세기에 한만韓滿에 걸친 대국

---

25) 고대의 인구 추계는 복잡 애매하거니와 가령 이옥 외, 『고구려연구』, 주류성 1999
　　에 의하면 고구려의 인구가 6세기 중엽에 3만호×3배 = 9만호, 9만호×4.5명=약
　　40만 명이었다고 추측하면서 아직도 많은 연구가 필요하다고 하고, 성시에 21만
　　호라는 『삼국유사』의 기록이 상당히 정확하다고 보았다.
26) 民皆土着, 또는 人皆土着 기사가 3세기 말 『삼국지』 등에는 없다가, 6세기 중엽
　　『위서』와 이어 『북사』에 나오는 것이 주목된다. 이후로는 토착이 일반화되었으므
　　로, 생략된 것으로 보인다.

을 이룬 고구려는 '일통삼한'이 안 되면 나라의 앞날이 없다는 신라의
절실함과는 사정이 달랐던 것 같다. 어쩌면 이 간절한 소망이 덜하여 고
구려(원 고려)는 백제 등을 느슨하게 두고 독자 천하를 운영하는 쪽으로
기운 것이 아닐까. 이런 사정을 감안할 때 '삼국통일의 원대한 이상을
실현하기 위해서'라는 근자 북한 학계의 주장27)은 얼른 수긍하기 어려
운 점이 있다.

동시에 고구려가 435(장수왕 23)년부터 북위 및 남조와 유례가 없을
정도로 활발하게 등거리 조정 외교를 편 정황도 이해할 수 있게 된다.
즉 평양천도 후 북중국 쪽으로 안 나간 정책을 기본으로 삼아 북위와
상당기간 평화를 지속하며 최고의 예우를 받고, 남조와도 친교를 도모하
여 송나라에 말 800필을 보내기도 했던 것이다. 이는 당시의 동아시아
국제정세와 연관되는 것이지만 평양천도가 가져온 가장 중요한 변화상
의 하나라고 할 수 있다.28)

한편 북방족과도 제휴를 힘써 오늘에도 초원 길 유적이 전해지고 있
지만, 어디 그 뿐인가. 궁예의 후고려, 왕건의 대고려로 이어지면서 현재
에도 세계에 '코리아'란 이름은 우리를 대표하고 있으니 원고려의 천하
전통은 거의 무궁하다고 하겠다.

여기에서 또 중시할 것은 호태왕비의 경우 북방 석권의 활약상보다
'이도홍치以道興治' 등 문치와 남진 포용을 부각시키고 평안호태왕이 빠
진 '광개토경'만 내세우는 무武 편중적 표현은 안 보이는 점이다. 바로

27) 채희국,『고구려력사연구-평양천도와 고구려의 강성-』1982 ;「고구려건국과 삼
    국통일을 위한 투쟁」『성곽』, 김일성종합대학출판사, 1985 ; 백산자료원, 1999 ;
    사회과학원 역사연구소,『조선전사』3 개정판, 1991)에도 평양 수도 건설과 남진
    정책의 적극적 추진을 자세히 다루면서 평양 천도를 삼국통일을 위한 군은 결심
    의 소산이라고 하였다. 또한 손영종의『고구려사』1, 과학백과사전종합출판사,
    1990도 참고된다.
28) 임기환,「고구려」, 한국고대사학회 편,『한국고대사 연구의 새 동향』, 서경문화사.

5세기 당시의 정체성을 확인할 수 있는 대목이다. 그러나 이것이 발해, 고려로 내려오면서 외세와의 대결도 있고 해서 거대 강국 고구려를 계승한다는 의식이 강조되었다. 이에 『삼국사기』, 『삼국유사』에 이르면 영락 대왕의 왕호가 '호태'는 떨어지고 '광개토'로만 기록되게 된 것이다. 요·금·원의 침해를 거듭 입은 당연한 귀결이고 정체성 규정도 이에 따라서 현실화했을 것으로 짐작된다.

이리하여 그동안 고구려사 연구에서 위와 같은 남진발전에 따른 나라의 중심 이동 같은 중대한 변환은 뒤로 미루고 시기구분을 시도한 것이 대세였다. 물론 정치 권력사의 변화나 원전의 역사 서술상 차이에 주목하여 미천왕대에 어떤 전기를 내세운 것은 일정한 성과였다. 그러나 미천왕대는 남진이 본격화하여 서상의 변화가 시작되고 더욱 고구려가 북방적 농목적 생활을 지양하고 남녘 한반도 중심 농경 위주의 생활 변환을 진행시켜나간 준비기라는 의의는 그 동안 거의 고려의 대상에 넣지 않은 채 지내왔다.[29]

더구나 이후 고구려의 적극 남진으로 삼국 간의 상쟁과 교류가 활발하게 되고, 잦은 전쟁에 따른 주민이동과 문물유통으로 피차의 사회적·문화적 동질성을 두텁게 하는 계기도 마련된 것은 고구려사는 물론 민족사적으로도 크게 주목되어야 마땅한 것이다. 앞으로 고구려가 인구 집약적 농경 정착적 성격이 쌓여 나가 전 시대와는 다른 국가 발전을 이루게 되었기 때문이다.

그리하여 여기서 시기 구분 상 몇 가지 정리가 요망된다. 즉 종래 개설적으로는 왕대를 주축으로 수도의 변천에 따라 주로 국내성 도읍기(유리왕~수왕), 평양성 도읍기(장수왕~보장왕) 등 편의적 구분을 자연스럽

---

29) 임기환도 「광개토왕비」와 「중원고구려비」 등 당대 금석문이 미천왕대 이후로 집중되어 있는 것을 인지하면서도 그 내면의 남진 관계에는 언급함이 없었지만(「고구려」, 『한국고대사 연구의 새 동향』, 서경문화사, 2007), 평양이 남진의 전진기지로 활용되고 있음을 거듭 내세워 많은 변화를 보이고 있다.

게 했었다.[30] 이를 두고 의미가 없는 편의적인 것이라 함은 단순히 시간
적 흐름만 문제 삼는 것이라 해서 하는 말이다. 그런데 위에서 언급한
것처럼 생활의 기조를 중시하는 생활사 면에서 보면 그리 간단히 치부할
것이 아니다. 중국사에서나, 백제사에서 관용하는 도읍별 시기구분의 경
우보다 더 의미부여를 고려해야하기 때문이다.

또 사회발전단계론에 의거한 사회 경제적 시대구분이나 권력구조의
정치사적 구분만 익숙해온 관례는 재고거리가 많다고 보여 진다. 가령
현 중국에서 전래한 5단계 시대 구분을 원용하여 한국사에서도 고려, 조
선 등은 각 시대 속의 시기로만 격하시키는 경향이 꽤 퍼져 있지만 반드
시 적절한 것으로는 보여 지지 않는다. 사상사에서 볼 때도 신라·고려의
불교시대가 조선 유교시대로 대변환을 일으켜 역사상 불교세상이 유교
세상으로 바뀐 변화를 두고 본다면 5단계 구분법만 평가할 일이 아닌
것이다.

특히 고구려의 시기구분에서 평양 도읍기는 누언한 바와 같이 4세기
부터 준비하여 여러 난관을 뚫고 달성된 것 뿐 아니라 단순히 수도의
위치가 바뀌는 차원을 넘어 나라의 중심과 생활의 질이 크게 변환된 것
이어서 더욱 그런 것이다. 거듭하거니와 고구려의 특성을 4세기 한반도
적극 진출에서 찾고 5세기 호태왕비 등 금석문을 통하여 남진정착으로
가닥을 추려 정체성의 확립을 잡게 되면 앞뒤가 들어맞는다. 그러므로
5세기 전후 그 화려한 북방 재패기에도 수도는 고사하고 부수도도 황해
도 경기도로 반도 깊숙이 파고들어 둔 것을 주의 깊게 보기 마련인 것이
다. 즉 420여 년간 수도였던 집안도 만주 한복판 아닌 좀 더 아늑한 압
록강변에 있었다. 이는 방어문제 만이 아니라 농경상 북보다 남을 선호

---

30) 1980년대 이전에는 혹 초창기(대략 B.C. 1세기~A.D. 1세기 전반), 발전기(A.D.
   1세기후반~4세기전반), 전성기(A.D. 4세기후반~6세기), 그리고 국난항쟁기 등으
   로 나누는 정치제도사적 구분도 행하고 있었다.

한 자연 순리에 연유한 것임에 틀림없다. 이렇게 보면 남진 발전기는 3
백 수십 년에 달하며 호태왕비의 남진 중시 경위도 이런 맥락에서만 옳
게 풀리고, 여기에 정체성과 그 확립기를 잡아 조금도 무리가 없는 것이
다. 이미 언급한 것처럼 평양기 고구려사는 전체로 볼 때 시간적 길이는
3분의 1에 불과하지만 무게는 거의 절대적이라 할 만큼 의의가 막대한
것이다. 그러니 평양기는 새 천도, 국호 정립과 더불어 고구려 전후기를
구획하는 시기구분을 잡지 않으면 안 되는 것이다.

3. 평양기 천하의 민족적 정체성 귀착과 의의

고구려는 고조선 이래의 문화와 선주 한족 및 예맥 문화를 조화시킴
으로써 독자적인 고구려 문화를 형성해 왔다. 그리하여 소수림왕 2년
(372)에 국가 체제의 일대 전환을 위하여 불교를 수용하고 한편으로 유
교 교육기관인 태학을 세우며 이듬해 율령을 반포하였다.

이에 불교로써 국가의 종교적 통합을 지향하면서 종묘·사직 등 고구려
왕실의 사상적 통치기반을 강화시키는 작업도 겸행하였다. 앞에서 언급한
광개토호태왕 초의 평양 9사 창건 사례를 보면 불교가 전래된 이래 많이
퍼졌고 민간인들도 불심이 일어나 출가자가 그만큼 늘어났을 것이다.

평양기 고구려의 절터로 평양시내 정릉사가 특히 유명하고 또 금강사
(문자왕 7년(498) 창립)터를 비롯하여 부근에 많이 있는데 절 안의 8각
목탑과 1탑 3금당식 가람배치는 고구려 고유의 양식이었다. 뒤에 백제·
신라·일본에 전해져 사원건축의 모범이 되었다.[31] 대성산성에서는 금자

---

31) 량연국, 『조선문화가 초기일본문화발전에 미친 영향』, 사회과학출판사, 1991, 71~
   81쪽.

로 된 『묘법련화경』이 출토되었는데 이는 고구려 왕실에서 금자로 만들어 돌 함에 보관하고 있었던 것이다.

4세기말에서 5세기 초 것으로 보이는 대성산성의 불상은 동굴을 상징한 작은 돌 궤 속에서 나와, 부여신과 등고신을 국가적 신으로 끌어올리려 한 사실을 짐작할 수 있다.

「연가 7년명 금동불」은 현재 국보로 지정되었다. 같은 내용의 명문이나 삼존 입상이 남북에서 출토되었다.[32] 고구려 불상은 백제 혹은 신라의 석불일 가능성도 있을 만큼 관계가 깊었으며 실제로 고대 일본의 불교도 고구려의 영향을 많이 받은 것으로 이해되고 있다.[33]

다음으로 태학·경당의 교육과 유교문화의 발전을 살펴보면 고구려에서 중국 유학이나 사서를 체계적으로 공부하게 된 것은 평양기 이후의 일로 생각된다.

우선, 평안·황해지역에 사는 한인漢人들을 강력하게 지배하려면 스스로 그들을 능가하는 문화수준을 갖는 것이 요구되었다. 더욱이 확대된 영역에 중앙집권적인 지배질서를 관철시켜 나아가려는 고구려로서는 그 만큼 유교적인 교양을 갖춘 관료집단의 양성이 시급하게 된 것으로 보인다.

이에 고구려는 소수림왕 때 태학을 세우기에 이르지만 사기에는 이 태학이 어떻게 운영되었는지 분명히 나와 있지 않다. 그러나 중국 한대의 예로 보거나, 실제로 태학박사 이문진李文眞이 영양왕 11년(600)에 『신집新集』 5권을 지었다는 기록으로 미루어 일찍부터 박사 제도가 시행되고 있었음을 알 수 있다. 따라서 태학 교과목도 『구당서』 고려전에 전하는 책들이었을 것이다.

또 광개토호태왕비의 문장은 한문 솜씨와 차자借字 표기법의 실력을

---

32) 金元龍, 『韓國美術史研究』, 一志社, 1987, 135쪽 및 155쪽.
33) 齋藤忠·江坂輝弥, 『先史·古代の韓國と日本』, 築地書館, 1988.

보여준다. 즉 지방 출토 유물들의 문구 어투보다 좀 더 세련미를 보이며, 차자표기법은 뒤에 신라에 전해져서 이두가 성립되었고, 다시 일본에도 건너가서 그들의 가나를 낳게 하였다.[34]

한편 태학 하부에는 청소년 일반 자제를 가르치는 경당扃堂이 있었다.[35] 고구려에도 이미 미성년집회가 있었던 것이 확실하고, 종교적·교육적·군사적 기능은 대체로 이들 새 조직에 계승된 것으로 보인다.[36]

고구려 문화 관계 기록에 의하면, 고구려에서는 학문과 문예에 대한 관심이 대단히 높고, 평양기 고구려 천하에서는 중국의 유학이나 사서史書를 더욱 체계적으로 공부하게 된 듯하다. 더구나 불교·유교 등 외래문화가 많이 유입되면서 서로 충돌 배격됨이 없고 특히 고분벽화의 다양한 사상과 관념의 혼합은 고구려 문화의 폭과 깊이를 엿보게 한다.

이러한 역사적 사실을 종합해 볼 때 고구려에서는 시가詩歌와 벽화 묵서墨書같은 예술에까지 유학이 폭넓게 응용되기에 이른 것 같다. 율령반포는 국가조직 자체의 정비를 의미하며, 이후 집권적 귀족국가의 체제를 갖추게 되었을 것이다. 고구려 국초의 『유기』 1백 권은 아마도 소수림왕대 혹 태학 학관이 편집한 것이 아닌가 한다. 또 장례제도는 고구려가 낙랑·대방 지역을 점령한 이후 중국과 같아졌다. 호태왕비를 감안하면 5세기 이후 3년상 제도가 평양기 고구려에서 채택되지 않았을까 보인다. 5세기 초(409)에 축조된 덕흥리벽화고분의 묵서명에 『좌전』, 『상서』의 어구를 인용하고 있음은 당시 유학의 교양이 상당히 심화되었음을 보여주고 있는 것이다.

한편, 고구려는 이미 광개토호태왕 비문이나 안악3호분 묵서명에서

---

34) 李基白·李基東,「三國의 文化」『韓國史講座 古代篇』, 一潮閣, 1982, 244쪽.

35) 통설은 地方村落에 두어졌다고 보는 것이지만, 정구복은 지방은 물론 서민과도 관련이 없다고 주장하였다(「유학과 역사학」『한국사』 8, 국사편찬위원회, 1998).

36) 李基白, 『新羅思想史研究』 一潮閣, 1986, 46~50쪽.

체계 정연한 역법을 볼 수 있거니와,[37] 이 천문학 발전 실태는 조선조에
도 이어져 우리나라 천문학 발전의 기초가 고구려로부터 마련된 셈이었
다.[38] 뿐만 아니라 백제와 신라는 물론 이웃나라들에도 적지 않은 영향
을 주었다.

또 지리학에서는 「요동성도」나 「봉역도」 기록도 전하고 있지만 이러
한 발전에서 중요한 기초가 된 것은 정확한 시간측정과 수학계산이었다.
고구려에서 만든 물시계(누각漏刻)는 그 후 더욱 발전하여 우리나라 물
시계의 전통을 이루게 되었다.

고구려의 한의학서 『노사방老師方』은 당나라에까지 알려진 처방이었
으며 고구려의 유명한 의사 덕래는 일본에 건너가서 크게 이바지하였고
그 자손들까지도 의사로서 명성을 떨쳤다. 고구려에서는 또 제철기술이
일찍부터 발전하여 명성이 높거니와 철제 농구와 무기, 개마 철기鐵騎와
쇠등자 등 발달이 이에 연유한 것임은 물론이다.

고구려 공예는 특출한 발전이 있었다. 직조 및 염색 공예 말고도 표
백, 선별한 섬유를 다듬이질하여 그 질을 고르게 만드는 기술이 뛰어나
당시부터 조선백지는 우수한 제품이었다. 610년에 담징이 일본에 가서
채색하는 방법과 함께 종이와 먹을 만드는 법 등을 가르쳐 준 것은 유명
한 사실이다. 특히 고구려 공예의 극치를 보이는 금동제 관모 부품 등은
특수 장식법이 세계 어느 곳에도 없는 기발한 창안이었다.

고구려의 막새 등 와전 공예는 모두 무늬구성이 무게가 있고, 고구려
인들의 굳건한 기질과 창조적 재능을 담아 백제와 신라, 일본 공예 발전
에 큰 영향을 주었다.

---

37) 1년의 길이를 거의 정확하게 썼으며 60간지 순행을 표시하기도 하여 근대까지 이
   어왔다(한보식, 『韓國年曆大典』, 영남대학교 출판부, 1987 ; 『한국사』 8, 국사편
   찬위원회 및 북한의 『조선문화사』, 미래사, 1988).
38) 구만옥, 「천상렬차분야지도 연구의 쟁점에 대한 검토와 제언」 『동방학지』 140,
   2007, 89~130쪽 참조.

또 30여 종의 악기 기록과 더불어 다양한 무용은 고구려 사람들의 씩씩한 기상이 반영되어 있는데 이들 예술 문화는 당시의 생활감정과 정신세계를 반영한 것으로 후대 음악 무용 발전에 영향한 바가 컸다.

한편 당시 귀족층의 지상건축은 이미 조선 양반주택과 비슷해 뿌리가 고구려에 닿아 있었으며. 외양간, 우물, 부엌의 구조와 부뚜막 솥 위에 얹은 시루 등 세간도 닮았다. 그리고 온돌 문화는 고조선에서 시작된 외고래 온돌이[39] 고구려 때에는 두 고래로 발전하고 후에 방 전체를 덥히는 식이 되면서 한반도는 물론 오늘 세계적인 파급을 보게 되었다.

끝으로 벽화고분의 발전을 빼 놓을 수 없다. 우선 4세기 초반 고구려가 낙랑·대방 지역을 점령한 이후에 벽화고분이 집중적으로 축조되고 벽화의 내용은 인물풍속도에서 사신도로 변화 발전하였다. 벽화 미술의 화법이나 제재는 중국뿐 아니라 연화문 등 불교적인 것도 중기이후 많이 받았다. 이는 고구려가 이 시기에 외교 경로나 문물교류 등을 통해 문화에 대한 이해가 넓어졌음을 의미한다. 또한 벽화의 주제가 인물풍속화에서 사신도와 같은 형이상학적인 형태로 변모한 것은 삶의 질이 높아짐에 따라 귀족들이 자신들을 차별화시키기 위해 신령스러운 주제를 그리기 시작한 듯 생각되기도 한다.

현재까지 보고된 고구려 벽화고분은 106기에 이르는데, 평양, 안악 일대의 것이 76기, 집안, 환인지역의 것이 30기이다. 2005년 전반기까지의 벽화고분 발견 사례가[40] 한반도 안에 2.5배 이상이 분포되어 있어 남진 실상이 짐작되기도 한다. 그 중에 북한에 남아 있는 고분벽화는 진파리고분벽화(평양)와 남포 일대의 강서대묘·쌍영총·약수리고분·덕흥리고분 등과 안악3호분이 대표적이다. 특히 안악3호분은 특이한 구조와 다

---

39) 북옥저의 쪽구들 유래설도 있다(송기호, 「한국사의 정체성」 『동아시아의 역사분쟁』, 솔, 2007, 318쪽).

40) 전호태, 『고구려 고분벽화의 세계』, 서울대학교 출판부, 2004.

양한 벽화 내용(행렬도·씨름도·부엌도·초상화·외양간·마구간·가무도)
을 간수하고 최근 세계문화유산으로 지정되어 더욱 이목을 끌고 있다.
벽화 속의 여러 사회상 복원은 당면 평양기 고구려사 연구사업의 선두가
되어야 하겠다.

또 강서대묘의 4신도는 동아시아에서 석굴암이 차지하는 위상과 같다
고 평가되었다.[41] 이리하여 고구려 고분벽화의 특성은 처음 사회풍속계
에서 장식도안계를 거쳐 후기에 사신도계로 변하고,[42] 장천1호분의 기
린도는 경주 천마도(천마총)와 비슷하며 또 백제의 석실분이나 그 안의
벽화, 그리고 일본의 다까마쯔 벽화고분 등도 고구려의 영향아래 축조된
것으로 생각되어[43] 문화의 교류상을 엿볼 수 있다.

한편 화려한 커튼으로 장식된 묘실 내부는 산해경의 신화를 승화 재
현한 것도 있다.[44]이와 같이 고구려 고분벽화는 그 형태의 다양성 속에
고구려인의 의식세계를 시대에 따라 반영하고 있다.[45] 처음 한나라의
영향을 많이 받았으나 5세기 이후에는 연화문 등 불교적인 제재가 현저

---

41) 강우방, 「고구려벽화의 靈氣文과 고려조선 공포의 형태적 상징적 기원」『미술자
    료』70·71, 한국미술사학회, 2006, 5~48쪽.
42) 전호태는 5세기 중엽에서 6세기 초에 이르는 중기 '벽화고분에서 구조와 주제,
    제재구성 전반에 커다란 변화가 일어난다고 보고 생활풍속이 벽화의 중심주제에
    서 밀려난 것을 들면서도 그 원인 조건에는 언급하지 않았다. 그러나 5세기 말에
    고구려 고유의 점무늬옷이 평양지역 고분벽화에 등장하면서 기존의 중국계 복식
    을 밀어내고 보다 세련된 모습을 보여 문화통합 동향과 관련된다고 남진 변화를
    명시하였다(『고구려 고분벽화의 세계, 서울대학교 출판부, 2004)
43) 『한국사』8, 국사편찬위언회, 1998, 463쪽 ; 량연국, 『조선문화가 초기일본문화발
    전에 미친 영향』, 1991, 71~81쪽.
44) 서정호, 「벽화를 통해본 고구려의 집 문화」『고구려연구』17, 학연문화사 2004,
    211쪽.
45) 근자에 안휘준은 고분벽화가 고구려 문화의 독자적 특성과 국제적 보편성을 함께
    보여 준다고 하면서 특히 5세기 쌍영총의 기마 인물상과 세 여인상이 관심을 끈
    다고 극찬하였다(『고구려회화-고대 한국 문화가 그림으로 되살아나다-』, 효형출
    판, 2007, 57~60쪽).

하게 등장한다. 이는 고분벽화에도 불교적인 내세관을 담은 장식무늬가 등장하게 되었음을 의미한다. 또 중원 문화 외에 서역문화도 독자적으로 수용하여 고구려 문화의 창의성을 나타내고 있다.[46]

위에서 열거한 문화 예술은 거의 고구려의 남진 소산이며 그러기에 바로 백제 신라와도 문화성과를 공유하기에 이르고 민족적 정체성을 함께 하게 된 것이 아닌가 한다. 이 엄연한 사실 확인이야말로 안으로는 새 시대의 방향타를 잡는 첩경이 될 것이며 밖으로는 중 일 등의 역사왜곡 시도를 원천적으로 교정하는 열쇠를 쥐는 것이 되리라고 본다.

이제 한국사와 고구려의 정체성을 다시 정리해 보자. 우리 민족이 지난 날 가장 힘쓰고 성공한 면은 누가 뭐래도 농경시대 이래 온대 중앙 한반도를 중심 터전으로 삼아 그 개방성과 안정성을 적절히 조화 활용하면서 남북 대륙 해양이 어울린 문무대국을 이루고 높은 문화지수를 올려 현재와 미래의 큰 가능성을 확보한 점이다. 이에 세계 최고급의 전통문화유산을 많이 남기고 특출한 인쇄 기록문화를 자랑하는 지적 문화대국이 되기도 하였다. 이는 그 동안에도 옳은 설정이었고 앞으로도 바르게 내다본 추진이었다고 할 것이다. 이러한 면에서 한국문화의 차원은 그 적절성과 투철함에서 변두리 추종이 아닌 중심적, 세계적 보편성의 것이며 따라서 중원의 한족과도 구별됨은 물론, 북방의 거란이나 몽골·여진족과는 아주 다른 독자적이고 효과적인 발전을 해왔다고 볼 수 있다.[47]

사실 고구려는 중남 만주대륙을 휩쓴 나라지만 중심 구실을 한 세력은 한반도 안쪽에 훨씬 많이 살았던 것 같고, 근자에 그 유적 유물이 남한에서도 아주 많이 확인되고 있다. 그러므로 우리는 기초를 다지고 한반도 중심의 정체성을 확립해 나온 점에 새삼 주목해야 할 것으로 본다. 그리하여 4~5세기 이후, 고구려가 만주보다 한반도의 주역으로 활동하

---

46) 전호태, 『고구려 고분벽화의 세계』, 서울대학교 출판부, 2004.
47) 고구려연구회, 『고구려 정체성』(고구려연구 18), 학연문화사, 2004.

게 되면서 고구려의 탄력적인 정치 외교정책과 해양진출 등이 새롭게 정리된 것은 필연의 결과라 할 수 있다. 이에 서영대가 평양천도의 동기를 왕권강화수단이라는 면에서 연구하고, 윤명철이 일련의 해양활동 면을 조명하여 바다를 중시한 이론을 제기하며 서역·북위 등과 통하여 고구려 불상·벽화·건축 등에 변화가 생긴 것을 밝힌 것은 일단의 진전이었다. 그런데 이런 경향과 달리 북측에서 고구려 남진을 들어 삼국통일을 거의 다 이룬 적극적 노력이라고 주장하고 나선 것은 전언한 바와 같이 재고할 거리였다. 이제 땅 영역만이 아니라 사람 통일을 위한 내적內的 정비 상황 등 사회 문화적 접근 검토가 소망스럽기 때문이다. 그리고 고대사의 강역은 근대적 통치권이 미치는 국경을 전제로 한 영토개념이 아니라는 사실은 농업 집약지대와 군사행정지역의 구분과 더불어 북진론에서 명심할 지적이다.[48)]

이에 신형식이 고구려가 4세기 이전에는 주로 북방진출(중국과의 항쟁)을 하다가 5세기 이후는 이러한 북방경계를 바탕으로 농경지 확장 내지는 서해 제해권을 위한 남방진출이 중심이 되었다고 한 것은 어느 쪽이 바탕이 되었는지 좀 더 검토가 있어야 할 듯하다. 따라서 가령 같은 신형식이 고구려의 남진이 실질적인 농경문화로의 전환과 황해 진출을 통해 황해 해상권 확보 및 동아시아 세력의 재편을 주도하려는 웅대한 의미가 있다고 긍정하면서도 건전한 고구려의 기질이 약화되고, 남부지방의 풍부한 농업생산력 확보에 치중함으로써 현실에 안주하여 넓은 만주의 영토를 방기하게 됨과 동시에 수·당의 모험적 공격을 초래한 역사의 오점을 남기게 되었다고 부정적 견해를 내세운 것은 더욱 문제거리이다. 그리하여 장안성 이동(586) 이후에는 국가경영의 수도편중으로 무모한 귀족의 갈등만 조장하게 됨으로써 강국으로서의 이미지는 없어져 결국 평양성 천도는 고구려가 반도국가로 전락하는 계기가 되었으며, 고구

---

48) 方東仁, 『韓國의 國境劃定硏究』, 一潮閣, 1997, 35쪽.

려 쇠퇴의 단초가 된 역사적 과오를 남기게 되었다고 북진 팽창주의에 기울어진 것은 이해가 가지 않는다.

이 대목은 고구려 인식의 중심을 잡는데 관건이 되는 문제이며 평양기 고구려사의 핵심적 관점이 된다고 할 수 있다. 동시에 한국사 전체의 정체성 인식 면에서도 중대한 분기가 되는 것이겠다. 우선 위 부정적 논리가 성립되려면 객관적 주변 정세가 북서진하지 않으면 안되어야 되는데 사정은 그 반대였다. 또 그렇게 북서진해서 고구려가 더 번영했을 개연성도 보장되는 것이 아니다. 오히려 승승장구했을 경우를 가정해도 서토에서 다시 남진하여 성공했던 거란·여진과 같은 결과를 초래하였을 것이 확실해 보인다. 그렇게 되면 우리 민족의 그 후 정체성은 더 물을 것이 무엇 있겠는가. 이리하여 평양천도의 부정적 관점은 타당성이 모자란다고 할밖에 없겠다.

결국 고구려가 좋은 조건 획득 후, 그 차원의 새 정책 노력과 문화 구축이 미급해서 쇠퇴한 것을 두어두고 벌이는 논의는 공허하고 의미 없는 것이 될 수밖에 없는 것이다. 더구나 북방 실지나 오해의 소지가 있는 '반도국가 전락'으로 거듭 몰고 가는 편견은 근대 쇄국사관의 잔영을 되씹은 듯 씁쓰레하기만 하다. 앞에서 거듭 말했지만 근자 우리들은 위의 소중한 문화 사상적 발전 면을 등한시하고, 수천 년 잘 일구어온 반도를 비하하면서까지 통일신라를 깎으려며 형편상 놓친 땅에 집착하여 스스로 후진 약소화한 망국 이래의 혼미를 벗지 못하고 있다.

따라서 우리는 제반 조건을 통해 볼 때 먼저 한반도에 대한 긍정적 평가와 전통문화의 놀라운 솜씨를 자긍심으로 회생시킬 필요가 있다. 나아가 중·일의 잘못된 논리를 원천적으로 극복하면서 새 시대의 정체성 재정립에 나서야 하는 것이다. 과거에는 일본의 식민사관 술책에, 현재는 중국의 동북공정 공세에 대응하느라고 또 다시 본말이 바뀌는 위험이 커가고 있기 때문에 더욱 그런 것이다.

누언한 것처럼 고구려는 백제 신라도 노객奴客·속민의 문무 질서 속에 편제하여 느긋하게 중심 잡힌 독자 천하를 운영하는 쪽으로 기울었던 것이 틀림없지 않을까, 당연히 통일에 집착을 덜한 결과로 보아야 할 듯하다. 그리고 실제로 백제의 지리地利 인구 등 실세와 해외 외곽 세력의 옹위도 위협적이었다. 또 신라의 중대처럼 인화적인 강렬한 새 세상 건설 욕구가 말기 고구려에는 형성이 불가능해졌다. 거기에다 그 동안의 조건 때문에 고구려는 독특한 남북 병립의 문화발전도 이루고 남쪽 백제 신라로, 동쪽 일본으로 큰 영향 작용을 하였지만 그 이상의 대신라 같은 새 차원의 문화 정리와 승화는 끝내 이루지 못한 듯하다.

이에 따라 제천祭天의 종교문화가 성행하고 불교 수용 후 각지에 많은 사찰이 세워지는 등 노력이 있었으나 신라의 불교 진흥에는 많이 뒤진 것으로 보인다. 단적으로 신라 불승 들과는 정반대로 승랑은 중원으로, 혜량은 신라로, 보덕은 백제를 거쳐 역시 신라로 빠져나가고 마는 고구려 불교의 내면적 취약성은 도교 탓과 더불어 당대 최고 지성계의 난맥상이라는 점에서 해외 진출의 관점과는[49] 별개로 결코 가볍게 넘길 일이 아닌 것이다.

그러니 결국은 5세기 고구려의 남진 성취가 3국이 정체성을 공유하는 계기가 되고 이로써 중요한 민족적 통일 기반이 마련된 결정적 의의가 있다 하겠다.

---

49) 김상현, 「고구려 불교사 기록의 검토」『고구려의 사상과 문화』, 고구려연구재단, 2005.

4. 맺음말

이상 몇 절에서 서술한 것들을 다시 요약해 본다.

고구려는 4세기 후 남진을 본격화하여 평양천도(427)를 이루고 국호를 '고려高麗'(원原고려)로 정립하였다. 이어 한반도를 중심으로 동북아를 제패하고 고려라는 이름의 문무 질서를 갖춘 독자 천하를 구축, 번영을 구가하였으니 그 역사적 의의는 매우 큰 것이었다. 그런데도 삼국사기가 일부러 새 국호를 기록에 남기지 않은 탓에 그동안 잊혀 진 형편에 놓였다. 그러나 원 고려시기와 호칭은 고구려 남진 발전사의 결정체로서 본격 성숙기를 대표하는 소중한 이름이었다. 더욱 「중원고구려비」 등 당시 금석문이나 문물 유적, 『삼국유사』, 『고려도경』 등 문적과 일본의 역사서 및 고구려계 유산들에, 그리고 신, 구당서 등 중국 정사에 엄연히 전해 내려오고 있으므로 그 새로운 인식 복원은 불가결한 것이다. 따라서 고려라는 국호의 원초는 고구려 평양기에 시작되고, 그것은 4~5세기 남진 정책과 깊게 연관되어 있으며, 어쩌면 오늘의 'Korea'의 연원도 여기까지 통하고 있음을 내세울 수 있겠다.

이에 본고는 이 시기 독자천하의 사회 문화를 통하여 당세의 실상과 역사적 의미의 일단을 추적하게 되었다. 즉, 고구려는 평양기에 대개 다음과 같은 변화 발전이 이룩된 것을 추출할 수 있었다.

첫째, 4세기 초반 남진이 본격화한 이후에 벽화고분이 집중적으로 축조되고 벽화의 내용은 인물풍속도에서 사신도로 변화 발전하였다. 벽화의 화법이나 제재는 중국뿐 아니라 연화문 등 불교적인 것도 많이 수용하였다. 이는 고구려가 이 시기에 문화에 대한 이해가 넓어졌음을 의미한다. 또한 벽화 주제의 변화를 통해 삶의 질이 높아지면서 귀족들이 신령스러운 주제를 그리기 시작한 듯 생각된다.

둘째, 고구려에서는 불교 수용 이후 많은 사찰과 불상이 건립되었으며 가람 배치, 불상·불화의 제작, 석실분의 축조와 고분벽화 제작 등이 선구적으로 발전하고, 성곽제도나 불교사상을 비롯한 다양한 평양기의 고구려 문화가 백제·신라·일본 등 주변국에 전해져서 그 나라 문화발달에 크게 기여하였다.

셋째, 고구려는 평양점유 후 한인漢人지배와 집권적 체제 강화 및 율령제 운영에 필요한 관료군을 양성하기 위하여 태학을 설립하고 유학을 교육시켰다. 이로 인해 문인계급이 성장하여 역사편찬이 가능해졌는가 하면, 장례제도에 변화를 가져오는 등 무와 문이 조화를 이루게 되었다.

넷째, 평양천도 후에는 불교·유교 등 외래문화가 적극 유입되면서, 이들 문화 요소들 간에 충돌과 배격하는 측면이 있을 법한데 덕흥리고분이나 사신도 벽화에 나오는 것처럼 오히려 잘 조화를 이룬 면이 보인다.

그리하여 고구려가 남진 후 관방 성곽문화, 고분구축과 벽화의 세계 변화 및 과학 기술문화의 발전과 더불어 의식주 기타 문물의 민족 공유적 독자성 등 내면의 여러 상황이 전진함으로써 민족사의 한반도 중심적 정체성이 확인되고 문무겸전의 발전을 이룬 참모습이 상당 부분 제 자리를 찾게 되었다고 여겨진다.

돌이켜 보면 고구려 남진 정책은 그동안 관심의 대상에서 소외된 편이었다. 전공자는 문물과 제도사 등에 치중하고 생활사 사상사 방면에는 손이 덜 간 듯하다. 또 일반 사가나 각계 연구자도 근대 쇠잔기 이래 민족사의 강强과 대大 편향 정서에 밀려서 방향 감각에 문제가 생긴 듯싶다. 거듭하거니와 이런 병폐는 먼저 고구려를 포함한 민족사가 실은 중심과 소신을 옳게 잡고, 특히 역대 전통문화가 최고 경지를 성취한 독자 천하적 자존심을 회복해야 극복될 것 같다.

그리하여 고구려의 남진정책은 새 정체성을 확립해 나가는 성격의 것이며 따라서 민족사의 중심을 세운 결과물이므로 강역이나 외양에는 상관이 없이 앞뒤 정체성을 관통하는 원력이 된 것이다. 즉 평양천도를 통하여 고구려의 운명을 한반도의 농경생활위주로 확정짓는 엄청난 결단으로 보는 것이다. 이 획기적 전환을 짐작케 하고 확인시켜 주는 것이 당시 금석 자료나 『삼국지』등의 문헌 기록들이다. 무엇보다 호태왕비나 「중원고구려비」그리고 「모두루묘지」등이 고구려국의 위상을 확실히 보여준다. 즉 한반도 북부 농업국으로 천손족의 나라이며, 독자적 천하의 중심국으로서 이웃을 질서 세우고 자주, 자존으로 발전한 것을 과시한다. 이러한 의식은 소수림왕 무렵 정리되고 호태왕비에 명기되어 내려오게 된 것으로 보인다.

그 동안 이런 면에의 주의나 고찰은 거의 없었던 것이 문제라면 문제이겠다. 이점에서도 2004년 고구려연구회의 '고구려 정체성 학술대회'는 큰 의의가 있는 것이다. 당초 고구려의 남진발전론은 상기 금석문에 의거 1970년대 말에 제의되었는데 그 후 8, 90년대에 노태돈 등에 의한 금석문의 종합 고찰이 이루어지고 또 고구려의 천하관, 대외관계와 벽화 연구 등이 저술되어 고구려사 성격 파악에 도움을 주었다. 이어 소장 층의 남진 관련 논문들이 생산되면서 선행 논고와 합쳐 『고구려 남진 경영사의 연구』라는 책으로 나왔다. 여기에는 박성봉의 5편을 비롯해, 공석구·이도학·신형식·서영대·윤명철 등 학자가 고구려의 남진발전문제에 대하여 쓴 15편 연구 논문이 수록되었다. 특히 고구려연구회는 『광개토태왕과 고구려남진정책』(2002)을 주제로 국제학술대회를 열고 고구려남진 의의 논문이나 관계 연구목록 등도 모아 출간하였는데 이는 고구려정체성과 직결되는 남진 본의를 제대로 밝히려는 의도가 있었다.

또 국사편찬위원회의 『한국사』5(고구려, 1996)나 이옥 등의 저술은 신진이 가세하여 고구려인의 삶과 문화 등 새 면을 고찰함으로써 주목되었으나 욕심을 부리자면 대내 정체성과의 연계 등 종합고찰이 기다려졌다. 더욱 고구려가 '민개토착'한 후의 변화 양상은 다각도로 연구가 필요한데 이는 국가 멸망으로 그 경험과 특질 등이 잘 이어지지 못했다. 그러나 일련의 남한 고구려 유적 유물 관련 책자가 여러 박물관, 국립문화재연구소, 고구려연구회 같은 공사 기관 등에서 연속 발간되었다. 또 한국고대사학회와 고구려연구재단(이사장 김정배 외)도 뒤질세라 고구려 저작물을 열성적으로 쏟아 냈다. 특히 고구려연구재단은 2004년 3월 국가출연 재단법인으로 발족하여 2006년 8월 동북아역사재단으로 넘어 가기까지 만 2년 남짓 동안에 거액의 예산과 국민의 열망을 반영하여 놀라운 성과를 올렸다. 당대 이슈인 동북공정 대응을 위한 연구를 머리로, 남북 학술 교류, 국외 문화 유적 조사와 국제학술교류 및 올바른 역사인식 공유를 위한 홍보 활동 등을 전개하고 90책 가까운 저술서를 펴냈다. 급변하는 조건 하에 행정적 뒷받침이 원활치 못하고 선행 고구려 연구회 등과는 연계가 되지 않아 상승효과가 적었던 것은 아쉬운 일이었다.

한편 최근에 백종오는 남진정책을 내건 단독 저술을 내서 눈에 띠었는데(2006) 남진정책의 성격 논의와는 거리가 있었다. 또 주보돈이 남진정책의 일환일 수 있는 남정론을 비판 정리하여 고고학계의 반성을 촉구했으며(2006), 임기환은 정치사의 여러 성과와 더불어 앞에서 다룬 고구려의 평양 도성제 연구를 발표하였다(2007). 다만 이들 연구 역시 중심 이동 중시의 남진 성격문제와는 직결되지 않았다. 이에 민족적 정체성의 큰 귀착이라는 면에서 고구려족이 한반도 중심의 문무 대국이 된 역사적 의미와 기여 등은 거듭 내세울 수밖에 없겠다.

종 합

고구려와 한국사의 정체성正體性

1. 문제의 소재

필자는 한국사의 특성을 농경문화에서 찾고자 하였다. 또한 고구려는 한반도 중심의 농경정착에 후발로 참여하였지만, 동아시아의 대륙과 해양을 아우른 막강한 문무대국으로 발전한 점이 특징이었다고 강조하였다. 그렇기 때문에 삼국시대 남북세력의 경쟁이 활기찬 발전기를 현출하였고, 발해와 일본의 형성으로 이어졌으며, 그 활력이 마침내 당대 세계 최고 경지의 신라문화를 성취하였다고 이해한다.

필자는 처음 사상사 쪽에서 고구려사에 접근하였다. 1970년대 후반 당시 선학의 연구나 자료에 보이는 정체성 문제에 관심이 많아서였다. 이에 따라 1979년 광개토호태왕기의 남진발전을 논문으로 발표하였고, 2002년에는 고구려 남진 의의를 다룬 기조 논문을 발표함과 아울러 관계 연구 목록을 종합 정리하였다.[1) 기대와 사명 속에 더 강렬하게 그 면을 내세우고자 노력했던 것이다. 그 결과는 한 세대를 거치고야 호전 중이다. 그나마 다행으로 생각한다.

본고에서는 고구려의 정체성을 제반 조건을 통하여 확인하고자 한다. 이로써 새 시대의 정체성 재정립에 이바지하고자 한다.

---

1) 고구려연구회 편, 『광개토태왕과 고구려남진정책』, 학연문화사, 2002.

2. 광개토호태왕비 연구의 성과와 과제

동아시아에서 「광개토호태왕비廣開土好太王碑」(이하 호태왕비) 연구
는 참으로 여러 문제를 안고 전개되었다. 원래 비 자체가 오랜 시간과
최대·최귀의 금자탑적 존재라는 점에서 큰 관심의 대상이 되었지만 정작
우리 한반도 밖에 위치하여 한국에서는 천수백년 간 잊혀 진 상태였다.

학문적으로 비를 다시 본 것은 애꿎게도 19세기 말엽의 일본 군부였
다. 군부에서 탁본을 가져가 잘못된 연구를 시작한 것이다. 그로부터 거
의 100년 동안 일본학계를 중심으로 소위 신묘년조가 논의의 중심에 서
서 연구의 주류로 행세해 왔다. 우리학계도 여기에 끌려 반론을 펴면서
정상적인 연구가 미진하였다. 그러가 1950~60년대 정인보의 해석이 알
려지면서 북한에서는 호태왕비의 조사와 본격적 연구가 진행되었거니
와,[2] 한국은 이보다 한참 뒤인 1980년대가 다 되어서야 학문적인 업적
이 나오기 시작하였다. 즉 일련의 정복기사 해석이 발표되었고, 필자처
럼 남진발전론이 제기되었다. 또한 비문의 조작여부, 신묘년 기사문제,
정복지역의 위치비정, 천하관, 수묘인 등이 검토되었다.[3] 그럼에도 불구
하고 아직까지 미진한 점이 없지 않다. 특히 장수왕이 비를 세운 경위나
의도를 간과했다. 그러므로 비를 보는 시각이 내면화되지 못하였고, 전
반적인 성격 규정이 확립되지 못하였다.

한편 일본은 오랫동안 신묘년조 중심의 연구풍토에서 벗어나지 못해
정상적인 비문 연구가 뒷전으로 밀리는 형국이었다. 중국은 처음 금석
학·서예학 방면에서 고전적인 연구가 있었지만, 근간에는 동북공정이
추진되면서 여러 문제를 발생시키고 있다. 이와 같은 연구경향은 소중한

---

2) 김석형, 『초기조일관계연구』, 사회과학출판사, 1966 ; 박시형, 『광개토왕릉비』,
   사회과학원출판사, 1966.
3) 고구려연구회, 『광개토호태왕비연구 100년』, 학연문화사, 1996.

비의 의미를 감소·왜곡시키는 것이다. 호태왕비는 높이 6.39m의 4면 거
대비로 그 내용은 다음과 같이 구분된다.

　　○ 서설: 천손 과시, 위업 찬양
　　○ 훈적: 남진, 64성 1400촌공취 적시
　　○ 수묘인: 신래한예 220가, 구민舊民 110가

　여기서 특이한 것은 서설 다음에 남진 훈적을 각별히 자세히 열거하
고, 호태왕의 '존시교언存時敎言'을 원용하여 부왕의 강성 의지를 내세
우면서 수묘제를 통한 새 질서를 제시하고 있다는 점이다. 이들 대목은
초대형의 비를 건립한 경위와 의도를 짐작케 하여 크게 주목된다. 즉 나
라의 중심重心을 새로 설정하면서 제령制令을 선포한 것이다. 이로 보면
호태왕비는 선왕의 상징적 훈적비, 수묘비인 동시에 장수왕 자신의 남행
결단 선포 내지 고구려 후반의 유신을 내세운 장엄한 비였던 셈이다.

　호태왕과 장수왕 이후 고구려는 농업을 중심으로 경제를 발전시켰고,
대동강·한강·황해를 끼고 수산과 교역을 활발히 하였다. 이에 따라 남
북 간에 유통이 증가하였고, 의식주를 중심으로 문화적 정체성을 공유·
확립하였다. 다만 고구려 후기에 와서 윤택한 삶의 현실에 안주하면서
귀족세력 간에 분파가 생기고 정쟁에 휘말리게 되었으니, 한 단계 올라
선 문화사회를 지향하는 데는 한계가 생겼던 것이 흠이었다. 그럼에도
불구하고 5세기 고구려의 남진 성취는 삼국이 문화적 정체성을 공유하
는 계기였다. 이로써 중요한 민족적 통일 기반이 마련된 것이다. 고구려
남진의 결정적인 의의는 여기서 찾을 수 있다. 거듭되지만 다음과 같은
과제를 제기해 둔다.

　가. 현재주의적 관점의 불식
　나. 한·중·일의 연합학회 조직과 현지조사

다. 원비의 근원적 석문과 분석

라. 민족사의 기본성격 파악

3. 한국사의 정체성과 고구려

　우리 민족이 지난날 가장 힘쓰고 성공한 면은 무엇인가. 그것은 농경시대 이래 한반도를 중심 터전으로 삼아 그 개방성과 안정성을 적절히 조화 활용하면서 남북, 대륙·해양이 어울린 문화대국을 이루고 높은 문화지수를 올려 현재와 미래의 큰 가능성을 확보한 점이다.

　선사시대 우리 민족은 수렵과 목축을 위주로 생활하였다. 그러다 일찍이 온대지역에서 문물을 일구었고, 이웃 문화를 잘 소화·섭취하여 한층 높은 단계의 전통문화를 키웠다. 고도의 농업생산력을 추구하여 벼농사 쌀 주식에 맛깔스러운 부식 문화를 차렸고, 자연친화에 바탕을 둔 심미감 넘치는 주거문화를 갖추었으며, 자유롭고 멋 덩이인 옷맵시와 놀이문화를 즐겼던 것이다. 이에 평화롭고 실속 있는 문화발전에 전심했다.

　우리 민족은 세계 최고 수준의 전통문화유산을 많이 남겼고, 특출한 인쇄·기록문화를 자랑하는 지적 문화대국으로 성장하였고, 수많은 인재를 배출했다. 이러한 면에서 한국문화는 변두리가 아니라 세계 중심의 보편적인 것이다. 고구려는 남진 정착을 하여 큰 발전을 본 대표적인 사례였다.

　이 점에서 일부의 중국사가가 고구려사를 중국사의 일부로 파악하려는 것이나, 이른바 '만선사滿鮮史'처럼 대륙에 부수된 역사로 보아온 경향은 중심에서 벗어난 것으로 사실과 다르다. 고구려사를 대륙 본위로만 보려는 것도 핵심을 헛잡았다는 점에서 찬동하기 어렵다. 고구려는 이미 기원전부터 부여에서 남하했고, 구복口腹을 채우려는 현실적 안정을 위하여 전쟁을 일삼았다. 그 가운데 점차 오늘의 함남 지역과 대동강 유역 농경지대에 손을 뻗쳤고, 4세기 초엽 미천왕 때에는 황해도까지 남진했다. 이 일대의 확보는 후대 고려 태조 때에도 그러했던 것처럼 한반도 제1의 전작중심 곡창지대를 장악했다는 데에 큰 의미가 있는 것이었다.

이러한 경위를 천하에 명시하고 있는 것이 「호태왕비(國岡上廣開土境平安好太王碑)」이다. 장수왕 갑인년(414)에 세워져, 지금도 그 웅자를 자랑하는 이 비는 태왕의 업적 실모를 가장 잘 전해준다. 알려진 바와 같이 비석에는 공취攻取한 성 64, 촌 1400을 들면서 남녘 한반도 중북부에 남진한 훈적이 유달리 중시되고 있다. 그런데 이 엄연한 사실이 기구한 국운 탓인지 아직도 후대『삼국사기』광개토왕 본기에 밀려 왕호도, 개토開土 실정도 애매한 채 광복을 기다리고 있는 듯 보인다.

우리는 그동안 고구려의 남진이 어려운 과업이었고, 실속이 컸다는 점을 외면해 왔다. 대륙의 비중을 너무 크게 생각했던 것이다. 많이 돌아섰지만 항간에는 여전히 북진 선호 경향이 우세한 것은 속히 넘어서야 할 발상이라고 생각한다. 고구려가 북방 민족 중 아주 독특하게 특히 4세기 내지 5세기 이래 본격적인 온대 농경문화민족으로 성공한 면을 내세우지 않고는 본질적 정체성을 옳게 설명하기 어렵다.

고구려가 무武에 뛰어난 것은 너무나 알려져서 새삼 거론할 필요도 없다. 치열한 무력 공방 속에서도 선진적인 불교·유교문화를 일구었고, 율령과 각종 문물제도를 정비했다. 이에 남북의 넓은 땅과 바다를 장악했을 뿐만 아니라 우리 문화의 선구 내지 진수로 꼽히는 여러 결실을 거두었다. 그러므로 고구려 연구는 당연히 남북南北 문무文武 내외內外를 겸해서 발전한 원래대로의 모습을 두루 파고 들어가야 한다. 그래야 양적으로 팽창한 상무 강국의 면과 아울러 질적으로 생산적인 문화대국으로의 면모를 온전하게 밝힐 것으로 믿는다.

4. 민족 정체성의 재정립

우리민족은 한반도를 중심으로 문화를 발전시키기 위해 노력했다. 정치와 경제도 그 문화발전을 위하는 방향에 초점을 맞추었고, 그러한 때가 전성시대였다. 지난날 우리의 문화의 수준이 매우 높았던 것은 다 문화를 존중한 결과였다. 그러기에 같은 무인정권이었다고 해도 일본과 달랐다. 고려 최씨 정권의 수령은 영공令公이라 자칭했고, 문사文士를 우대했다. 무인정권에서 도자기나 금속활자와 출판 등 문화정책에 힘쓴 것도 당시의 분위기를 가늠케 한다.

이처럼 우리의 역사를 보면, 최상급의 독자적인 문화전통을 이루어온 점이 자랑스럽다. 그러므로 문화를 우위에 둔 사고방식을 옳게 계승하여야 한다. 민족의 내면적 능력을 계발하는 길이야말로 당면한 발전을 기약하는 첩경이 될 것으로 믿는다. 역사를 통해 실증되듯이 정치와 경제의 발전도 문화적인 차원으로 수렴·승화되지 않으면 무의미하다.

오늘날 우리의 문화적 역량은 조선후기 실학 그 이상을 넘어서지 못하고 있다. 해방 이후 60년이 다된 오늘날, 서구의 근대문화가 수용되어 상당히 토착화되었다고 하지만, 여전히 이를 내면화해 알찬 결실로 맺고 있는 못하다. 참다운 토착화가 없는 이식문화의 단계에 불과하지 않나 싶다.

문화의 재창조를 위해서는 모든 사회적 활동이 문화적으로 재평가되어야 한다. 당장의 정체성 문제도 이 점에 유의해야 하거니와, 문화사회의 건설이념과 그 확산실천이 동반되어야 할 것이다. 무엇보다 새로운 문화의 바탕이 되는 기초가 요망된다. 과학이 필수적이며 전통문화 역시 제대로 이해할 필요가 있다. 그리고 전통문화의 이해에는 예로부터 이야기되는 '중中'에 대한 근원적 파악이나 '본말선후本末先後'의 원칙이 관

철되어야 할 것이다. 본원적 원리를 먼저 터득하는 슬기를 역사 속에서
배우고 깨우치는 일이 매우 시급하고 중요한 과제이다.

찾아보기

ㄷ

ㅁ

ㅂ

박성봉朴性鳳

1927년에 광주에서 출생했다. 광주서공립중학교(현 광주제일고등학교)를 졸업하였다. 1945년 보성전문학교 법과에 입학, 고려대학교 사학과와 대학원을 졸업했다. 1979년 경희대학교 대학원에서 『高句麗의 南進發展에 관한 연구』로 박사학위를 받았다. 1956년부터 경희대학교 사학과에서 교수 생활을 시작해 1992년에 정년퇴임하였고, 1998년부터 경북대학교 사학과 석좌교수로 초빙되어 연구와 교육 활동을 지속했다. 2014년에 작고했다. 경기사학회, 고려사학회, 한국사상사학회 회장을 역임했고, 고구려사를 비롯해 한국 고대사와 중세사 분야에서 많은 연구업적을 쌓았다.

저서
『譯解 三國遺事』, 서문문화사, 1985(공저)
『東夷傳三國關係資料』, 경희대학교 전통문화연구소, 1992(편저)
『高句麗 南進 經營史의 硏究』, 백사자료원, 1995(공저)
『東夷 朝鮮傳 關係資料註釋』, 백산자료원, 1998(편저)
『韓國史年代對照便覽』, 서문문화사, 1999(편저)
『廣開土(好太)王 硏究文獻 綜合目錄』, 학연문화사, 2002
『廣開土太王과 高句麗南進政策』, 학연문화사, 2002(공저)

고구려의 南進 발전과 史的 의의　　　　　　값 19,000원

2015년 12월 2일 초판 인쇄
2015년 12월 10일 초판 발행

저 자 : 박 성 봉
발 행 인 : 한 정 희
발 행 처 : 경인문화사
　　　　　서울특별시 마포구 마포동 324 - 3
　　　　　전화 : 718 - 4831~2, 팩스 : 703 - 9711
　　　　　이메일 : kyunginp@chol.com
　　　　　홈페이지 : kyungin.mkstudy.com
등록번호 : 제10 - 18호(1973. 11. 8)

ISBN : 978-89-499-1157-1 93910